Oração Centrante

Renovando uma antiga prática de oração cristã

Grupos de Oração Centrante
http://www.oracaocentrante.org
http://br.geocities.com/padresdodeserto
http://www.simplicidadevoluntaria.com
http://br.geocities.com/cenaculo_brazil

Lista de discussão
http://br.groups.yahoo.com/group/oracaocentrante

M. Basil Pennington, OCSO

Oração Centrante
Renovando uma antiga prática de oração cristã

Tradução de
Neusa Maria Valério

Editora Palas Athena

Título original: *Centering Prayer*
Copyright © M. Basil Pennington, 1979

Coordenação editorial: *Emilio Moufarrige*
Revisão: *Adir de Lima*
Graciella Karman
Lucia Brandão
Therezinha Siqueira Campos
Foto da capa: *Cristina Domingos*
Projeto gráfico: *Maria do Carmo de Oliveira*
Impressão e acabamento: *Gráfica Palas Athena*

Agradecimento especial pela revisão técnica feita gentilmente por Sérgio A. Morais.

Catalogação na fonte do Departamento Nacional do Livro

P414

Pennington, M. Basil.
  Oração centrante : renovando uma antiga prática de oração cristã / M. Basil Pennington ; tradução de Neusa Maria Valério. São Paulo : Palas Athena, 2002.
  296 págs. : 14 x 21cm.

  ISBN 85-7242-041-X

  1. Cristianismo. 2. Oração – Cristianismo. I. Valério, Neusa M. II. Título.

CDD: 248.3

Direitos adquiridos para a língua portuguesa
EDITORA PALAS ATHENA
Rua Serra de Paracaina, 240 - Cambuci
01522-020 - São Paulo - SP - Brasil
fone: (11) 3209.6288 - fax: (11) 3277.8137
www.palasathena.org   editora@palasathena.org

2002

A
Dom M. Edmund Futterer, OCSO

Fundador e primeiro abade da
Abadia de São José, Spencer.
Propagador da Ordem Cisterciense
na América do Sul.
Grande e sábio pai espiritual,
por ocasião do jubileu de ouro
da sua profissão monástica, 1929-1979.

[Por essa razão eu dobro os joelhos diante do Pai...]
para pedir que Ele conceda, segundo a riqueza de sua glória,
que vós sejais fortalecidos em poder pelo seu Espírito
no homem interior, que Cristo habite pela fé em vossos corações
e que sejais arraigados e fundados no amor.
Assim tereis condições para compreender com todos os santos
qual é a largura e o comprimento e a altura e a profundidade,
e conhecer o amor de Cristo que excede a todo conhecimento,
para que sejais plenificados com toda a plenitude de Deus.
(*Efésios 3, 16-19*)

Sumário

Introdução 13
I. Está além de nós, e ainda assim é nosso 19
II. Um presente do deserto 27
III. O presente em boas mãos 43
IV. Uma nova embalagem 69
V. Ser quem somos 97
VI. Pensamentos, pensamentos e mais pensamentos 119
VII. Progredir na oração centrante 129
VIII. Uma escola de compaixão 141
IX. Manter a luz do Tabor 161
X. Espalhando a boa nova 191
XI. Fogo no coração 223
XII. Relaxe! 233
XIII. Perguntas e respostas 243
XIV. Maria, no coração das coisas 279
Epílogo – Sonho ou visão? 287
Bibliografia 291

Introdução

"Quero rezar". Penso que o motivo básico que leva alguém a abrir um livro como este seja um balanço de vida. O que leva cada pessoa em particular a fazer tal declaração, expressa ou não, é muito pessoal e depende de como sua vida vem sendo vivida e das influências que vêm definindo as atitudes e valores que guiam essa vida.

Para alguns, e suspeito que sejam minoria hoje em dia, tal afirmação é motivada por um senso de dever. Fomos ensinados que isto é o que se espera de uma pessoa correta. É o que devemos ao Criador. A vida, de certa forma, não é completa se faltar o elemento oração. Cada vez mais este senso de dever é calcado numa necessidade. Há uma falta de completude, uma inabilidade para lidar com as demandas da vida, para responder-lhes adequadamente. Pode ser sobretudo em relação aos outros. Homens e mulheres na vida religiosa sentem a superficialidade ou a falta de resposta significativa ante a necessidade crua e dolorosa daqueles que eles atendem, aqueles que os procuram pedindo ajuda. Os pais sentem que o ensino cristão, a moralidade cristã, a esperança cristã, são os melhores elementos para ajudar os filhos a transpor as vicissitudes que terão pela frente ou que já estão enfrentando. Ainda assim, não sabem como transmitir isso eficazmente a esses seres em formação a quem tanto amam.

Oração Centrante

Muitos amigos conhecem a dor compassiva de não serem capazes de trazer um discernimento que falta, um senso de valor e valia, uma esperança, onde são tão ansiados. Sentimos, então, a necessidade de nos entregar à oração.

As necessidades dos outros, que por dever ou amor, ou ambos, experimentamos de certa forma como nossas, nos instigam e até nos forçam a estar em contato com nossas próprias necessidades, que são, de fato, muito semelhantes. Algumas de nossas necessidades vêm à tona se ousamos, se abrimos espaço no correcorre de nossas vidas para permiti-las, ou se circunstâncias, como freqüentemente acontece, nos levam a situações nas quais não podemos evitá-las – acima de tudo, talvez, nossa solidão, nossa falta de plenitude, nossas carências, nossa inabilidade em ser e em fazer o que desejamos.

Seja o que for que evoque em nós a afirmação ou o apelo "quero rezar", queremos e precisamos de ajuda prática para responder. E sabemos que a mera repetição de palavras, por mais belas que sejam, não nos satisfará. O apelo vem de uma parte muito profunda de nosso ser, e precisamos entrar em contato com esse centro e deixar que a oração dali parta. O ideal seria que pudéssemos procurar um parente, pastor ou amigo cristão, e dizer "ensine-me a rezar, a meditar, a experienciar Deus". Infelizmente, ao olhar em volta, sentimos ou sabemos que não há ninguém confiável a quem fazer esse pedido simples, com uma sólida esperança de receber ajuda prática e satisfatória. Pelo menos, esta tem sido a experiência de muitos. Uma verdadeira renovação, porém, está acontecendo dentro da comunidade cristã. Cada vez mais encontramos perto de nós alguém confiável a quem podemos fazer tal pedido. Mas isto ainda está longe de ser uma verdade universal. Esta é a razão da necessidade de livros como este e do porquê de este livro ter sido escrito.

Introdução

Procurando partilhar esta simples forma de oração, que tem sido um elemento constante de nossa tradição, empenhei-me em ser muito prático e concreto. Entrei em detalhes; afirmei, por vezes, o óbvio. Tentei responder a todas as perguntas que ouvi em *workshops* ao longo dos anos, que chegaram até mim por cartas, que foram levantadas em sessões de aconselhamento ou durante discussões – da mais simples à mais sofisticada e complexa. (Isto não quer dizer que novas questões não continuarão a ser levantadas. Cada leitor terá suas próprias dúvidas – porém, se reler o livro com novas perguntas, poderá encontrar as respostas.) Esforcei-me por tornar possível ao leitor iniciar a prática desta oração com certa confiança e senso de segurança. Minha esperança e minhas orações são para que este não seja um livro apenas lido, mas posto em prática.

Nossa prática, nossa oração, deve ser a resposta à realidade, ao que verdadeiramente *é*. O fator que talvez tenha minado mais a vida espiritual da igreja cristã ocidental foi o divórcio entre a teologia e a espiritualidade, entre a doutrina e a prática. Assim, ao discorrer sobre oração e partilha de um método de oração muito prático, não hesito em recorrer até aos mais profundos mistérios de nossa fé cristã. Procurei porém manter certa concisão, de modo que as riquezas de nossa fé não são exploradas ou desenvolvidas por completo, mas apresentadas de maneira que possam germinar. A maneira teológica de me expressar pode não ser familiar para alguns dos meus leitores. Provavelmente assim será, não por ser uma forma de expressão católica peculiar, ou por vir de uma escola de teologia em particular, mas porque é uma expressão mais tradicional e antiga encontrada nos Padres, com freqüência negligenciada e desconhecida em nossos tempos. Espero que, quanto a isso, o leitor tenha paciência comigo e que talvez daí possam surgir novas descobertas dentro de nossa fé, as quais servirão de base para uma prática e uma experiência mais ricas e completas.

Em sua introdução, o autor de *A nuvem do não-saber* sentiu necessidade (e repete isso quase no fim do tratado) de implorar ao leitor que lesse sua pequena e densa obra em sua totalidade, temendo que, se fossem lidas apenas algumas partes, elas transmitissem um conhecimento incompleto ou mesmo falso. Sinto algo parecido. O assunto é delicado e de certa forma complexo, porque envolve uma relação completa e profunda entre duas pessoas: um ser humano, cujo potencial é ilimitado, e o Deus infinito. Sobretudo nas respostas às perguntas, os leitores encontrarão nuanças e distinções que podem ser de grande ajuda e, para alguns, de muita importância. Este é o grande valor de poder participar de um *workshop*. Em sucessivas experiências com a oração centrante e nas respostas às perguntas levantadas nessas experiências, o ensinamento pode ser lapidado de acordo com as necessidades de cada um, para que cada um o compreenda e ele lhe sirva de apoio nas práticas.

É nisto que estou interessado: em facilitar e apoiar o início e a prática regular da oração contemplativa. Não estou tentando corresponder e responder a todas as objeções dos críticos. Acima de tudo, não estou interessado em polêmicas. Nem pretendo ensinar ou afirmar a supremacia de uma forma de oração sobre outra. Quero apenas compartilhar um presente que recebi com todos os que estejam interessados e levados pelo amor misericordioso de Deus a compartilhá-lo comigo.

Penso que posso fazer minhas as palavras do autor de *A nuvem do não-saber*:

> Mas se você julgar que este modo de trabalhar não está de acordo com a sua disposição física ou espiritual, pode deixá-lo e escolher outro com segurança e sem repreensão, desde que

Introdução

seja de bom conselho espiritual. E, nesse caso, rogo-lhe que me considere perdoado. Pois, realmente, o meu objetivo ao escrever este livro foi ajudá-lo a fazer progressos de acordo com meu modesto conhecimento. Foi esse o meu propósito. Portanto, leia-o novamente duas ou três vezes; e quanto mais vezes o ler, melhor o entenderá; assim, talvez, se alguma frase foi muito difícil de entender na primeira ou segunda leitura, depois lhe parecerá bastante fácil.

Sim, de fato. Segundo meu critério, parece impossível que qualquer alma que esteja preparada para este exercício leia o livro, para si ou em voz alta, sem sentir durante esse tempo uma real afinidade com o resultado desta obra. Portanto, se você achar que lhe faz bem, agradeça a Deus sinceramente, e pelo amor de Deus, reze por mim. (Capítulo 74)

Quero sobretudo expressar minha gratidão sincera a meu abade, Padre Thomas Keating, e a meu confrade, Padre William Meninger. Grande parte do que aqui compartilho vem deles, que muito generosamente leram o manuscrito e deram boas sugestões para seu aperfeiçoamento. Muitos dos que participaram de *workshops* comigo ao longo dos anos deram sua contribuição, e eu também lhes sou grato por isso. Acima de tudo, foi o apoio devotado de minha comunidade, e de muitos outros, que produziu este fruto. Faço menção especial àquela pequena freira beneditina que passou muitas horas à sua máquina de escrever, e outras tantas em seu genuflexório, dando vida a este livro. Ela prefere manter-se incógnita e, sendo assim, conto com Deus para recompensá-la, e às suas irmãs, que a apoiaram neste trabalho. Minha modesta gratidão.

Páscoa, 1979
M. Basil

I
Está além de nós, e ainda assim é nosso

Gostaria de iniciar este livro com uma palavra da Escritura – assim posso ter certeza de que foi dita alguma coisa que valha a pena. Ao ler as Escrituras, dia após dia, ao longo dos anos, várias passagens nos falam com força especial. Algumas se tornam particularmente significativas e voltamos a elas muitas vezes. Para mim, uma passagem dessas é a seguinte, da Primeira Epístola de São Paulo aos Coríntios:

> Ensinamos a sabedoria de Deus, misteriosa e oculta, que Deus, antes dos séculos, de antemão destinou para a nossa glória. (...) Mas, como está escrito, "o que os olhos não viram, os ouvidos não ouviram, e o coração do homem não percebeu, isso Deus preparou para aqueles que O amam".
> A nós, porém, Deus o revelou pelo Espírito. Pois o Espírito sonda todas as coisas, até mesmo as profundidades de Deus. Quem, pois, dentre os homens conhece o que é do homem, senão o espírito do homem que nele está? Da mesma forma, o que está em Deus, ninguém o conhece senão o Espírito de Deus. Quanto a nós, não recebemos o espírito do mundo, mas o Espírito que vem de Deus, a fim de que conheçamos os dons da graça de Deus. Desses dons não falamos segundo a linguagem

ensinada pela sabedoria humana, mas segundo aquela que o Espírito ensina, exprimindo realidades espirituais em termos espirituais. O homem psíquico não aceita o que vem do Espírito de Deus. É loucura para ele; não pode compreender, pois isso deve ser julgado espiritualmente. O homem espiritual, ao contrário, julga a respeito de tudo e por ninguém é julgado. Como dizem as escrituras: "Pois, quem conheceu o pensamento do Senhor para poder instruí-lo?" Nós, porém, temos o pensamento de Cristo. (*1 Coríntios 2, 7, 9-16*)

É essencialmente isso que vamos compartilhar neste livro: "A sabedoria oculta de Deus... a sabedoria que Deus destinou para a nossa glória antes do começo dos tempos... "o que os olhos não viram, os ouvidos não ouviram, e o coração do homem não percebeu, isso (que) Deus preparou para aqueles que O amam..." o que "Ele nos revelou pelo Espírito".

A oração centrante nos conduz para além do pensamento e da imagem, para além dos sentidos e da mente racional, àquele centro de nosso ser onde Deus está fazendo um trabalho maravilhoso. Ali, Deus nosso Pai não só nos recria a cada momento, em seu amor maravilhoso e criativo, mas em virtude da graça da filiação, que recebemos no batismo, nos torna filhos e filhas, *unos* com seu próprio Filho, derramando em nossos corações o Espírito de seu Filho, para que nós, em plena consciência, possamos dizer, "*Abba*[1], Pai". Ele nos diz, de fato mais do que em palavras: "Tu és meu filho; hoje eu te criei". Neste nível de nosso ser, onde somos nossa essência mais verdadeira, somos essencialmente oração, uma total

---

1. Abba: paizinho, papaizinho, em aramaico, também usado como título honorífico. (Nota do Revisor – NR)

resposta ao Pai em nossa unicidade com o Filho, neste amor que é o Espírito Santo. Este é o mistério oculto através dos tempos; o grande desígnio de uma Providência eterna, amorosa, e a nós revelado. Como nos disse o Filho naquela sala no andar superior[2]: "Já não vos chamo servos, mas eu vos chamo amigos, porque tudo o que ouvi de meu Pai eu vos dei a conhecer... Não podeis agora suportar... Mas quando vier o Paráclito, o Espírito da Verdade que vos enviarei de junto do Pai, ele vos conduzirá à verdade para que vos lembreis do que eu vos havia dito" (*João 15, 15; 16, 12-13*).

"Estas são as coisas que Deus nos revelou pelo Espírito... O homem psíquico (que não possui o Espírito Santo) não aceita o que vem do Espírito de Deus. É loucura para ele." Na verdade, sem fé, sem a ação poderosa do Espírito Santo, a oração centrante não passa de uma loucura! É só ficar sentado, sem fazer nada. Sem ter ao menos pensamentos úteis, ou tomar boas resoluções – é só estar ali. Se não fizermos contato com o que realmente somos, "só estar ali" nos parece bem difícil. As profundezas do homem só podem ser conhecidas por seu próprio espírito. É verdade. Mas não somos apenas homens. Fomos batizados em Cristo e transformados, deificados, de alguma forma feitos *um* com o verdadeiro Filho de Deus e partícipes da natureza divina. Sendo assim, é somente pelo Espírito Santo, que alcança as profundidades de tudo, "até mesmo as profundidades de Deus", que podemos esperar compreender aquilo que ninguém conhece, "senão o Espírito de Deus". "Exprimimos realidades espirituais em termos espirituais" – isto é, em e pelo Espírito Santo.

---

2. O autor refere-se ao recinto onde transcorreu a Santa Ceia e Jesus proferiu as palavras citadas. (NR)

Oração Centrante

Quando começar a ler este livro sobre a oração centrante, gostaria de aconselhá-lo a parar por um momento e voltar-se para o Espírito Santo que habita dentro de você. Ele é *seu* Espírito, o presente que lhe foi dado no batismo para ser seu verdadeiro espírito; peça-lhe, por meio das palavras impressas nestas páginas, que lhe ensine "realidades espirituais em termos espirituais". E ao avançar na leitura, que você esteja sempre cônscio de sua presença revelando-lhe algo da beleza plena que você verdadeiramente é e convidando-o gentilmente a desfrutar dessa beleza, a maravilhar-se com ela, a viver sua plenitude.

Sob certo aspecto, a oração centrante nada mais é do que um simples método – uma técnica, se preferir este termo, para entrar em contato com o que *é*. Porém, esta prática seguramente não visa apenas animar quarenta minutos de nosso dia. Visa abrir o caminho para viver sempre a partir do centro, a partir da plenitude do que somos.

É com certeza algo sublime, maravilhoso, além de todas as expectativas humanas. "Os olhos não viram, os ouvidos não ouviram, e o coração do homem não percebeu." No entanto, é para isso que *todos* somos chamados.

Partilharei com vocês outra de minhas passagens favoritas das Escrituras. Consta do último livro da Bíblia, do Livro da Revelação[3], *capítulo três*:

> Assim fala o Amém, a Testemunha fiel e verdadeira, o Princípio da criação de Deus. Conheço tua conduta: não és frio nem quente. Oxalá fosses frio ou quente! Assim, porque és morno,

---

3. O autor utiliza o termo revelação para o Livro do Apocalipse. Apocalipse quer dizer revelação. Ela é feita por Jesus e se refere a ele mesmo. (NR)

nem frio nem quente, estou para te cuspir da minha boca. Pois dizes: sou rico, enriqueci-me e de nada mais preciso. Não sabes, porém, que és tu o infeliz: miserável, pobre, cego e nu! Aconselho-te a comprar de mim ouro purificado no fogo para que enriqueças, vestes brancas para que te cubras e não apareça a vergonha da tua nudez, e um colírio para que unjas teus olhos e possas enxergar. Quanto a mim, *repreendo e educo todos aqueles que amo*. Recobra, pois, o fervor e converte-te! Eis que estou à porta e bato: se alguém ouvir minha voz e abrir a porta, entrarei em sua casa e cearei com ele, e ele comigo. Ao vencedor concederei sentar-se comigo no meu trono, assim como eu também venci e estou sentado com meu Pai em seu trono. Quem tem ouvidos, ouça o que o Espírito diz às Igrejas. (*Apocalipse 3, 14-22*)

Esta passagem traz uma das mais amedrontadoras palavras de Nosso Senhor: "Conheço tua conduta" (estou de olho em você, diríamos em linguagem mais atual); "não és frio nem quente". Como isso é verdade! Não somos frios, indiferentes, desligados – ou não estaríamos lendo um livro como este. Mas, por outro lado, quem de nós ousará dizer que é realmente "quente", ardendo no fogo do amor divino? Basta o mais breve momento de reflexão sobre nosso comportamento atual, nossas recaídas, nossas concessões, nossas racionalizações, nosso pecado. E qual é a reação de nosso bendito Senhor a tudo isto? É gritantemente franca: "Assim, porque és morno, nem frio nem quente, estou para te cuspir da minha boca" – ou, conforme outra tradução, "para te vomitar de minha boca". Nosso Senhor, que era tão plenamente concorde ao Pai, cujo coração sagrado realmente ardeu com amor e devoção filial, só pode sentir desgosto por nossa mornidão. Quando vê a forma com que respondemos à constante bondade do Amor divino, ele simplesmente tem vontade de vomitar. É assim repulsivos que somos em nossa pequenez, mesquinhez, egoísmo. Nosso Senhor nos conhece bem.

E ainda assim – e esta é a sublimidade da palavra do Senhor, dessa mensagem de vida e esperança aos mesmos que com toda razão acha tão repulsivos – Nosso Senhor, vencendo sua repugnância natural e conhecendo o pleno poder do seu imenso amor de inflamar nossa mornidão, continua: "Eis que estou à porta e bato". Apesar de toda nossa mornidão, desatenção e surdez, Ele jamais se cansa, jamais deixa de procurar entrar em nossas vidas.

Apesar disto tudo, Ele, que nos fez, que tem todos os direitos sobre nós, nos respeita profundamente, tanto como ninguém mais. Ele sabe que nossa liberdade, nosso poder de fazer escolhas, de amar, é o que há de maior em nós. É justamente aí que se encontra nossa semelhança com o divino. E Ele nunca há de violar essa liberdade, não importa quão tristemente abusemos disto. Ele jamais forçará sua entrada em nossas vidas: "Eis que estou à porta e bato. *Se alguém ouvir minha voz... e abrir...*". Com humildade, Ele espera até que abramos a porta. E isto é tudo o que devemos fazer: apenas abrir-nos para Ele, e Ele fará o resto. Não importa quão repulsivos sejamos. Não importa nossa trajetória anterior. Basta abrir e Ele entrará. Esta é sua palavra incondicional, àqueles cuja mornidão Ele conhece tão bem. A oração centrante não é senão uma forma simples de abrir a porta – de escancará-la – para deixá-lo entrar.

"Entrarei em sua casa e cearei com ele, e ele comigo." O Senhor expressa a intimidade que quer dividir com cada um de nós de maneira concreta, calorosa, com pura humanidade. O sinal mais comum de amizade humana é sentar-se junto e dividir uma refeição. Mas a intimidade aqui é especial: uma refeição só para dois – *se alguém ouvir minha voz...* e não nos sentaremos com uma mesa entre nós. Será "lado a lado", como o discípulo amado, que pode

Está além de nós, e ainda assim é nosso

reclinar-se e apoiar a cabeça no seio do Mestre. Estamos nas últimas páginas da Revelação, e Nosso Senhor volta ao início, à aurora da criação, quando fez o homem, e no frio do entardecer veio e caminhou de braços dados com ele sob a sombra das árvores. Deus criou o homem para ser seu amigo íntimo; esta é a mensagem tecida por toda a Escritura. *Todos* são chamados para a intimidade da união contemplativa com Deus, e não apenas alguns eleitos. Não somente os modelos de virtude, mas até os pobres, repulsivos, mornos, pecadores reincidentes!

Somos chamados à intimidade, ou melhor, à união! E, continuando a usar imagens muito eloqüentes, Nosso Senhor nos diz: "Ao vencedor" (não é uma grande vitória de nossa parte – temos apenas de abrir a porta – mas com isso receberemos graciosamente como nossa a plenitude de sua grande vitória) "concederei sentar-se comigo no meu trono, assim como eu também venci e estou sentado com meu Pai em seu trono". Nosso Senhor expressa aqui, em imagens claras, a plena realização de sua fervorosa oração sacerdotal. "Que todos sejam *um*, Pai, como estás em mim e eu em ti, que eles possam ser *um* conosco." Somos chamados não só à intimidade, mas a tomar posse de nossa verdadeira unicidade com o Filho de Deus na vida íntima da Trindade, na comunicação do verdadeiro Amor do Pai e do Filho, o Mais Sagrado Espírito. A oração centrante é isso.

Guilherme de Saint-Thierry[4], um grande pai espiritual do século XII, sobre quem falaremos adiante, expressa isso belissimamente. E – quero ressaltar – ele o expressa não num de seus sublimes

---

4. Guilherme de Saint-Thierry (*f.** 1148), teólogo e mestre espiritual cisterciense, amigo íntimo de São Bernardo de Claraval. (NR)

* *f* = falecido

tratados de teologia mística, mas num trabalho bem elementar, no qual, com a ajuda de doutores pagãos e filósofos, bem como dos Pais da Igreja (reuni aqui o que encontrei nos livros de filósofos e de doutores, bem como em autores eclesiásticos), tenta definir, de maneira muito simples, *A natureza do corpo e da alma*, e o significado pleno do trabalho criativo e recriativo de Deus ali contido. Suas palavras, portanto, se aplicam muito bem a qualquer ser humano, que possui ou *é* um corpo e uma alma.

> Assim como o corpo vive da alma, a alma vive de Deus... Vive como um só espírito com Ele. Pela Vontade do Pai e do Filho – o Espírito Santo, por uma graça inconcebível, com uma alegria indizível, pela mais secreta inspiração, na mais manifesta operação, conforma a vontade da alma a si mesmo, unindo esse amor a si com onipotência espiritual. Ele se torna tão unido à alma que, como foi dito, quando a alma reza com aspirações que ultrapassam a concepção, diz-se que é o Espírito que reza. E esta é a oração do Filho ao Pai: "Quero (isto é, realizo isto pelo poder da minha vontade, que é o Espírito Santo) que, como tu e eu somos *um* em substância, eles sejam *um* em nós pela graça". *Um* em amor, *um* em beatitude, *um* em imortalidade e em integridade, até de alguma forma na própria divindade. Porque "a tantos quantos o receberam, Ele deu o poder de se tornarem filhos de Deus".

Somos chamados para o que está em verdade muito além de nós e ainda assim, em virtude de nosso batismo, já é nosso. Tudo de que precisamos é apropriar-nos disto e desfrutá-lo. Este é o "trabalho" da oração centrante.

II
Um presente do deserto

Tendemos a pensar que nossos tempos são únicos na história da família humana, o que, de certo ângulo, é verdade. Contudo, há verdade irrefutável nas palavras do Sábio: "... nada há de novo debaixo do sol". (*Eclesiastes-Coélet 1, 9*).

Temos visto nos últimos anos um número significativo de jovens ocidentais, e outros não tão jovens, voltarem-se para o Oriente. Essa corrente agora parece ter refluído mas, por algum tempo, houve um fluxo constante de peregrinos buscando em gurus, *swamis*[5] *e rôshis*[6]*,* alguma amostra da sabedoria antiga. Alguns empreenderam mesmo longas jornadas a Benares, Sri Lanka ou Tailândia. Outros puderam trazer mestres, ou já os encontraram em seus países e outros, ainda, ficaram satisfeitos com aquilo que os discípulos que retornaram estavam aptos a compartilhar.

Este fenômeno, de pessoas deixarem as vidas que levavam, fossem elas dedicadas a atividades escolares, aos negócios, ou

---

5. Swami: senhor, mestre, em sânscrito; membro de antiga ordem monástica na Índia. (NR)
6. Rôshi: literalmente, "venerável mestre"; monge ou leigo zen-budista que transmite os ensinamentos aos discípulos. (NR)

transcorressem em comunidades religiosas, e rumarem para o Oriente em busca de sabedoria, teve precedentes. Foi bastante comum durante a renovação ocorrida nos séculos XI e XII, manifestando-se de forma assustadora e dramática nas Cruzadas. Por outro lado, também encontrou uma expressão pacífica nos reinos da arte, da ciência e da literatura sapiencial. Foi nesse período que Pedro, o Venerável, traduziu o Alcorão, e os escritos de muitos Padres Gregos se tornaram acessíveis pela primeira vez em latim, influenciando diretamente a evolução do pensamento espiritual na Europa Ocidental.

Os séculos IV e V também testemunharam esse movimento. Meu próprio patrono, Basílio[7] – mais tarde chamado "o Grande" – e seu colega Gregório o Teólogo[8], abandonaram seus livros, deixaram as prestigiadas escolas de Atenas e saíram em busca da verdadeira sabedoria entre os gerontes (anciãos) na Síria e no Egito. "Ancião" é um termo respeitoso usado ainda hoje entre os gregos quando se dirigem ou se referem a um pai espiritual importante. São Jerônimo e suas amigas Paula e Melânia, a Velha e a Jovem, estão com certeza entre esses buscadores. Entre os peregrinos que foram ao Oriente deve ser incluído também um brilhante jovem da Dalmácia, que os cristãos do Oriente chamam agora de João Cassiano, o Romano.

Ainda muito jovem, João abandonou seus livros e as bibliotecas para ir em busca da verdadeira sabedoria. Foi em primeiro

---

7. São Basílio de Cesaréia (Basílio Magno) (c. 329-379), nascido em Cesaréia, Capadócia, um dos maiores pais da igreja grega. Irmão de São Gregório de Nissa (c. 333-395). (NR)
8. São Gregório Nazianzeno (c. 329-390), teólogo nascido na Capadócia. Foi bispo de Sasima, mas retirou-se para uma vida de estudos religiosos em Nazianzo. (NR)

lugar à Terra Santa, onde viveu por alguns anos em um mosteiro em Belém (não era o mosteiro de São Jerônimo, mas é provável que tenha se encontrado com o santo enquanto ali vivia). Algum tempo depois, suas aspirações insaciáveis o impeliram a prosseguir. Com a permissão de seu abade e em companhia de Germano, um de seus irmãos monges, partiu em busca de mais conhecimentos sobre a arte espiritual e a vida mística dos sábios anciãos que viviam em desertos e cavernas do Egito. Passaram-se sete anos até que retornasse a seu mosteiro apenas para pedir permissão para continuar com sua busca. Não haveria mais de retornar à Terra Santa. Mais tarde deixou o deserto indo para a capital e, ordenado padre, retornou ao Ocidente, onde fundou dois mosteiros perto de Marselha, um para mulheres e outro para homens.

O monasticismo começava a florescer na Gália do século V e, em resposta a uma necessidade premente, São João produziu duas séries, ou coleções, de escritos. A primeira, os *Institutos*, narrava as práticas dos monges do Egito e as adaptava à prática em regiões do Ocidente, mais frias. Pelo amplo uso que deles fez São Bento de Núrsia, e pela tradição que estabeleceram, os *Institutos* cassianos tiveram uma imensa e penetrante influência em toda a vida monástica do Ocidente. Na segunda coleção, São João incluiu o que considerava os ensinamentos mais significativos recebidos durante sua longa peregrinação, apresentados em forma de *Conferências,* dadas por vários grandes Padres do Deserto.

Como o próprio Cassiano nos relata, um dia, em companhia de Germano, visitou o famoso abade Isaac, a quem pediu ensinamentos sobre oração. O santo ancião concordou, e esse ensinamento nos chegou pela bela e profunda obra *Primeira conferência de Abba Isaac sobre oração*. Naquela noite, João e seu companheiro retornaram quase nas nuvens a suas celas, tão engrandecidos estavam pelo ensinamento transcendente desse grande pai. Mas, pela manhã, quando acordaram, já com os pés bem plantados na mãe terra, Germano voltou-se para o companheiro com uma pergunta crucial: "Sim, mas como se faz isso?". E os dois jovens monges correram pelas areias até a cela do ancião, levando-lhe a pergunta. A *Segunda conferência de Abba Issac* é a resposta. Nessa *Conferência* encontramos a primeira manifestação escrita no Ocidente sobre essa tradição de oração, da qual a oração centrante é uma forma contemporânea.

A magnífica *Conferência de Abba Isaac* deveria ser lida na íntegra, mas agora vamos nos ater apenas a algumas palavras desse sábio ancião, as que mais diretamente servem ao nosso presente objetivo:

> Penso que será fácil levá-los ao coração da verdadeira oração... O homem que sabe o que perguntar está no limite do entendimento; o homem que começa a entender aquilo que não conhece está perto do conhecimento.
> Dar-lhes-ei uma fórmula para a prática da contemplação. Se conservarem cuidadosamente esta fórmula ao seu alcance, e conseguirem relembrá-la sempre, este será um caminho para a contemplação da grande verdade. Todos os que buscam a contínua recordação de Deus usam esta fórmula para a meditação, na intenção de livrar seu coração de qualquer outro tipo de pensamento. Poderemos conservar a fórmula ao nosso alcance somente se estivermos livres de todas as preocupações com o corpo.
> A fórmula foi-nos dada por alguns dos padres mais velhos que sobreviveram. Passaram-na apenas para alguns poucos, os que estavam sedentos do verdadeiro caminho. Para conservar uma lembrança permanente de Deus, esta fórmula deve estar sempre à sua frente: "Ó Deus, vinde em meu auxílio. Senhor, socorrei-me sem demora".

Um presente do deserto

Este verso foi escolhido dentre toda a Bíblia para servir a esta finalidade. Serve a todos os estados de consciência e temperamentos da natureza humana, a toda tentação, a toda circunstância. Contém uma invocação a Deus, uma humilde confissão de fé, um alerta profundo, uma meditação sobre a fragilidade humana, um ato de confiança na resposta de Deus, uma certeza do seu apoio sempre presente. O homem que continuamente invoca Deus como seu protetor tem consciência de que Deus está sempre ao seu alcance.

Repito: cada um de nós, seja qual for sua condição na vida espiritual, necessita usar este verso.

Talvez surjam pensamentos errantes na minha alma, como o borbulhar da água que ferve, e eu não possa controlá-los, nem oferecer preces sem ser interrompido por imagens tolas. Sinto-me tão árido que sou incapaz de percepções espirituais, e muitos suspiros e gemidos não podem salvar-me dessa aridez. Preciso dizer: "Ó Deus, vinde em meu auxílio. Senhor, socorrei-me sem demora".

A mente deve prosseguir assimilando essa fórmula até que cesse a multiplicidade de outros pensamentos; até que se restrinja a essas únicas e despojadas palavras. Assim conseguirá obter mais facilmente a bem-aventurança evangélica, que ocupa o primeiro lugar entre todas as demais bem-aventuranças: "Bem-aventurados os pobres de espírito, porque deles é o Reino dos Céus". Dessa forma, pela luz de Deus, a mente se eleva ao múltiplo conhecimento de Deus, e daí em diante se alimentará dos mistérios mais sublimes e sagrados... Assim atinge essa mais pura das mais puras orações, à qual nossa Conferência anterior a guiou, até onde Deus nos concede contemplar-nos com esse favor; a oração que não procura imagens visuais, que não usa pensamentos nem palavras; a oração na qual, como uma faísca que salta do fogo, a mente é arrebatada para o alto e, destituída da ajuda dos sentidos ou de qualquer coisa visível ou material, deixa irromper sua oração a Deus...

Por quase dez séculos, a abordagem monástica da oração prevaleceu, começando com as primeiras tentativas de transmissão escrita por parte de autores como Evágrio o Pôntico e João Cassiano no século IV, até ser suplantada pelo pensamento escolástico na comunidade cristã ocidental, o qual no século XIV causou o divórcio entre a teologia e a espiritualidade. Para o monge, a vida era integral. Era tudo *uma* só coisa e, na prática, ele não distinguia leitura de estudo das Escrituras e oração, nem meditação de contemplação. Havia um só movimento de resposta a um Deus que falara, um Deus que não fala apenas nos livros das Escrituras divinamente inspiradas, mas na criação inteira, e nas profundezas de nosso íntimo.

Neste ponto, faço um importante aparte relacionado com uma dificuldade semântica. Em nossas tradições ocidentais recentes, quando falamos de *meditação* nos referimos a um tipo de oração discursiva, na qual refletimos conscientemente sobre facetas da vida, sobre alguns pontos das Escrituras em particular, e assim tentamos despertar em nós respostas emocionais e resoluções que guiem nossa conduta. Ao mesmo tempo, *contemplação* significa o momento em que nossa resposta à verdade revelada ou realidade é simplesmente estar presente – tendo ido além do pensar, para a simples presença.

Para nossos irmãos e irmãs da tradição hindu, esses termos têm quase o exato significado inverso: contemplação é um exercício discursivo e meditação, em geral, significa uma abordagem não conceitual. Talvez uma das mais significativas indicações da dificuldade das igrejas cristãs ocidentais em levar sua tradição revigorada a seus fiéis seja o fato de que a terminologia que hoje prevalece

Um presente do deserto

no Ocidente não é a da tradição ocidental (a não ser, talvez, entre religiosos e padres e aqueles que têm treinamento mais tradicional), mas a terminologia trazida em anos recentes por sábios dos países asiáticos. Daí as dificuldades quando falamos desses assuntos hoje em dia. Essa é uma das razões pelas quais prefiro usar *oração centrante* a *meditação* ou *contemplação*. Oração enfatiza o elemento essencial e muitas vezes característico: a resposta interpessoal, uma relação fluindo do amor, com outra Pessoa ou outras Pessoas. No entanto, pode ser conveniente, por exemplo, na apresentação desta forma de oração num contexto popular, como no campus de uma universidade, chamá-la de *meditação cristã* – meditação entendida no sentido mais usual no Oriente.

Mas retornemos a nossa tradição monástica. Nesta tradição, quando os monges desejavam falar de sua experiência de maneira reflexiva, empregavam quatro palavras em latim: *lectio, meditatio, oratio* e *contemplatio*. *Lectio*, ou a expressão inteira, *lectio divina*, como é mais comum, não fica bem definida se for traduzida simplesmente como *leitura*. Estamos falando de um tempo em que a maioria dos monges e a maior parte da comunidade cristã talvez não soubessem ler. Outros, é claro, sabiam e liam para seus irmãos iletrados. A fonte escolhida para a *lectio* sempre foi e sempre será a dos Textos Sagrados. Muitas vezes, um cristão humilde, que não sabia ler, conseguia memorizar partes extensas das Escrituras, principalmente os Evangelhos e os Salmos, para poder ouvi-los sempre, recitados, por assim dizer, por sua própria memória.

Mas *lectio*, em seu sentido pleno, como é usado aqui, significa o recebimento da revelação, seja qual for seu veículo – a acolhida da Palavra que é a Verdade, o Caminho e a Vida. De fato, ela vem conforme à leitura de cada um. São Basílio insistia muito em que todos os monges deveriam aprender a ler. Para nós, hoje, o tempo que dedicamos à Palavra da Vida e às Escrituras Sagradas é de suma importância. Porém, recebemos essas palavras também por meio do ministério de outros, por meio de suas leituras e, acima de tudo, por meio da Liturgia da Palavra. E outros as farão chegar em homilias, em instruções, no simples compartilhar da fé e no testemunho vivo de todos os dias. Podem-nos chegar também, e de fato assim tem sido, pela arte: quadros, afrescos, esculturas, vitrais. A Bíblia inteira se encontra nos vitrais da catedral de Chartres. E houve aquelas maravilhosas representações dos mistérios.

Temos também o maior livro da revelação: todo o trabalho do Criador, sua maravilhosa criação. Tudo isso nos fala dele e de seu amor por nós. Bernardo de Claraval[9] *gostava de dizer (faço uma tradução trivial) que encontrava Deus mais nas árvores e nos riachos do que nos livros.* "Lectio, portanto, é receber a revelação, não importa por quais meios, seguida naturalmente pela *meditatio*.

Uma vez mais, com relação à *meditatio*, mesmo sem nos referir à dificuldade semântica de que falamos acima, temos de ser cuidadosos para que nossa tradução não seja desleal com a verdade. Nas antigas tradições monásticas, a meditação envolvia em primeiro lugar a repetição da palavra da revelação, ou da palavra da vida recebida do pai espiritual ou de alguma outra fonte. A palavra – e aqui *palavra* não deve ser entendida literalmente como uma só palavra, mas pode ser uma frase ou sentença completa – era repetida em silêncio, mesmo usando os lábios, muitas e muitas vezes. Os Salmos falam de alguém meditando com os lábios. Com o tempo, a repetição tenderia a interiorizar e simplificar a palavra, à medida que seu

---

9. São Bernardo de Claraval, teólogo, escritor místico e doutor da Igreja, deu grande impulso à Ordem Cisterciense no século XII. (NR)

significado fosse assimilado. Porque, durante a repetição, a mente não era um vácuo. A mente recebia a palavra muitas e muitas vezes, a compreendia mais e mais, a assimilava e dela se apropriava, até que a palavra a moldasse e toda ela fosse uma resposta.

Os Padres gostavam de usar a imagem da vaca ou de outro "animal limpo, ruminante". A vaca sai para o pasto e enche o estômago de grama ou outro alimento. Depois se aquieta, e pelo processo de regurgitação rumina o que comeu, mexendo a boca. Assim, pode assimilar tudo o que consumiu, transformando-o em leite rico e cremoso – um símbolo de amor preenchido pela unção do Espírito Santo. Quando a palavra recebida passa dos lábios à mente e depois ao coração pela constante repetição, produz em quem ora uma resposta amorosa, cheia de fé.

Gosto muito de uma distinção feita por John Henry, o cardeal Newman[10], que aqui cabe muito bem: O que a *meditatio* faz é trocar o *assentimento nacional* pelo *verdadeiro assentimento*. Quando recebemos as palavras da revelação na mente, são apenas uma série de noções ou idéias, que aceitamos em fé. Acreditamos nelas. Mas quando as assimilamos pela meditação, todo nosso ser responde a elas. Mudamos para um verdadeiro assentimento. Nosso ser inteiro, acima de tudo nosso coração, diz: "Sim, assim é que é. Esta é a realidade".

Em seguida – também naturalmente – nos voltamos para a *oratio*, a oração, a resposta. Quando Deus, o amoroso Criador e Redentor, assim se revela e realmente ouvimos essa revelação, essa

---

10. John Henry Newman (1801-1890), teólogo de origem calvinista, converteu-se ao catolicismo em 1845. Participou do Concílio Vaticano I, e sagrou-se cardeal em 1879. (NR)

Palavra da Vida, respondemos com assentimento confiante, com necessidade premente, com gratidão, com amor. Essa resposta é a oração. E ela jorra cada vez mais constante conforme a realidade de nosso assentimento se aprofunda e percebemos mais plenamente a revelação de nosso Criador e o Amor criativo em tudo aquilo com que nos deparamos.

Nossa resposta cresce, constantemente alimentada pela graça iluminadora. Há momentos e períodos de luz especial. E nesses momentos – que podem vir a ser *todos* os momentos – a Realidade se torna tão real para nós a ponto de uma palavra ou um movimento do coração já não bastarem para responder-lhe. Nosso *ser inteiro* tem de dizer *sim*. Isto é *contemplatio*. É um presente, um presente da luz que é Deus. Só podemos nos abrir a ela, em nossa liberdade permitida por Deus, e expressar nosso desejo de recebê-la pela fidelidade a *lectio, meditatio* e *oratio. Oratio,* da maneira mais delicada, aberta e receptiva. Isto é oração centrante. E este é o método que *Abba* Isaac ensinou aos dois ávidos, jovens monges, São João Cassiano e seu companheiro Germano.

A tradição do deserto, a partir da qual se desenvolveram o ensinamento de oração de João Cassiano, *A nuvem do não-saber* e a oração centrante, é a mesma que originou a oração de Jesus. No entanto, enquanto *Abba* Isaac deu a São João uma palavra dos Salmos: "Ó Deus, vinde em meu auxílio. Senhor, socorrei-me sem demora", a corrente ocidental buscou sua fonte em duas passagens do Novo Testamento – a do cego Bartimeu e a do cobrador de impostos – para formar a conhecida oração: "Senhor Jesus Cristo, Filho do Deus vivo, tem piedade de mim, um pecador". Com o passar do tempo, principalmente sob a longa dominação dos muçulmanos, a tradição cristã oriental foi enriquecida ou modificada por outras influências do Oriente. Tanto que, hoje, a expressão *A oração de Jesus* é como uma manta que cobre uma variedade de métodos. A expressão psicossomática da oração de Jesus desenvolvida em mais alto grau, apresentada por Nesóforo de Jerusalém e São Gregório o Sinaíta[11] (que na verdade a conheceu em Creta e a levou para a Montanha Sagrada) no século catorze, e por São Gregório Pálamas[12] no século seguinte, reproduz em detalhes o método *zikr* dos sufis do século XIII. É claro que o nome usado pelos sufis era o de Alá, enquanto o usado pelos cristãos ortodoxos era o nome de Jesus. Esse método *zikr*, por sua vez, reproduz em detalhes o método de meditação *nembutsu* usado pelos budistas no século XII. Não precisamos, necessariamente, postular nossa dependência deles. Pode ser que mestres espirituais vindos de culturas relacionadas tenham desenvolvido métodos similares.

Ao lado desse método cada vez mais complicado, continuou vigorando uma prática muito pura e simples entre os russos e em *sketes* (eremitérios) no Monte Athos. Essa prática foi encontrada em época mais recente com o Padre Silouan, o humilde *staretz*[13] do mosteiro russo do Monte Athos, falecido em 1938, cuja vida e trabalho chegaram ao Ocidente pelo discípulo Sofrônio Arquimandrita. Ao final de seu dia longo e atarefado com o trabalho nas docas, o *staretz* se retirava para seus aposentos, próximos ao cais deserto, abaixava seu *skouphos* (capuz de monge) sobre os olhos e orelhas, e simplesmente se postava na impressionante Presença de Deus,

---

11. Gregório o Sinaíta (1255-1346), monge hesicasta do Monte Athos, originário da Ásia Menor. (NR)
12. Gregório Pálamas (*c.* 1296-1359), bispo de Tessalônica, foi o último grande nome da teologia bizantina. (NR)
13. *Staretz*: na antiga Rússia, monge ou eremita considerado profeta ou taumaturgo pelo povo.

usando o nome de Jesus Salvador. Sua prática, nesse ponto, era a mesma da oração centrante, com o nome de Jesus como palavra de oração.

Outros pais espirituais transmitiram a tradição desenvolvendo outras variações: juntando o uso do nome de Jesus com a respiração ou com as batidas do coração, adotando certas posturas e, de várias outras formas, procurando trazer a mente para o coração.

A tradição manteve-se pura no Ocidente até que se perdeu por ocasião da Reforma, com a extinção dos mosteiros e a repressão defensiva da Inquisição. Derivada das palavras que São João Cassiano recebeu do abade Isaac, não se centrou no nome de Jesus, mas conservou certa flexibilidade, para que, conforme disse o autor de *A nuvem do não-saber*, cada um que praticasse a oração escolhesse sua própria palavra de oração; que lhe parecesse a mais significativa.

Como as *Conferências de Abba Isaac*, *A nuvem do não-saber* é a palavra de um pai espiritual dirigida a um determinado discípulo. No caso de *A nuvem*, ambos, pai e discípulo, nos são desconhecidos. Sabemos apenas que o discípulo era muito jovem (vinte e quatro anos), mas que mesmo assim desfrutou de uma proveitosa relação com o pai. *A nuvem do não-saber* pressupõe que o pai lhe tenha dado instruções orais. Não há dúvida de que é essa a razão de não encontrarmos instruções precisas do pai sobre o modo de orar como as de *Abba* Isaac. Porém, o texto faz repetidas alusões a instruções precisas e também repete trechos delas. Juntando esses fragmentos, podemos reconstruir quase completamente o método exato de oração que o pai ensinou ao discípulo:

...manter-se muito calmo, como se estivesse adormecido...

(*Cap. 44*)

...nada mais é do que um súbito impulso... elevando-se, voando rapidamente até chegar a Deus. (*Cap. 4*)

Eleve seu coração para Deus... evite pensar em outra coisa que não seja nele mesmo... (*Cap. 3*)

É um exercício que na verdade não necessita de longo tempo... pois é, de todos os exercícios que os homens possam imaginar, o mais curto possível. (*Cap. 4*)

... a fim de obter melhor compreensão... tome só uma palavrinha, de uma sílaba... pois quanto mais curta melhor... Escolha a que você preferir... Prenda essa palavra ao seu coração, de modo que, aconteça o que acontecer, ela jamais saia dele. (*Cap. 7*)

... tome cuidado neste exercício e de nenhum modo trabalhe com seus sentidos ou com a sua imaginação. Pois, eu lhe digo sinceramente, este exercício não pode ser alcançado com o trabalho deles; assim, deixe-os e não trabalhe com eles. (*Cap. 4*)

A sua perfeição consiste no espírito puro, quando não há qualquer pensamento particular ou qualquer palavra pronunciada... (*Cap. 40*)

Tenha só a Deus como finalidade e a Deus somente; não permita que a sua compreensão e a sua vontade tenham outro objetivo que não seja só Deus. (*Cap. 40*)

E, com a mesma rapidez, após cada impulso, e por causa da corrupção da carne, a alma cai novamente até chegar a atingir algum pensamento ou alguma ação já executada ou inacabada. Mas, que importa? Pois prontamente ela se eleva novamente... (*Cap. 4*)

Com esta palavra você deverá abater toda sorte de pensamento sob a nuvem do esquecimento; para o caso de algum pensamento exercer pressão sobre você, perguntando-lhe o que você gostaria de ter, responda só com esta palavra e nada mais. Se o pensamento lhe propuser, de acordo com seu grande saber, analisar esta palavra e dizer-lhe o que significa, diga ao pensamento que você quer guardá-la como um todo e não em fragmentos ou solta... pode ter certeza de que o pensamento não permanecerá por muito tempo. (*Cap. 7*)

Não faço exceções, sejam elas criaturas físicas ou espirituais, nem quanto à situação ou atividade de qualquer criatura, sejam elas boas ou más. Em resumo, quero dizer que tudo deve ficar oculto sob a nuvem do esquecimento. (*Cap. 5*)

Quem tiver familiaridade com a oração centrante logo distinguirá todos os elementos do método nessas instruções do autor de *A nuvem do não-saber*. Há uma diferença entre sua instrução e a do abade Isaac, mesmo que às vezes usem as mesmas palavras, como quando o autor de *A nuvem* repete a imagem de *Abba* Isaac: "Nada mais é do que um súbito impulso... elevando-se, voando rapidamente até chegar a Deus." A diferença reflete um desenvolvimento que se deu no Ocidente e a dessemelhança do público a que se dirigiam. O abade, dirigindo-se aos monges, falou no contexto de uma vida inteira de oração: *lectio, meditatio, oratio, contemplatio*, conforme foi descrito. *Meditatio*, a amável repetição de uma palavra recebida da *lectio*, seria a ocupação constante do monge até que a meditação irrompesse naturalmente em oração e transcendesse em contemplação. O autor de *A nuvem do não-saber* pode muito bem ter sido um monge – esta tradição monástica lhe era certamente familiar – mas não há uma clara indicação de que o discípulo o fosse; na verdade, as indicações são em sentido contrário. De qualquer forma, o autor fala num contexto no qual a meditação era a tônica. Ele é cônscio do valor de tal meditação, todavia estimula o discípulo a ir além, pelo menos de vez em quando, para engajar-se no trabalho de contemplação. Falta alguma coisa da integridade de um Padre do Deserto. De algum modo, a vida parece compartimentada; há um tempo para a atividade, outro para a meditação discursiva e outro para ir além disso tudo, para a contemplação – com um método oferecido para ser usado durante esta última etapa. O autor aceita a realidade da vida como ela é para seu discípulo e para a imensa assistência com a qual compartilha seu trabalho; ele fala a esta última e a supre. Contudo, é evidente que não abandonou o ideal de uma vida inteiramente integrada. Vê esse trabalho de contemplação como a melhor forma de seu discípulo encaminhar-se para a reintegração de sua vida.

Recebendo uma forma de oração desenvolvida na tradição monástica, o autor de *A nuvem*, passa-a adiante com grande sabedoria, prudência e discernimento, de tal forma que pode ser empregada por quem não vive num contexto em que é inteiramente livre para buscar a oração constante e verdadeira. Sendo assim, o método de oração ensinado pelo autor de *A nuvem do não-saber* e reapresentado pela oração centrante, enquanto certamente útil aos monges, vindo da riqueza de sua tradição, serve também para a vida das pessoas leigas, bem como a dos padres e religiosos ocupados com as numerosas tarefas do apostolado ativo. *A nuvem do não-saber* representa uma significativa moldagem de uma tradição sensível aos sinais dos tempos e às necessidades do povo de Deus. E assim esperamos que seja também a oração centrante.

III
O presente em boas mãos

Talvez você tenha vivido esta experiência numa aula ou num retiro: o grupo senta-se em círculo, o líder apanha uma bola de argila macia, segura-a firmemente por alguns instantes, imprimindo a marca de suas mãos, depois passa a bola ao mais próximo. Este repete o gesto, até que a bola passe por todo o círculo. Quando o último participante recebe a bola, ela traz a marca das mãos de cada um. Todos deram sua contribuição. Nem o mais sagaz Sherlock Holmes conseguiria decifrar que marca era de quem ao examinar o resultado. Se nenhum membro do grupo a apertou com muita força, se ninguém a deixou cair, e se a entrega ao outro foi feita com atenção e cuidado, a bola terá mantido sua forma redonda original. Nada se terá perdido de sua forma essencial, mas sua fisionomia terá sido enriquecida com interessantes desenhos impressos pelos afagos de muitas mãos.

Isto é *tradição*: a passagem de uma geração a outra, de uma pessoa a outra, do pai ou mãe espirituais a seus atentos filhos e filhas. Tradição deriva da palavra latina *traditio* (em sua forma verbal *tradere* ou *trans dare*), e significa dar, passar adiante, ou através de gerações. Qualquer que tenha sido o grau de amor e atenção do transmissor ao receber e ao passá-lo adiante, se tiver recebido o presente de maneira plenamente pessoal, humana, ficará uma marca enriquecedora: a marca de um ser humano, imagem de Deus, a mais gloriosa das criaturas.

Vimos no capítulo anterior os registros mais antigos desta forma de oração cristã. Esse presente da vida veio através de sucessivos séculos – cerca de dezesseis – até chegar a nós. Em nossos tempos, o presente foi-nos dado com um novo nome, oração centrante, e um novo invólucro, a marca de nossas mãos ao passá-lo a outros corações e mentes, jovens e impacientes. Eles também o moldam ao recebê-lo, e espero que o passem adiante de maneira vivificante e frutífera.

Neste capítulo, gostaria de voltar minha lupa ora para uma, ora para outra marca que este presente, este modo de oração, recebeu ao ser transmitido. Não é possível oferecer um exame completo, já que o caminho foi longo e as marcas, extremamente ricas. Para justificar os fragmentos que escolhi compartilhar, só posso dizer que são preferências pessoais. São os que, no decurso de minha leitura/escuta ao longo dos anos, se destacaram como registros particularmente significativos ou belos – marcas de corações e mentes particularmente belos. Não separei o Oriente do Ocidente porque, como já mencionei, a oração de Jesus, em sua forma mais pura, não é senão outra expressão da mesma tradição, brotando de outra fonte.

Um dos mais articulados Padres do Deserto foi o ex-cortesão e controverso teólogo Evágrio Pôntico[14]. Verdadeiro pai espiritual, nunca foi aceito no Oriente (apesar de seus escritos serem ampla-

---

14. Evágrio Pôntico (f. 399), mestre espiritual originário da Capadócia, onde foi discípulo de Gregório Nazianzeno. Passou os últimos dezesseis anos de sua vida como anacoreta nos desertos do Egito. (NR)

mente lidos sob o nome de São Nilo), em razão dos erros origenistas em seus trabalhos doutrinais. É pouco conhecido no Ocidente; porém, seu profundo discernimento psicológico tornou sua elaboração da sabedoria do deserto muito útil e valiosa. Evágrio defendeu a prece pura, que via como "deixar de lado todos os pensamentos". Citarei apenas trechos de seus maravilhosos *Capítulos sobre oração*, mais relevantes para nosso tema:

> 69. Mantenha a guarda sobre seu espírito, conservando-o livre de conceitos na hora da prece, para que permaneça em sua própria calma profunda. Porque aquele que tem compaixão pelo ignorante virá visitar até uma pessoa tão insignificante como você. Nessa hora, você receberá o mais glorioso presente da oração.
> 114. Não se esforce, de modo algum, por criar imagens ou visualizar formas na hora da oração.
> 117. Repetirei o que já expressei em outras ocasiões: feliz é o espírito que consegue ser perfeitamente informe na hora da oração.
> 119. Feliz é o espírito que se livra de toda matéria e se despoja de tudo na hora da oração.
> 120. Feliz é o espírito que consegue a plena inconsciência de toda a experiência sensível na hora da oração.
> 153. Quando você se entrega à oração, eleve-se acima de todas as outras alegrias – então encontrará a verdadeira oração.

São João Clímaco[15] (*c.* 580-650) recebeu seu cognome pela obra-

---

15. Do grego Klêmarks, akos: escala, escada. São João Clímaco, originário da Palestina, viveu algum tempo no mosteiro situado no Monte Sinai e depois retirou-se, vivendo por 40 anos sozinho, em oração e penitência.

prima que escreveu quando era abade do mosteiro no Monte Sinai, o tratado *The Ladder of the Divine Ascent* (*A escada da ascensão divina*). Foi o fruto de quase meio século de vida monástica. Faleceu logo após completar a obra, por volta de 649, duzentos e cinqüenta anos após a morte de Evágrio no vizinho deserto egípcio. No vigésimo quarto degrau de sua *Escada*, São João fala da oração:

> 5. Que sua oração seja inteiramente simples, porque o cobrador de impostos e o filho pródigo se reconciliaram com Deus com uma única frase. (Recorde-se de que foi a oração do cobrador de impostos que forneceu o texto para a oração de Jesus).
> 9. Que não haja elegância estudada nas palavras de suas orações. Muitas vezes, o balbuciar simples e monótono das crianças pequenas faz os pais cederem.
> 10. Não se envolva em longas discussões que desperdiçam sua mente em esforços de eloqüência. Uma só palavra dita pelo cobrador de impostos suscitou a misericórdia de Deus. Uma só palavra cheia de fé salvou o bom ladrão. A prolixidade na prece geralmente povoa a mente de imagens e a distrai, enquanto o uso de uma só palavra (*monologia*) a leva ao recolhimento.
> 19. O início da oração consiste em banir os pensamentos que nos vêm, pelo uso de uma só palavra (*monologistos*), no exato instante em que aparecem.
> 42. Durante a oração, não deixe que os sentidos criem nenhuma imagem, para não ficar sujeito a distrações.

Com 75 anos foi convidado a retornar para ser abade do mosteiro. Sua fama chegou até Roma e o Papa Gregório Magno mandou-lhe uma carta em que pedia orações. Escreveu o livro *Escada do paraíso*, considerada uma "verdadeira obra de espiritualidade monástica". (NR)

O presente em boas mãos

Retornemos por um momento ao Ocidente, a um homem que foi de fato um verdadeiro pai espiritual para mim: Guilherme de Saint-Thierry. O Abade Guilherme era o melhor amigo de Bernardo de Claraval, de certa forma seu mentor, de muitas formas seu conselheiro. Ao longo dos séculos, foi encoberto pela sombra de seu grande amigo; porém, em nossos tempos, graças a uma renovação do conhecimento e à influência de Guilherme sobre Gabriel Marcel e os existencialistas católicos, ele sobressai por seus próprios méritos. No seu maravilhoso pequeno tratado *On Prayer* (*Da oração*), Guilherme fala – ou melhor, ora – do modo que lhe é característico:

> Senhor Jesus Cristo, Verdade e Vida, disseste que, no devido tempo, os verdadeiros devotos de teu Pai seriam aqueles devotados a ti em espírito e em verdade. Sendo assim, eu suplico que libertes a minha alma da idolatria (da prece por imagens). Liberta-a para que, indo à tua procura, não encontre as tuas companhias (as faculdades de imaginação e memória, que são, para o homem, por assim dizer, companhias da imagem de Deus nele, seu livre arbítrio), e não se disperse no rebanho (imagens vindas da imaginação e da memória), durante o sacrifício da oração. Deixa-me antes ficar contigo e ser por ti alimentado no calor do meio-dia do teu amor. Por um certo sentido natural provindo da Causa Primeira, a alma sonha, de certo modo, com a tua Face, a cuja imagem ela mesma foi criada. Mas, seja porque perdeu ou porque nunca adquiriu o hábito de não receber outra imagem no seu lugar, ela é receptiva quando, no momento da prece, muitas outras imagens se oferecem.
> Se eu te enxergar, meu Deus, em qualquer forma que seja, ou em alguma coisa que tenha forma, estarei fazendo de mim um idólatra.

Depois, falando consigo mesmo, continua:

... afaste-se de todas as idéias usuais sobre localização e lugar, e aferre-se a isto: você encontrou Deus dentro de si mesmo... o que poderia ser mais certo, mais confiável do que isso, pelo qual nossa intenção pode se orientar e no qual nossa afeição pode se firmar?

Mas, novamente, se algumas vezes durante nossa oração seguramos os pés de Jesus e, atraídos pela sua forma humana, que é uma só Pessoa com o Filho de Deus, desenvolvemos um tipo de devoção corpórea, não estaremos errando. Contudo, em assim fazendo, retardamos e obstruimos a oração espiritual. Ele mesmo nos diz, "é melhor para ti que eu me vá. Se não o fizer, os Paráclitos não virão até ti".

O pleno significado da última frase está no importante papel que Guilherme atribui ao Espírito Santo na oração contemplativa. E continua a falar, com alguma ironia, àqueles cuja oração consiste em pedir coisas:

Se, no entanto, nos entregarmos por completo à preguiça e à indolência (a *acedia*, que os Padres do Deserto tanto deploram), e das profundezas da nossa ignorância suplicarmos a Deus, como se estivéssemos dentro de uma masmorra, e quisermos ser ouvidos mesmo quando não estivermos procurando a Face abençoada daquele a quem imploramos, e se não nos importar se Ele está zangado ou apaziguado quando nos dá aquilo que queremos, contanto que tenhamos o que pedimos – bem, aquele que ora desta forma tem que se contentar com aquilo que Deus lhe concede. Como não sabe pedir a Deus coisas maiores, aquilo que recebe não tem nada de grandioso.

O presente em boas mãos

※

Antes de deixar meu amado Padre Guilherme, mencionarei algumas linhas de suas *Meditations* (*Meditações*) (a terceira), partilhas profundamente pessoais e humanas, que publicou "para ajudar os iniciantes a aprender a orar":

> Onde estás, Senhor, onde estás? E onde, Senhor, não estás? Pelo menos eu sei, com certeza, que tu, a quem buscamos e em quem temos nosso ser, estás de certa forma presente aqui comigo, e que dessa presença salutar brotam a ânsia e o desfalecer da minha alma por tua salvação. Eu sei em verdade, estou cônscio muito salutarmente, de que tu estás comigo. Eu sei, eu sinto, eu reverencio e agradeço. Mas, se tu estás comigo, por que não estou contigo? O que me impede? Qual é o obstáculo? O que estorva minha passagem? Se tu estás comigo, ocupando-te do meu bem, por que não estou contigo da mesma forma, deleitando-me contigo, Deus supremo de tudo?
>
> Como a percepção entra em tudo isto? Para que servem as imagens mentais? Pode a razão, ou o entendimento racional, realizar alguma coisa? Não. Porque ainda que a razão nos leve a ti, ó Deus, ela não pode alcançar-te. Nem aquele entendimento que, como produto da razão, se ocupa de coisas menores na sua esfera de ação, vai além da própria razão; é incapaz de alcançar-te.
>
> Mas, quando, como e quanto o Espírito Santo deseja, ele guia a mente crédula, para que alguma coisa do que és possa ser vista por aqueles que, em suas orações e contemplações, ultrapassaram tudo o que não és, mesmo que eles não te vejam como tu és. De qualquer modo, este entendimento serve para acalmar o espírito dedicado, porque está claro que não há nada ali do que tu não és, e mesmo que isto não seja o que tu és inteiramente, não é diferente daquela Realidade.

Oração Centrante

※

Aprecio também esta passagem do trabalho de um contemporâneo de Guilherme, Julian, um monge de Vézelay. O texto pertence ao primeiro sermão de uma série que escreveu já em idade avançada:

> Rezo para que a Palavra do Senhor venha hoje novamente àqueles que estão em silêncio, e para que ouçamos o que o Senhor Deus nos diz em nossos corações. Silenciemos os desejos e as importunações da carne e as jactanciosas fantasias da nossa imaginação, para que possamos ouvir claramente o que o Espírito está dizendo. Tenhamos os ouvidos afinados com a voz ouvida acima da abóbada celeste, porque o Espírito da Vida está sempre falando às nossas almas; como dizem as Escrituras: "Uma voz é ouvida acima do firmamento que paira sobre nossas cabeças". Porém, enquanto fixamos nossa atenção em outras coisas, não ouvimos o que o Espírito nos diz.

No século seguinte, o grande teólogo místico São Boaventura[16], escreveu em seu tratado *On the Perfection of Life* (*Da perfeição da vida*):

> A oração consiste em voltar o pensamento a Deus. Você deseja saber como voltar sua mente a Deus? Siga as minhas palavras. Quando em oração, concentre todo o seu ser, entre com o seu Amado na câmara do seu coração, e fique a sós com Ele, esquecendo-se de todas as preocupações exteriores; e, assim, erga-se às alturas com todo o seu amor e sua vontade, suas afeições,

---

16. São Boaventura (*c.* 1221-1274), teólogo franciscano nascido em Bagnorea, atual Bagnoregio, Itália. Nomeado cardeal em 1273, foi declarado Doutor da Igreja em 1482 e canonizado em 1587. Cognominado "Doutor Seráfico". (NR)

seus desejos e devoção. Não deixe sua mente se desviar de sua oração, mas eleve-se mais e mais, no fervor da sua devoção, até abrigar-se no maravilhoso tabernáculo, a própria casa de Deus. Ali, seu coração se deliciará com a visão do seu Amado, e você experimentará quão bom é o Senhor, e quão grande é sua bondade.

Mas, retornemos ao Oriente, aos grandes hesicastas do século XIV. Embora se deva sobretudo a estes padres o desenvolvimento do complexo método psicossomático da oração de Jesus, eles ainda estavam em contato com sua simplicidade essencial e davam instruções a esse respeito.

No *Proveitoso discurso sobre a sobriedade*, de Nicéforo[17], seus interlocutores dizem: "Rogamos que nos ensine o que é a atenção da mente e como nos tornarmos dignos de consegui-la. Este trabalho nos é completamente desconhecido". E o padre responde com um longo e rico ensinamento que diz, em um trecho:

> Em nome de Nosso Senhor Jesus Cristo, que disse: "Sem mim, nada poderão fazer", e tendo ido a ele pedir sua ajuda e assistência, farei tudo o que estiver ao meu alcance para mostrar-lhes o que é a atenção e como, se for da vontade de Deus, se pode adquirir.
> Alguns santos chamaram de atenção a vigilância da mente; outros, a vigilância do coração; e outros, ainda, a sobriedade; e ainda outros, o silêncio da mente; e outros a chamaram por outros nomes. Porém, todas essas palavras significam a mesma coisa. É como alguém que fala do pão: uma rodela, uma fatia,

---

17. Nicéforo, o Solitário (*f.* 1300), monge hesicasta do Monte Athos, nascido na península italiana. (NR)

um pedaço, assim também se deve entender isto. Quanto ao que é a atenção e quais suas características, vocês saberão a seguir.

Atenção é um sinal de arrependimento sincero. Atenção é o apelo da alma para si mesma, aversão ao mundo e ascensão a Deus. Atenção é renúncia ao pecado e aquisição da virtude. Atenção é uma certeza incontestável da remissão dos pecados. Atenção é o começo da contemplação, ou, melhor ainda, sua condição necessária; porque, pela atenção, Deus vem para mais perto e se revela à mente. Atenção é serenidade da mente, ou melhor, é ela estar firmemente fundada, sem vagar, no presente que é a mercê de Deus. Atenção significa banir os pensamentos. É a morada da lembrança de Deus e a caixa-forte da força para suportar o que vem depois.

Esta coisa maior do que todas as grandes coisas pode ser alcançada por muitos ou até por todos, principalmente se lhes for ensinado como alcançá-la. Poucos homens recebem este presente de Deus sem serem ensinados, trabalhando com a compulsão interior e com o ardor da sua fé. Mas o que é raro não é a regra. Assim, é melhor procurar um mestre que não esteja incorrendo em erro, para seguir suas instruções, de modo a distinguir, com cuidadosa atenção, defeitos e excessos para a direita ou para a esquerda, aos quais se vai de encontro por sugestões diabólicas. Pela sua própria experiência da tentação, o mestre nos explicará o que é preciso, e mostrará, sem erro, o atalho mental que podemos seguir sem obstáculos. Se não houver este mestre por perto, devemos procurar um, sem poupar esforços. Mas, se mesmo depois de diligentes esforços não encontrarmos tal mestre, então, com o espírito contrito, invocando Deus em lágrimas e assíduas e humildes preces, façam o que lhes direi.

... façam o que lhes digo e, com a ajuda de Deus, encontrarão o que procuram. Vocês sabem que em todas as pessoas ocorrem conversas interiores dentro do peito. Porque, quando nossos lábios silenciam, é conosco mesmos que falamos, dialogamos, oramos e cantamos salmos, e outras coisas do gênero. Então, tendo banido todo pensamento dessa conversa íntima (vocês são capazes de fazê-lo, se quiserem), alimentem-na com esta pequena oração: "Senhor Jesus Cristo, Filho de Deus, tem piedade de mim!", e obriguem-na a ficar apenas com este constante clamor interno em lugar de todos os outros pensamentos. Se fizerem isso continuamente, com toda a atenção, no devido tempo esta prática lhes abrirá o caminho do coração, que já descrevi. Não pode haver dúvida sobre isto, porque nós o provamos por experiência própria.

Eis o que tem a dizer São Gregório o Sinaíta, contemporâneo de Nicéforo, que também escreveu extensamente sobre hesicasmo, o caminho do silêncio interior:

> Mantenha sua mente livre de cores, imagens e formas; vigie sua imaginação na oração – do contrário, descobrirá que se tornou um fantasista em vez de um hesicasta.

São Nilo Sorskii (*f.* 1408), talvez responsável, mais que qualquer outro, por manter esta tradição tão viva entre os cristãos russos, disse o mesmo:

> Para não cair em ilusão enquanto pratica a oração interior, não se permita conceitos, imagens ou visões.

Os mais conhecidos mestres de oração do Ocidente são, sem dúvida, São João da Cruz (1542-1591) e sua mãe espiritual, Santa

Oração Centrante

Teresa d'Ávila (1515-1582). Infelizmente, ambos foram oprimidos pelo espírito irascível daqueles tempos, que tomou forma na Inquisição. Contudo, a rica herança que nos deixaram, a sublime poesia daquele homem e a fervorosa e palpitante sabedoria natural daquela mulher, falam com intensidade aos nossos tempos. Se há algo a lamentar é que não existam suficientes filhos e filhas desses dois grandes místicos, impregnados de seu espírito, que o tragam para uma multidão agora faminta desse nutritivo alimento espiritual. Compartilharei com vocês um pouco das obras de Santa Teresa, *Castelo interior* e *Caminho de perfeição,* e do comentário de São João da Cruz em sua obra *A chama viva do amor.* Ao discorrer sobre a quinta morada, Santa Teresa volta à morada anterior e fala da experiência da alma quando entra pela primeira vez na *oração da quietude*:

> ... fica a alma duvidosa do que realmente aconteceu, até que tenha uma boa experiência disso: se foi ilusão, se estaria sonhando, se foi dado por Deus, ou se o demônio se transfigurou em anjo de luz. Fica com mil suspeitas... umas lagartixinhas, sim, podem procurar intrometer-se, embora não façam dano (em especial se não fazemos caso delas). Estes são os pequenos pensamentos que procedem da imaginação, e do que ficou dito pode-se perceber que importunam algumas vezes.

No trigésimo primeiro capítulo de sua obra *Caminho de perfeição,* a santa madre oferece conselhos eminentemente práticos às filhas que estão se iniciando na oração da quietude. Estou certo de que alguns dos que estudaram os ensinamentos de Teresa fariam objeções se alguém dissesse que a oração centrante é a mesma oração da quietude da santa. Não é minha intenção sugerir isto. Contudo, acredito piamente que a prática da oração centrante, pela mercê de Deus, leva prontamente a um estado de oração tal qual Santa Teresa descreve aqui, e sinto que seus conselhos práticos podem ser aplicados à experiência com a oração centrante. Santa Teresa escreve:

> 7. É bom procurar mais solidão para dar lugar ao Senhor e deixar que Sua Majestade aja como em coisa própria. Quando muito, digamos uma palavra de raro em raro, suavemente, como quem sopra uma vela quando vê que ela vai se apagar para tornar a acendê-la. Se, contudo, ela estiver ardendo, soprá-la só serve, a meu ver, para apagá-la. Digo que seja suave o sopro para que, por tentarmos unir muitas palavras com o intelecto, não se ocupe a vontade.
>
> 8. E notai muito, amigas, este aviso que agora quero dar, pois vos vereis muitas vezes sem poder recorrer a estas duas faculdades. Acontece de estar a alma com enorme quietude e de o intelecto estar tão distante que parece não ser em sua casa que aquilo acontece. Assim, parece-lhe que está em casa alheia como hóspede e buscando outros lugares onde estar: aquele não o contenta: pois ele não sabe o que é estar num mesmo ser.
>
> 9. E daí muita atenção a esta comparação, que me parece muito adequada, põe-lhe o leite na boca sem que ele precise sugá-lo. Assim acontece nesta oração: sem o esforço do intelecto, a vontade ama; quer o Senhor que, sem sequer pensar, a alma entenda que está com Ele, e que apenas beba o leite que Sua Majestade lhe põe na boca, e frua daquela suavidade, saiba que o Senhor está lhe fazendo aquela graça e se alegre por gozá-la. Mas que não queira entender como goza e do que goza, limitando-se a descuidar-se de si, pois quem está ao seu lado não vai se descuidar de ver o que lhe convém. Se ela for lutar com o intelecto para repartir com ele o gozo, atraindo-o para si, nada

conseguirá e forçosamente deixará cair o leite da boca, perdendo aquele alimento divino.

10. Aí está a diferença entre a oração de quietude e aquela em que toda a alma está unida com Deus: na oração de união, a alma nem precisa ingerir o alimento; o Senhor o põe dentro dela, sem que ela saiba como. Na de quietude. Sua Majestade deseja que ela trabalhe um pouquinho, embora com tanto descanso que quase não se sente. Quem a atormenta é o intelecto, coisa que não acontece quando há a união das três faculdades, porque, então, Aquele que as criou as suspende; porque, com o gozo que lhes dá, ocupa-as a todas sem que elas saibam como e sem poder entender.

Assim, como eu digo, sentindo em si esta oração, que é um fluir grande e quieto da vontade, embora não se possa saber com certeza o que é fruído, a alma percebe claramente que a alegria é muito distinta das da terra e que dominar o mundo, com todos os prazeres que nele há, não bastaria para que a alma sentisse em si aquela satisfação, que ocorre no interior da vontade – pois os outros contentamentos da vida, parece-me, são gozados pelo exterior da vontade, a sua casca, digamos assim. Quem se vir nesse grau tão elevado de oração (que é como eu disse, evidentemente sobrenatural), se o intelecto – ou pensamento, para melhor me explicar – procurar os maiores desatinos do mundo, deve rir dele e tratá-lo como néscio, permanecendo em sua quietude; ele irá e virá, pois, aqui, a vontade é senhora e poderosa, e o atrairá para si sem que vos ocupeis.

Se desejar atraí-lo à força, a vontade vai perder o domínio que tem sobre ele, advindo do ter ingerido e assimilado o alimento divino, e nenhum dos dois ganhará nada, perdendo ambos. Dizem que quem tudo quer tudo perde; esse me parece o caso aqui. A experiência mostrará isso, porque não me espanto que quem não tenha essa oração considere tudo muito obscuro,

O presente em boas mãos

uma coisa desnecessária. Mas eu já disse que, por menor que seja a experiência, é possível entendê-lo, podendo-se aproveitá-lo e louvar por isso o Senhor, que me fez o favor de dizê-lo aqui com acerto.

João da Cruz, amigo e discípulo de Teresa, expressou sua experiência mística e seu ensinamento em magníficas poesias, mas para nós, mortais comuns – e para os padres da Inquisição – ele as reinterpretou em prosa concisa e prática. Falando a quem passa da meditação ativa e discursiva para a oração contemplativa, São João insta à "prática da atenção amorosa" e oferece muitos conselhos práticos ao longo de seu comentário da terceira estrofe de *A chama viva do amor*. Citarei somente uma breve passagem. Ele começa com uma analogia:

> Quanto mais limpo de vapor é o ar, e quanto mais parado e simples, mais o sol ilumina e aquece. As pessoas não deveriam manter-se apegadas a nada, nem à prática da meditação, nem a nenhum sabor, seja sensorial ou espiritual, nem a nenhuma preocupação. Deveriam estar livres e desapegadas de todas as coisas, porque qualquer pensamento ou reflexão discursiva, ou satisfação sobre a qual desejem se curvar, as impede e inquieta, e provoca ruídos no profundo silêncio dos seus sentidos e espíritos, silêncio necessário a esta profunda e delicada escuta. Deus fala ao coração nesta solitude, segundo as palavras de Oséias (*Os. 2,14*). Isto se realiza em suprema paz e tranqüilidade, enquanto a alma escuta o que diz o Senhor Deus, como cita Davi (*Sl. 84,9*), porque ele fala dessa paz nessa solitude.
>
> Quando acontece, então, que uma pessoa tem consciência desta forma de estar em solitude e em estado de escuta, ela deveria se esquecer até da prática da amorosa concentração que mencionei, a fim de manter-se livre para o que o Senhor dela deseje.

Oração Centrante

Deveria fazer uso dessa amorosa concentração somente quando não se sentisse dentro dessa solitude ou inatividade íntima, desse esquecimento ou escuta espiritual.

Caberiam muitos comentários sobre estas palavras dos mestres, mostrando em cada caso como se aplicam à prática da oração centrante. Quando falar sobre o método da oração centrante no próximo capítulo, farei referência a alguns desses textos. Por enquanto, continuemos a ouvir o grande pai espiritual da escola russa do século XIX, Teófano o Recluso, o arcebispo que tanto fez para popularizar alguns dos escritos espirituais do Ocidente entre os cristãos do Oriente. Teófano foi um dos pais espirituais que lideraram a renovação da espiritualidade tradicional na Rússia, e deu instruções muito claras e concretas sobre a oração de Jesus:

> Há dois caminhos: o caminho ativo, a prática do trabalho ascético; e o caminho, contemplativo, o voltar a atenção para Deus. Pelo primeiro caminho, a alma se purifica e assim recebe Deus; pelo segundo caminho, o próprio Deus, de quem a alma se torna consciente, afasta toda impureza e assim vem habitar a alma purificada. Todo o segundo caminho está resumido na oração de Jesus; como diz São Gregório o Sinaíta: "Ganhamos Deus tanto pela atividade e pelo trabalho, como pela arte de invocar o nome de Jesus". Diz ainda que o primeiro caminho é mais longo que o segundo, sendo este mais rápido e mais eficaz. Por esta razão, alguns Padres sagrados deram especial importância à oração de Jesus, entre todos os diferentes modos de exercícios espirituais.
> A prática da oração, chamada *arte*, é muito simples. Com consciência e atenção no coração, clame incessantemente: "Senhor Jesus Cristo, Filho de Deus, tem piedade de mim", mantendo a

mente livre de qualquer conceito ou imagem, acreditando que o Senhor o vê e ouve.

Os vários métodos descritos pelos Padres (sentar-se, fazer prostrações e outras técnicas usadas nesta oração) não são indicados para todos; na verdade, sem um guia, eles são mesmo perigosos. É melhor não experimentá-los. Há apenas um método obrigatório para todos: *permanecer quieto, com a atenção centrada no coração*. Todas as outras técnicas passam ao largo da questão e não levam ao seu cerne.

É muito importante reconhecer que a oração é sempre uma dádiva de Deus; senão podemos confundir o presente da graça com uma realização nossa.

A tradição continua entre os emigrados russos deste século. O staretz Dorofey de Konevitsa, que viveu de acordo com a tradição eremítica de São Nilo, assim instruiu um amigo meu:

> Solidão é excluir todos os pensamentos não pertinentes durante a prece, mesmo aqueles que nos pareçam bons.
> Para evitar ilusões espirituais enquanto oramos, não devemos acolher qualquer representação pictórica na nossa mente, mesmo que venha quando nossa mente está em nosso coração; isto é, quando oramos com atenção e sentimento. A verdadeira oração contínua é um estado em que perseveramos todo o tempo na adoração de Deus. Esta adoração não contém palavras nem imagens.

Outro contemporâneo, o Padre Calisto de Patmos, de quem tive a alegria de ser hóspede por alguns dias naquela ilha abençoada, deu voz à tradição nestas palavras:

> A oração de Jesus não é uma forma de meditação sobre incidentes específicos na vida de Nosso Senhor. Ao contrário, é um

método de controlar os pensamentos, de concentrar a atenção e resguardar a mente; mais precisamente, é uma forma de conter a mente no coração. Em condições normais, a atenção do homem se dispersa numa multiplicidade de assuntos externos. Para que ele consiga a verdadeira oração do coração, sua mente precisa estar unificada. Tem que ser trazida da fragmentação para a singularidade, da pluralidade para a simplicidade e nudez; só assim poderá adentrar e habitar o coração. Este é o objetivo da oração de Jesus: "Pela memória de Jesus Cristo", como disse Filoteo do Sinai, "concentre sua mente que está dispersa". É por isso que a oração de Jesus tem que ser ao mesmo tempo ininterrupta e sem imagens; só assim poderá realizar eficazmente sua tarefa de unificar.

Outra corrente da tradição cristã oriental é testemunhada e mantida viva no Ocidente pela Princesa Ileana da Romênia. O testemunho dessa mãe de sete filhos deveria falar alto aos que dizem estar muito ocupados para encontrar tempo para a oração. Com grande simplicidade e calor feminino, a princesa exilada dá instruções muito práticas sobre as formas de oração:

Começamos seguindo os preceitos e exemplos freqüentes dados por Nosso Senhor. Primeiro, recolha-se num lugar silencioso: "Vinde vós, sozinhos, a um lugar deserto e descansai um pouco" (*Marcos 6, 31*); "Aprendei a permanecer quietos" (*1Ts. 4, 11*); depois, ore em segredo – só e em silêncio.
A frase "ore em segredo – só e em silêncio", necessita de um pequeno esclarecimento. "Segredo" deve ser entendido como é usado na Bíblia: por exemplo, Jesus nos diz para fazer nossa caridade em segredo, sem deixar a mão esquerda ver o que a mão direita faz. Não devemos anunciar nossas devoções nem vangloriar-nos delas. "Só" significa separar-nos do ambiente

em volta e das influências perturbadoras. A bem da verdade, nunca estamos tão acompanhados como quando oramos "... também nós, com tal nuvem de testemunhas ao nosso redor..." (*Hebreus 12, 1*). Testemunhas são todos os que oram: anjos, arcanjos, santos e pecadores, os vivos e os mortos. É orando, sobretudo a oração de Jesus, que nos tornamos agudamente conscientes de pertencer ao corpo vivo de Cristo. Em "silêncio" significa que não dizemos a nossa oração de modo audível. Nem meditamos nas palavras; as usamos apenas para alcançar o que está além delas, a essência.

Não é fácil na nossa vida atribulada, mas podemos fazê-lo; cada um de nós pode encontrar alguns minutos para uma oração que consiste de poucas palavras, ou até de uma só palavra. Essa oração deverá ser repetida em quietude, sem pressa, atentamente. Cada pensamento deverá estar concentrado em Jesus, esquecendo tudo o mais, alegrias e tristezas. Qualquer desvio de pensamento, seja ele bom ou pio, pode-se tornar um obstáculo.

Quando abraçamos alguém querido, não paramos para meditar sobre como e por que amamos – apenas amamos de todo coração. É a mesma coisa quando, espiritualmente, abraçamos Jesus, o Cristo, em nossos corações. Se prestamos atenção à profundidade e qualidade do nosso amor, significa que estamos preocupados com nossas próprias reações, em vez de nos darmos a Jesus, sem reservas, por inteiro. Pense na oração enquanto inspira e expira; acalme a mente e o corpo, seguindo o ritmo das batidas do coração. Não procure palavras, continue repetindo a oração, ou somente o nome de Jesus, em amor e adoração. Isto é TUDO! Curioso – neste pouco há mais do que tudo!

Retornemos agora ao Ocidente, usando como ponte o grande mestre contemporâneo de oração, o exarco russo no Ocidente,

Oração Centrante

arcebispo Antonio Bloom. Em seu belo, pequeno livro *Beginning to Pray* (*Iniciando a oração*), ele conta uma história que pertence à tradição ocidental, e depois nos dá sua própria lição:

> Na vida do cura[18] de Ars Jean Marie Vianney, há uma história sobre um velho camponês que passava horas e horas sentado na capela, imóvel, nada fazendo. O padre perguntou-lhe: "O que você faz esse tempo todo?" O velho camponês respondeu: "Olho para Ele, Ele olha para mim, e somos felizes". Isto só pode ser alcançado se conseguirmos um certo silêncio. Comece com o silêncio dos lábios, o silêncio das emoções, o silêncio da mente, o silêncio do corpo. Seria um erro imaginar que poderíamos começar pelo fim, com o silêncio do coração e da mente. Devemos começar silenciando os lábios, silenciando o corpo, para aprendermos a ficar imóveis, a soltar a tensão, sem cair em sonhos e preguiça. Para sermos, conforme a fórmula de um dos nossos santos russos, como a corda de um violino, esticada de forma a dar a nota certa; nem tão esticada que possa se partir, nem tão pouco, que possa apenas zumbir. Daí em diante, devemos aprender a ouvir o silêncio, a ficar absolutamente quietos, e assim poderemos, com mais freqüência do que imaginamos, descobrir que as palavras do Livro da Revelação se tornam verdadeiras: *"Eis que estou à porta e bato"*.

O padre jesuíta George Maloney[19], um pai espiritual do Ocidente, que estudou a fundo a tradição do Oriente, procurou trazer

---

18. Cura: pároco, padre. Cura D'Ars (Jean-Baptiste Marie Vianney) (1786-1859), pároco de Ars, França, ganhou renome como confessor e por milagres que lhe eram atribuídos. Foi canonizado em 1925. (NR)
19. George A. Maloney, SJ, padre jesuíta contemporâneo norte-americano, dedica-se ao ensino da oração contemplativa silenciosa e da oração do

essas correntes vivificantes ao Ocidente. Seu ensinamento sobre a oração do coração, ou oração centrante, não é diferente. Abaixo, algumas sentenças de seu livro *Inward Stillness* (*Quietude interior*):

> Para entrar na dança de Deus, de alegria exuberante e plenitude de vida, temos que descer. Esta é uma descida ao âmbito mais profundo da nossa consciência e inconsciência. É, na verdade, uma ascensão a Deus, que habita no recesso secreto dos nossos corações. É simplesmente crescer, numa consciência maior, expandida pela oração.
>
> Para orar ao Pai no santuário interior do nosso coração, com a mais clara e pura consciência do seu amor constante, e nosso sincero desejo de render-nos a Ele por completo, por meio de uma vida renovada, de amor pelo próximo, precisamos nos livrar de qualquer dispersão da atenção interior. O amor não cresce quando estamos dispersos em pensamentos, e sim quando estamos profundamente focados e concentrados naquele que amamos.

Hans Urs von Balthasar[20] expressa seu pensamento de modo mais sucinto:

---

coração, segundo a tradição ortodoxa, que assimilou ao longo de três verões passados junto à comunidade de Monte Athos, na Grécia. Autor do livro *Paz interior* (Edições Loyola, 1990). (NR)

20. Hans Urs Von Balthasar (1905-1988), teólogo católico suíço. Estudou filosofia e literatura em Zurique, Berna e Berlim. Após ingressar na Companhia de Jesus em 1929 estudou Teologia em Lyon, França, onde foi aluno do Pe. Henri de Lubac (1896-1991). Escreveu cerca de 60 livros sobre teologia, filosofia e espiritualidade. Sua obra teológica foi profundamente inspirada pelas experiências da mística Adrienne Von Speyr (1902-1967). Embora não tenha participado diretamente do Concílio Vaticano II, suas ideias de reforma e atualização nele encontraram vasto consenso. (NR)

Oração Centrante

Contemplação é um intenso olhar interior para as profundezas da alma e, por essa mesma razão, para além da alma, para Deus.

E esse pensamento nos leva direta e imediatamente ao grande mestre espiritual do Ocidente de nosso século, o Padre Luís de Getsêmani, mais conhecido como Thomas Merton:

> ... a oração começa, não tanto com "considerações", mas como um "retorno ao coração", alcançando nosso âmago, despertando as profundezas do nosso ser na presença de Deus, que é nossa fonte e fonte da nossa vida.

Já mencionei algumas passagens dos escritos do Padre Luís, mais pertinentes à oração centrante, em *Deus ao alcance de todos*. Há muitas, muitas mais que poderia mencionar. Citarei apenas algumas das *novíssima verba* – últimas palavras desse maravilhoso pai espiritual. Na véspera de seu histórico vôo para o Oriente, o padre passou alguns dias com as freiras cistercienses na abadia de Redwoods, Califórnia. Na partilha com amigos especiais vindos de vários lugares, falou sobre muitas coisas belas. Abaixo, algumas das que dizem respeito a nosso tema:

> O mais importante é a oração. A oração em si. Se você deseja uma vida de oração, a forma de obtê-la é orando. Fomos tão doutrinados sobre meios e fins que não nos apercebemos de uma dimensão diferente na vida de oração. Na tecnologia, há um progresso horizontal; temos que partir de um ponto e em seguida ir para outro ponto, depois para outro e para outro. Mas não é assim que construímos uma vida de oração. Na oração, descobrimos o que já possuímos. Começamos onde estamos e aprofundamos o que já temos. E percebemos que já chegamos lá. Já temos tudo, mas não o sabemos e não o

experimentamos. Tudo nos foi dado em Cristo. Tudo de que precisamos é experimentar o que já possuímos. O problema é que não despendemos tempo para fazê-lo. Se realmente desejamos a oração, temos que dar-lhe tempo. Devemos diminuir a velocidade até um ritmo humano, e então começaremos a ter tempo para ouvir. E, assim que ouvirmos o que está se passando, as coisas começarão a tomar forma por si mesmas.

Isso é o que fazem os adeptos do zen-budismo. Dedicam o tempo que for necessário ao que quer que tenham de fazer. É isso que devemos aprender em relação à oração. Temos que dar tempo ao tempo.

O que verdadeiramente interessa não é como conseguir o máximo da vida, mas como concentrar-se para poder se dar por inteiro.

O que nos impede ter uma vida de oração? Talvez não desejemos realmente rezar. Esta é uma constatação que temos de enfrentar. Antes de admitir isso, tínhamos como certo que estávamos totalmente dedicados ao desejo de oração. Alguém, que não nós, estava nos atrapalhando.

Orar é uma coisa arriscada, e o perigo está em que nossas orações se interponham entre Deus e nós. O importante na oração não é orar, mas ir diretamente a Deus. Se dizer as orações é um obstáculo à oração, deixe as palavras de lado. Deixe Jesus orar. Graças a Deus, Jesus está orando. Esqueça-se de si mesmo. Penetre na oração de Jesus. Deixe-o orar em você.

A melhor forma de orar é: pare. Deixe que a oração ore em você, quer você esteja ciente ou não. Isto significa uma profunda percepção da sua verdadeira identidade interior.

Pela graça, somos Cristo. Nossa relação com Deus é a de Cristo com o Pai, no Espírito Santo.

Não há níveis. Em qualquer momento podemos abrir caminho para a unidade fundamental que é o presente de Deus em

Cristo. Neste extremo, glorificar glorifica. Nosso agradecimento nos dá graças. Jesus ora. Abrir-nos é tudo.

Um americano contemporâneo, que é hoje um eficiente disseminador da tradição, desenvolve a idéia de nossa identidade com Jesus na oração e a associa ao significado pleno da palavra oração. Num artigo delicioso porém profundo, *The Man Who Was the Lord's Prayer* (*O homem que era a oração do Senhor*), o Padre Ed Hays escreve:

> Aprender a rezar não é como aprender novas palavras poéticas. Aprender a rezar é aprender a pronunciar sua própria palavra sagrada. Pronuncie-a! Aprender a rezar não é aprender algum método. É conhecer quem você é e ser quem você deve ser!
>
> Você é oração. Você é uma palavra de Deus, especial e sagrada, feita carne. Pronunciar sua palavra única é rezar a mais bela – senão a mais sagrada – das preces. Jesus era um homem de oração, não porque rezava (o que de fato fazia), mas porque Ele *era* oração! Jesus era fiel à Palavra que veio do seu Pai, a Palavra que era Ele mesmo. Em sendo quem deveria ser, encontrou a cura para a antiga doença da afasia. Essa cura se apóia na terapia da palavra e em ser fiel à Palavra dele e à sua palavra. Lembre-se de que ele disse: "Aquele que me ama será fiel à minha Palavra".

Assim, através dos séculos, uma e outra vez, mães e pais espirituais repetem, cada um à sua própria maneira espiritual, a mesma mensagem de salvação: "Somos oração, nós somos o Filho para o Pai, recebemos o Espírito, só precisamos estar em silêncio e ser quem somos, e deixar que a Oração, Espírito de todas as Orações, ore conosco.

Esta é nossa herança, a tradição e, recebendo o presente da oração centrante, entremos nele profundamente, deixemos que se torne verdadeiramente nosso, uma parte de nós, e recebamos a responsabilidade de passá-lo adiante. Fecharei este capítulo com palavras de um dos grandes padres da Igreja ainda vivos, o padre jesuíta Henri de Lubac[21]:

> Sendo um homem da Igreja, ele amará o passado da Igreja. Meditará sobre sua história, venerando sua tradição e pesquisando-a a fundo. Ele terá prazer em voltar em espírito aos tempos do nascimento da Igreja quando, conforme disse Santo Irineu, o eco das preces dos Apóstolos ainda era audível, "o sangue de Cristo ainda estava quente e a fé queimava em chama viva nos corações dos fiéis". Mas a tradição da Igreja, para ele, não é algo que pertence mais ao passado que ao presente, e sim uma força viva e permanente, que não pode ser dividida em partes, porque ele acredita que Deus nos revelou, em seu Filho, tudo o que há para ser revelado, de uma vez por todas, e que a Igreja, não dizendo nada por si própria, meramente segue e afirma essa divina revelação, guiada pelo Espírito Santo, dado a ela como seu mestre.
>
> O que o homem da Igreja procurará não será tanto a companhia de grandes intelectuais, mas a de homens verdadeiramente espirituais, e ele será, tanto quanto possível, íntimo daqueles que oraram a Cristo e que viveram, trabalharam, pensaram e sofreram por Ele na Igreja antes dele; porque tais homens são pais da sua alma.

---

21. Henri de Lubac (1896-1991), teólogo católico francês nascido em Cambrai. Foi ordenado sacerdote em 1927, como jesuíta, após estudos teológicos na Inglaterra e França. Sua obra teológica causou controvérsia inicialmente, sendo ele afastado do ensino em 1950. Posteriormente foi reabilitado pelo Papa João XXIII, que o nomeou consultor do Concílio Vaticano II. Em 1989 foi nomeado cardeal pelo Papa João Paulo II. (NR)

Ele cuidará de que muitas coisas não-essenciais se transformem de acordo com o tempo e o lugar, mas isso não o cegará para a tarefa de ver a continuidade em um nível de realidade ainda mais profundo. Embora não exclua nada de sua visão, sua preferência pessoal será a época dos primeiros mártires, o surgimento do monasticismo, o principal estágio na formação do dogma, o trabalho dos grandes santos e doutores; e longe de ter prazer nisso como quem faz turismo para visitar os monumentos de uma grande cidade, ele o fará de modo a estar inteiramente a serviço da grande comunidade, dividindo a alegria e as experiências da comunidade, e desenvolvendo uma sensibilidade ainda mais viva para a causa de Cristo. Pois tal homem jamais poderia ser um espectador ocioso, quando sabe que Cristo está sempre presente, hoje como ontem, até a consumação do mundo, e que a Igreja, com os mesmos laços com os quais nos prende, não tem outro objetivo senão o de nos libertar, nos unir e nos dar oportunidade para viver e respirar a verdadeira vida de Cristo.

A oração centrante, oriunda da tradição, é hoje uma forma de "nos libertar, unindo-nos e dando-nos oportunidade para viver e respirar a verdadeira vida de Cristo".

IV
Uma nova embalagem

Há duas coisas novas na oração centrante: o nome e a embalagem. Vinho velho em novo odre – o que é bom – e não vinho novo em odre velho, o que com freqüência é um problema em nossa comunidade cristã de hoje. Os especialistas em marketing nos dizem que a melhor forma de vender um produto antigo é dar-lhe um novo nome e criar uma embalagem atraente. Na verdade, "vender" não era, de forma nenhuma, a intenção ao desenvolver a oração centrante. O novo nome veio quase por acaso, e pegou muito rápido. A nova embalagem foi projetada para atender a uma necessidade objetiva.

Não há direitos autorais para o nome *oração centrante*. Outros já o usaram antes de ser atribuído a este método específico de oração. E ainda é usado em sentido geral, para qualquer método em que o objetivo da oração seja concentrar pensamentos e emoções, a fim de permitir certo aprofundamento.

O nome veio a ser aplicado a este método específico de oração no decorrer do primeiro *workshop* que partilhei com um grupo de superiores religiosos, sob os auspícios da Conferência de Superiores Religiosos. (Os participantes, na verdade, estavam divididos igualmente entre religiosos e religiosas.) Antes desse *workshop*, falávamos de "oração da nuvem", referindo-nos à obra *A nuvem do não-saber,* primeira fonte escrita que vínhamos utilizando, ou simplesmente de "um método de prece contemplativa".

Durante esse *workshop,* referi-me com freqüência a Thomas Merton[22], que tive o privilégio de conhecer pessoalmente, e considero um dos grandes pais espirituais de nossos tempos. Em seus escritos, Tom falou muitas vezes da experiência de alcançar Deus entrando no próprio centro e passando, através dele, ao centro de Deus. Por exemplo, em *The Climate of Monastic Prayer (A atmosfera monástica da oração),* seu último livro, que ele mesmo preparou para publicação (e que ainda estava no prelo quando morreu), ele escreveu:

> A oração começa, não tanto com "considerações", mas como "um retorno ao coração", alcançando nosso âmago, despertando as profundezas do nosso ser na presença de Deus, que é nossa fonte e a fonte da nossa vida.

Embora a oração centrante seja um método muito simples e puro de oração, não é inteiramente isenta do uso de símbolos, pelo menos até que se atinja a experiência transcendente, o que deve acontecer quase de imediato. Nos primeiros momentos, conforme vamos entrando na oração centrante, recorremos a alguns pensamentos, emoções e imagens. Durante a oração procuramos nos

---

22. Thomas Merton (1915-1968), monge trapista, fecundo escritor espiritual de língua inglesa nascido em Prades, França. Estudou na Universidade de Cambridge, Inglaterra e depois na Universidade de Columbia, Nova York, EUA. Convertido ao catolicismo, passou a viver na Abadia de Gethsêmani, em Kentucky, EUA. Seu interesse pelas religiões da Ásia, sobretudo o Zen Budismo, o levou a promover diálogos inter-religiosos entre o Oriente e o Ocidente. (NR)

valer, só enquanto necessário, do mais sutil e humano dos símbolos, uma palavra bem simples. Como diz o autor de *A nuvem*, uma palavra de uma só sílaba como "Deus" ou "amor" é melhor. Mas, no início da oração, a maioria acha o sutil e significativo símbolo "centro" muito eficaz. Esse lugar, que não tentamos localizar com exatidão, física ou imaginariamente, é profundo; profundo em nosso espírito. É o lugar de encontro com o Deus Trino vivo. É o lugar onde a cada momento renascemos por sua ação amorosa e criativa. É a "base do nosso ser", usando outra analogia de Merton.

O nome "oração centrante" expressa bem a eficaz atividade da imaginação no movimento inicial de fé e amor que nos leva à Presença. E, por ser um bom nome, pegou e tornou-se o nome comum e popular deste método específico de praticar a oração contemplativa ou meditação profunda, oriundo de nossa tradição cristã ocidental e ensinado pelo autor de *A nuvem do não-saber*.

Merton apreciou *A nuvem do não-saber*. Em sua introdução ao livro do Padre William Johnston[23] *The Mysticism of the Cloud of Unknowing* (*O misticismo de A nuvem do não-saber*), escreveu: "Em verdade, nunca houve um livro sobre misticismo mostrando tal bom senso, tal realismo como *A nuvem*. O famoso escritor espiritual beneditino, Padre Baker[24], disse que esse misticismo era "comum". E o próprio Johnston salienta, acertadamente, que tal misticismo é "nada mais do que a intensificação da vida cristã".

---

23. William Johnston, padre jesuíta irlandês contemporâneo, especialista em espiritualidade, meditação e contemplação. Lecionou na Universidade Sophia, em Tóquio, Japão, onde ainda vive. (NR)
24. Augustine Baker (1575-1641) viveu no País de Gales, na Inglaterra, Itália e França. Escreveu cerca de 40 tratados sobre história, monasticismo e espiritualidade. (NR)

O símbolo da "nuvem" tem fundamento bíblico. Cristo é o Caminho, a Verdade e a Vida. Seguindo – seguindo o caminho – alcança-se a Verdade e a Vida. Mas, um dia, seus discípulos o seguiram montanha acima, na Galiléia ou no Monte das Oliveiras, perto de Jerusalém, ou onde quer que tenha sido (não se tem certeza), e Ele se elevou dentre eles, e entrou numa nuvem. E os olhos e os corações dos discípulos o seguiram. Daí em diante, Ele seria encontrado somente na nuvem da fé. Ele lhes disse: "É melhor para vós que eu me vá". E seu novo e fervoroso apóstolo relembrou aos fiéis: "Nós o conhecemos na carne, mas agora não mais".

Contudo, para a maioria de nós, a analogia da nuvem não é a mais eficaz ou significativa. Poucos já estiveram numa nuvem, exceto quando encerrados naquela cápsula espacial a que chamamos avião. Recordo-me bem de minha primeira experiência nas nuvens. Foi por ocasião de minha também primeira visita à Europa. Quando descemos em Barcelona, o superintendente da companhia de navegação fez-me a gentileza de arranjar alguém para levar-me de carro à abadia de Montserrat. Perto de Barcelona, emerge da planície uma elevada massa de granito que atinge as nuvens. Por quarenta e cinco minutos, nosso carro rodeou e rodeou essa massa, subindo cada vez mais alto, até o imenso mosteiro empoleirado perto do topo.

Minha visita foi uma experiência maravilhosa. Cheguei a tempo de participar de uma ceia um tanto tardia para os padrões espanhóis, às 11 horas da noite. Na manhã seguinte, regalei-me com a missa da Trindade, cantada ao amanhecer pelos meninos oblatas, e depois com a missa comunitária: por volta de mil e quatrocentos peregrinos vindos das dezessete províncias espanholas, cada um vestindo seus trajes típicos, juntaram-se aos monges e aos meninos para glorificar a Deus. Em seguida houve uma *fiesta* na praça. Após o almoço, fiz uma caminhada estrada acima com alguns meninos

Uma nova embalagem

oblatas. Abaixo de nós – com cada detalhe ressaltado pelo sol brilhante do meio-dia – estava a fascinante, antiga, e de muitas formas encantadora cidade portuária de Barcelona. O ancoradouro com sua agitação, o mar, o platô da costa estendendo-se de norte a sul, tudo era magnífico. De repente, uma nuvem baixa nos alcançou. Fomos envolvidos por ela. Não se enxergava absolutamente nada. Todo o vasto panorama que apreciava alguns momentos antes desaparecera. Mal podia perceber os garotos à minha volta. Eu estava numa nuvem do não-saber. A inesperada quietude, o ar fresco, convidavam a deixar-se estar. No entanto, havia certo receio, um desejo impulsivo de acabar com isso e voltar à realidade que, eu sabia, estava a meu redor. Surpreendi-me "brigando com a nuvem" e percebi que me esforçava em vão. Com essa experiência, as analogias de nosso desconhecido autor inglês tornaram-se plenas de sentido. Sem uma experiência assim, pode-se deixar de perceber muito de seu significado.

Porém, mesmo tendo passado pela experiência, ainda prefiro a analogia do centro. Estimula menos a imaginação. É quase uma imagem inimaginável, e é alguma coisa que está sempre conosco – quem pode ficar sem um centro? Talvez seja até similar ao círculo vazio usado para representar o Zen.

O Oriente cristão prefere uma imagem do coração, mais especificamente humana e sensível – a oração do coração, bem de acordo com a centralização do amor nesta prática de contemplação. Porém, o coração, pelos estudos científicos, tornou-se tão anatomicamente físico e, pela popularização secular e algumas devoções populares, tão sentimental, que não se presta a isso tão bem no caso dos ocidentais.

Concluo, afinal, que a imagem do centro é a melhor para a maioria de nós.

Oração Centrante

❊

A nova embalagem é a formulação do método em três regras. Essa formulação, que se encontra em *Deus ao alcance das mãos – Experiências religiosas práticas* e *Finding Grace at the Center* (*Encontrando a graça no centro*), representa uma tentativa inicial e pretendia ser um ensaio, sujeito a aperfeiçoamento conforme a experiência fosse se ampliando. A esta altura, talvez precise de um pouco de polimento, ou pelo menos de uma interpretação com mais nuanças. Mas, como ponto de partida, repetiremos as três regras:

> Regra 1: Quando iniciamos a oração, dedicamos um minuto ou dois a nos aquietar, para depois nos voltar pela fé ao Deus que habita as profundezas de nosso ser; e ao final da oração, tomamos alguns minutos para sair, rezando mentalmente o Pai-Nosso, ou alguma outra oração.
>
> Regra 2: Após permanecer por uns momentos no centro, no amor pleno de fé, usamos apenas uma simples palavra que expresse esta resposta, e deixamos que ela se repita dentro de nós.
>
> Regra 3: Cada vez que, durante a oração, nos *apercebemos* de qualquer outra coisa, delicadamente retornamos à Presença pelo uso da palavra de oração.

Há quem prefira dividir a primeira regra, considerando a segunda frase como uma quarta regra, e obedecendo assim a seqüência cronológica da experiência. Com todo respeito pela forte tradição que diz que todas as boas coisas são sempre três, o desdobramento em quatro regras certamente tem seus méritos.

Outros preferem acrescentar uma ou duas regras iniciais para relaxamento, ou adotar algum método, como contar ou observar a respiração, que os ajude a aquietar-se e aprofundar-se. Este tipo de conselho não parte de mim. Na prática, muitas pessoas, senão a maioria, de fato acrescentam uma rotina que as ajuda na oração centrante. Não faço nenhuma objeção a isso. Sempre, e em todo lugar, ecoam as palavras sábias do experiente Dom Chapman[25]: "Reze como puder, não reze como não puder". Se usamos um método é apenas para facilitar e auxiliar. Quanto mais simples e puro mantivermos esse método, mais ele poderá nos ajudar a encontrar pureza e simplicidade na oração, e mais dificilmente se tornará uma bagagem pesada a nos distrair. Acima de tudo, quando ensinamos outras pessoas devemos transmitir o ensinamento com toda simplicidade, não fazer de circunstâncias acidentais que nos tenham ajudado pessoalmente uma norma para os outros. Deixemos que encontrem seus próprios apoios, sob orientação do Espírito. Podemos partilhar, como sugestões, algo que tenhamos achado útil, mas não façamos disso regras, nem o transmitamos como parte da tradição.

Na verdade, temos a tendência de complicar as coisas, e devemos nos precaver contra isso. A própria oração é muito simples. Apenas nos entregamos e deixamos que Deus faça o resto. Assim, não haverá espaço para nos orgulharmos ou atribuir-nos mérito, ou reivindicar reconhecimento. Isso não é fácil. Gostamos das coisas complicadas. Damos palmadinhas em nossas próprias costas por sermos tão inteligentes que as compreendemos e controlamos. Precisamos nos ater às palavras do autor de *A nuvem*: "... tome só uma palavrinha... pois quanto mais curta, melhor...". "Se não te tornares uma criança, não entrarás no reino".

Não é minha intenção desencorajar ninguém de dedicar algum tempo, e até usar uma rotina ou método, para relaxar e

---

25. Dom John Chapman (1865-1933), monge e abade beneditino inglês, escreveu sobre patrologia, história da Igreja e espiritualidade. (NR)

acalmar-se antes de iniciar a oração. Mais adiante, eu mesmo vou sugerir alguns métodos simples de relaxamento. Se alguém conseguir sentar-se, relaxar de imediato e iniciar a oração, muito bem; se alguém costuma fazer um pouco de exercício para relaxar, isso também é bom. Mas não devemos considerar o exercício como parte do método da oração centrante, sobretudo quando o ensinamos. É muito importante relaxar antes de começar a oração e mesmo dedicar alguns minutos a fazê-lo. É importante para que o corpo esteja renovado para a oração; é importante, também, para que o corpo, sereno e descansado na cadeira, possa ser um sacramento do que procuramos fazer em espírito: entregar-nos e descansar em Deus.

Não acho que seja uma simplificação grosseira dizer que há essencialmente dois tipos de oração ou meditação: com esforço e sem esforço. O Zen, sobretudo o da escola Rinzai, é com esforço. O meditante adota uma postura muito rígida, todo o ser é convidado a certa agudeza de atenção. Os olhos ficam semi-abertos. O meditante é estimulado com uma vara. A mente trabalha sem cessar com o enigmático *koan*[26], até que acontece a ruptura. O pequeno pássaro perfura a casca do ovo. O Senhor ressuscitado irrompe da tumba. O meditante entra na compaixão universal do Cristo cósmico.

A meditação discursiva de muitos métodos cristãos mais recentes é do tipo que requer esforço. O meditador trabalha com o intelecto e a emoção, até que, de súbito, a verdade surge e se revela em todo o seu prodígio, e o meditador se torna presente em admiração contemplativa e amor reverente.

---

26. *koan*: pergunta paradoxal do mestre ao discípulo, a fim de lhe abrir a percepção além do raciocínio.

Uma nova embalagem

✸

A meditação transcendental e a oração mântrica ensinada pelo Padre John Main não exigem esforço. O meditante apenas se entrega, usando a leve assonância de uma palavra especialmente escolhida para facilitar a entrega, sempre pronto a deixar o mantra fluir.

A oração centrante também é do tipo que não requer esforço. Daí a importância do relaxamento, do local, da postura, da cadeira adequada, e de fechar os olhos suavemente, já que se calcula que vinte e cinco por cento de nossa energia psíquica é gasta com a visão.

Nem sempre é possível escolher o lugar ideal. Podemos meditar no trem expresso da manhã ou num terminal aéreo, ou num local em uma rua movimentada e barulhenta. Que seja. Ainda assim, dá para meditar. O importante é meditar. Mas, é claro que se conseguirmos encontrar um lugar menos agredido por ruídos e vibrações de energias frenéticas, teremos de lidar com menos estímulos durante a meditação. Provavelmente, conseguiremos meditar com mais paz e estaremos mais descansados ao final.

Nós, no Ocidente, não somos tão sensíveis às vibrações. Todavia, elas inevitavelmente cobram seu preço. Um aposento onde tenha havido uma intensa atividade, ou um som alto de música, conserva essa carga por muito tempo. É bom estar alerta a isso quando se escolhe um lugar para meditar. Quando o Padre Silouan descia à noite para orar, em seu ritual no cais deserto, ainda que tudo parecesse calmo, cobria os olhos e ouvidos com o capuz, para manter-se ainda mais livre dos resquícios das atividades do dia.

Um local especial se torna sem dúvida um contexto de apoio. Um ícone ou o Texto Sagrado podem ser presenças santificadoras. Podem surgir associações. Meditações anteriores podem ter deixado suas marcas. Se possível, é bom ter um lugar próprio para a meditação, aonde vamos nos renovar regularmente. Porém, mais uma vez, a meditação em si é o mais importante, e é possível praticá-la em qualquer lugar, a qualquer hora. Um amigo me contou, um dia destes, como ele e outros convidados escaparam de uma recepção de casamento e acharam um canto para meditar.

O horário também deve ser levado em consideração. Há horários melhores que outros. A tradição sempre sugeriu as primeiras horas da manhã. Estamos naturalmente tranquilos depois de uma noite de descanso, e toda a criação está em calma. Tudo conspira para nosso silêncio. Tudo parece dizer: "fique sereno e saiba que Ele é Deus". Para muitos, a melhor hora é logo depois de levantar-se e tomar banho, antes de energizar-se com alimento ou exercícios vigorosos, apesar de alguns acharem que *jogging* (corrida aeróbica), ou outro exercício, são uma boa preparação.

O final da tarde – as vésperas – é outro momento tradicional de oração. O dia está se esgotando, se aquietando, assim como nós, embora ainda restem muitas horas de atividade pela frente. Antes do *jogging* da noite, ou talvez depois, mas sempre antes da refeição, é uma boa ocasião para sentar-se quieto, com Deus, durante vinte minutos e ficar profundamente revigorado e renovado.

Na verdade, nenhuma hora é contra-indicada. Se acordamos durante a noite, podemos buscar o centro. Alguns acham que meditar é uma excelente preparação para o sono, enquanto outros acham que os faz sentir-se tão revigorados que fica difícil terem uma boa noite de sono. Depois das refeições talvez seja o horário menos indicado, porque nosso centro está em outro lugar, e nosso metabolismo, em plena atividade. Contudo, é melhor do que não meditar.

Temos aconselhado vinte minutos de meditação. A maioria acha que é um período satisfatório. Alguns permanecem meditando

Uma nova embalagem

um pouco menos ou um pouco mais. Religiosos e outras pessoas que reconhecem a oração como parte importante de sua vocação e serviço em geral optam por períodos mais longos. Porém, períodos menores não podem ser descartados. Dez minutos é melhor do que cinco, e cinco, melhor do que nada. No entanto, devemos reexaminar nossas prioridades se esse tempo for tudo o que conseguimos dedicar àquilo que toca o centro de nosso ser e de nossa vida. Além das duas principais meditações diárias, podemos encontrar nosso ritmo abrindo-nos para uma terceira, talvez mais curta, ao meio-dia, ou até muitas bem curtas, quando nos deslocamos durante o dia de uma atividade para outra, de um compromisso para outro. A palavra de oração muitas vezes pode surgir sozinha, chamando-nos para o que um de meus irmãos apelidou de "brevíssima". Como nos recorda o autor de *A nuvem*, "é um exercício que na verdade não necessita de um longo tempo" para levar-nos à eternidade.

Há também muito a dizer sobre postura. À parte malformações, invalidez, ou efeitos de treinamento especial, todo corpo humano em geral trabalha da mesma forma. Ou seja, mantendo a postura com as costas eretas é mais natural, mais confortável, mais fácil relaxar e revigorar-se. Doenças ou exaustão podem fazer com que nos curvemos. Isto não impede a meditação. Ao contrário, nesse estado, podemos tirar grande proveito dela. As posturas vindas do Oriente também não são contra-indicadas para aqueles que as adotam corretamente. Porém, para a maioria de nós, no Ocidente, uma boa cadeira, que apoie bem as costas, oferece melhores condições de encontrar a postura certa para a prática da oração centrante.

Local, hora e postura são importantes porque somos seres encarnados, e tudo é sacramental da Presença do amor criativo. Mas a oração vai além de gestos e sacramentos. Eles proporcionam apoio e ajuda, mas podemos orar sem eles. O espírito é essencialmente livre.

Vamos voltar agora às três ou quatro regras.

A pergunta mais freqüente em relação à primeira regra é: "O que significa exatamente que 'nos voltamos pela fé ao Deus que habita as profundezas de nosso ser'?" É claro que usamos imagens espaciais para tentar expressar um ato puramente espiritual. Deus, na verdade, não habita nenhum lugar, porém, está em todos os lugares. Podemos encontrá-lo tanto nas alturas como nas profundezas, dentro ou fora, onde quisermos. Assim, podemos dizer apenas " ...Nos voltamos a Deus pela fé". No entanto, a maioria de nós acha que, no início, localizar Deus, percebê-lo ali, ajuda no processo de meditação; e um bom lugar para isso, quando tentamos nos recolher e nos concentrar, é nas profundezas, no centro de nosso ser.

Mas, então, que tipo de movimento é a fé? Como nos voltamos pela fé? O movimento da fé é *amor*. As Revelações nos falam da presença de Deus. Pela fé, concordamos com essa realidade. Iluminados pela fé, movidos pela graça de Deus, dizemos: "Sim, Deus está presente". Nossa fé nos diz também que Deus merece nossa atenção; Ele é a fonte de todo o nosso bem, de tudo o que somos, de tudo o que é. Ele é o mais amoroso, o mais benevolente; Ele é nosso Pai, nosso Irmão, nosso Salvador, nosso Amigo, para além de todos os amigos. A percepção de tal bem, de tal amigo, invoca a resposta a que chamamos amor: uma apreciação de quem Ele é, um desejo de estar com Ele, de sermos unos com Ele, unidos a Ele, de reconhecer sua maravilha, sua bondade; de glorificá-lo, agradecer-lhe, abraçá-lo – ou seja, de ser totalmente *para Ele*. Isto é voltar-se para Ele pela fé viva.

A oração começa então com os elementos de que falamos num capítulo anterior: a *lectio,* ou acolhida daquilo que é pouco mais do que uma lembrança instantânea da bondade do amor pessoal, criativo e redentor de Deus; a *meditatio,* ou reflexão momentânea sobre isto, evocando a *oratio,* resposta do amor pleno de fé, movimento da fé que nos leva à Presença, e assim estamos prontos para a *contemplatio,* para apenas *estar* nessa maravilhosa Presença. É simples, é completo, é total.

Numa fração de minuto – em geral não deveríamos levar mais tempo que isso – passamos a uma oração de quieto recolhimento, de presença. E é ali que desejamos ficar, num estado de atenção amorosa. Para facilitar, temos a segunda regra, que talvez seja o aspecto mais sutil deste método: a presença e o uso da palavra de oração, a palavra de amor.

Em primeiro lugar, os iniciantes costumam preocupar-se muito com a palavra a ser usada, talvez pela ênfase que alguns métodos orientais dão ao mantra correto. Ou talvez por nossa necessidade habitual de estarmos certos, de nos assegurar de que estamos certos e fazendo as coisas de modo certo. A bem da verdade, quase podemos dizer que não importa que palavra usamos, ou até se usamos um som que não é uma palavra inteligível em nenhuma linguagem conhecida, mas ao qual demos um significado nessa instância.

O autor de *A nuvem do não-saber* diz: "Escolha... segundo o seu gosto a palavra... de sua preferência". Isso é o mais importante: que a palavra ou som que usamos seja significativo para nós; e esse significado é *amor*. É uma palavra de amor, ou, dito de outra forma, ela resume em poucas letras e uma só sílaba o movimento de amor pleno de fé com o qual iniciamos nossa oração. A palavra permanece como um sacramento presente, um prolongamento duradouro do movimento inicial.

Não pretendo negar o valor que a qualidade do som de uma palavra poderia ter para facilitar a quietude interior e a meditação.

Nós, do Ocidente, com nossa crescente poluição sonora, talvez sejamos por demais insensíveis ao efeito que podem produzir, e de fato têm produzido em nós, as vibrações de todos os tipos, e em especial a vibração de sons. Os mantras usados em certas tradições hindus de meditação são escolhidos precisamente por suas qualidades sonoras. Dada sua eficácia, algumas vezes lhes foram atribuídas qualidades divinas por religiões mais recentes, mais populares. Não há dúvida de que certos sons têm efeito apaziguante. Penso que quando escolhemos nossa palavra de oração, nossa palavra de amor, quase instintivamente escolhemos uma palavra que acalma; suave, terna, que aquieta a mente e dá espaço ao coração.

Para a maioria das pessoas, a palavra de oração é vocativa. Quando amamos alguém de verdade, temos um nome para essa pessoa. Pode ser um nome próprio ou um apelido. E quando pronunciamos esse nome, ele expressa toda nossa relação com essa pessoa. Pode ser Mami ou Mãezinha, ou Mamãezinha ou Mamãe; qualquer que seja, expressa nossa profunda relação com essa pessoa muito especial em nossa vida de uma forma que nenhuma outra palavra faria. Minha mãe sempre chamou o pai de Papi. Mas se eu tivesse chamado meu pai de Papi, sinto que ficaríamos os dois, no mínimo, um pouco embaraçados.

Se temos uma verdadeira relação com Deus, temos um nome para Ele, que nos vem à mente de modo quase espontâneo quando voltamos a atenção a Ele. E é, na maioria das vezes, a palavra que melhor nos serve de palavra de oração. Não é raro que a palavra escolhida por um cristão seja o nome sagrado de *Jesus*. E quando a palavra de oração é Jesus, as duas grandes tradições, vindas da mesma fonte, se reúnem. A oração centrante e a oração de Jesus se tornam de novo uma só, como há muito tempo, no coração dos Padres do Deserto.

Uma nova embalagem

A palavra de oração, portanto, pode bem ser um nome ou um vocativo; mas não precisa, necessariamente, ser um deles. Conheço uma bela criatura, uma irmã, cuja palavra de oração é "entregue-se". Isso expressa toda a essência de sua relação com seu Amado divino. É verdade que essa palavra de oração é mais que uma sílaba, é mais que uma palavra. E uma sentença como essa pode levar a certa atividade intelectual ou conceitual. Devemos ter cuidado. Como diz o autor de *A nuvem*: "Se o pensamento lhe propuser, de acordo com seu grande saber, analisar esta palavra e dizer-lhe o que significa, diga ao pensamento que você quer guardá-la como um todo...". Enfim, podemos escolher à vontade uma palavra de oração que nos seja significativa.

Nisto talvez esteja algo da diferença entre as técnicas orientais e a oração cristã. "Onde o Espírito estiver, ali está a liberdade." A técnica oriental típica, que objetiva consumar alguma coisa em si mesma pela própria atividade de quem a pratica, demanda absoluta fidelidade à técnica até que a finalidade seja alcançada. Já para os cristãos, a prece é sempre uma resposta. Deus inicia o movimento e é a fonte de nossa resposta. Nós, que oramos, avançamos com o Espírito de Deus. "Não sabemos orar como deveríamos, mas o Espírito ora em nós..." Somos encarnados. Podemos usar métodos, e os usamos. E podemos usá-los com a maior liberdade. O uso de uma palavra de oração é o método mais apropriado para nós, cristãos. Deus falou conosco. Recebemos a Revelação. Recebemos a Palavra. Se Deus nos fala de seu amor por nós de modo pleno e eloqüente com uma palavra humana, que é também divina, podemos muito bem responder numa palavra humana divinizada pela fé e pelo amor por obra do Espírito Santo.

A oração mântrica ensinada pelo Padre John Main, embora retenha esta nota essencialmente cristã e se reporte à tradição cassiana, chega ainda mais próxima das técnicas orientais. De fato, em seus escritos e suas falas, o Padre John reconhece sua relação com a experiência como discípulo de um mestre hindu, em sua estada no Oriente – uma experiência que alcançou a plenitude quando se tornou beneditino e veio a ter contato com os ensinamentos de São João Cassiano. Assim, em vez de o meditante escolher sua própria e significativa palavra de oração, o padre aconselha todos a usarem a palavra *Maranatha*, escolhida pela assonância, e também porque para a maioria dos cristãos não tem fortes conotações conceituais. Esta palavra deve ser repetida constantemente durante a oração. O padre conclui suas observações em um artigo:

> Com relação à freqüência, o mantra dever ser repetido durante todo o tempo da meditação, no ritmo de cada um. Você será tentado a parar. A forma de transcender a tentação é a absoluta fidelidade ao mantra. Esta é a condição para plantá-lo em seu coração.

Essa abordagem é bem diferente daquela da oração centrante. O que nos leva à terceira regra:

> Cada vez que, durante a oração, nos apercebamos de qualquer outra coisa, delicadamente retornemos à Presença pelo uso da palavra de oração.

Não usamos a palavra de oração o tempo todo. Ela reverbera em nossa mente, quase como um ruído branco. Em escritórios, bibliotecas ou bancos, às vezes ouvimos uma música de fundo. A intenção não é que paremos para escutá-la, mas que bloqueie ou encubra outros sons, de modo a estarmos mais livres para nos dedicar às nossas incumbências. Da mesma forma, a palavra de

Uma nova embalagem

oração invocada no começo da meditação repousa em silêncio na consciência, deixando-nos livres para atender ao Senhor do nosso amor. Não fazemos nenhum esforço para repetir a palavra. De modo nenhum julgamos a perfeição de nossa oração pela freqüência ou infreqüência com que usamos a palavra. Não temos o objetivo de diminuir a freqüência com que usamos a palavra. Apenas procuramos estar presentes por inteiro no amor a Deus presente em nós, e cada vez que alguma coisa nos afasta dessa Presença, com suavidade retomamos a palavra para retornar por inteiro à Presença sagrada.

Podemos até descobrir que, alguns dias, parece que temos de usar a palavra o tempo todo. Não importa. Isso não nos deve perturbar. Apenas repetimos a palavra de oração de modo tão suave quanto possível. Ficar estressado ou tentar forçar o uso da palavra para eliminar pensamentos só nos distanciará mais da oração. A suave repetição da palavra, por outro lado, nos colocará mais profunda e totalmente na oração – no movimento para dentro de Deus, que permanece sob os pensamentos e as atividades da superfície.

Penso que todos às vezes flertamos com a idéia presunçosa de que, se fôssemos Deus, poderíamos nos ter saído melhor ao fazer o mundo, pondo as coisas a funcionar direito. Se eu tivesse criado o ser humano, certamente teria melhorado o modelo. Colocaria interruptores para que, quando desejássemos meditar, bastasse desligarmos os pensamentos, a imaginação, a audição, as emoções. Se assim fosse, que meditação plena de paz teríamos! Mas Deus não nos supriu com equipamentos tão refinados, e teve boas razões para isso.

Uma ótima analogia vem da grande Santa Teresa. Já em idade avançada, mulher de oração e cheia de afazeres, viajando sempre pela Espanha, transformando as criaturas como só uma mulher pode fazê-lo, ela disse que sua vida era como dois rios: um, fluindo sem cessar para Deus; o outro, para todos os seus afazeres. E ainda assim, os dois rios eram um só.

Gosto muito dessa analogia. Nossas vidas são grandes rios fluindo, cheios de vitalidade e força. E porque somos pessoas que acreditam em Deus e o amam, os rios de nossas vidas fluem com intensidade para Deus o tempo todo. Essa é a profunda corrente de nossas vidas. Mas na superfície, toda sorte de acontecimentos se sucedem sem parar: passam cargueiros lotados de mercadorias, iates de lazer, pequenas dragas em operação, helicópteros barulhentos, barcaças cheias de lixo, e nosso próprio monte de poluição e detritos. Temos tudo isso! E tudo isso flui junto conosco.

Na oração centrante, mergulhamos nas calmas profundezas, onde há só um simples fluir, cheio de paz, de nossa fonte para o oceano de amor infinito. Que serenidade, que tranquilidade, que paz; que vitalidade, que força, que renovação! Mas, na superfície, muitas atividades continuam. Pensamentos correm, emoções irrompem, sons nos ferem os tímpanos. E de vez em quando, uma vistosa embarcação, ou alguém particularmente interessante prende nossa atenção e nos descobrimos emergindo – ou talvez voltemos por completo à superfície e entremos no barco sedutor antes de *percebermos* que deixamos as profundezas cheias de paz.

É nesse ponto que usamos nossa palavra de oração. Não nos desviamos do pensamento ou da emoção. Não pensamos (acrescentando mais um pensamento) em deixar que se vão. Simplesmente, com a repetição suave da palavra de oração, ou talvez só com sua tênue lembrança, retornamos à Presença. O autor de *A nuvem* diz: "A sua percepção consiste no espírito puro, quando não há qualquer pensamento particular ou palavra pronunciada". Com simplicidade, com calma, submergimos nas profundezas. É assim

Uma nova embalagem

mesmo, com suavidade e sem esforço, um afundar nas profundezas. Basta que nos entreguemos, e teremos a propensão natural de ir descansar tranqüilos em nossa Fonte. E dessa forma, enquanto oramos, os pensamentos, as emoções, os ruídos e as imagens continuam. Deixamos que fluam. Nossa atenção está em outro lugar.

Vamos usar outra analogia que pode ser mais familiar para alguns: suponhamos que estivéssemos num coquetel. A sala está cheia. Em pequenos grupos, copos nas mãos, todos conversam e riem. Estamos envolvidos em uma conversa com uma pessoa maravilhosa; inteiramente presentes com esse amigo – suponhamos mesmo que se trate do amor de nossa vida. Todas as outras conversas, as palavras, os sons de gelo batendo nos copos e o tudo mais, são percebidos por nossos ouvidos, mas os ignoramos. Nossa atenção está centrada. E assim também é na oração. Mas imaginemos que alguém por perto pronuncie nosso nome! De repente, nossa atenção se divide, ou até se desvia por completo. Decorrerão alguns minutos até que o interlocutor nos prenda novamente a atenção... Mas nosso amado está presente... Nossa atenção retorna.

Usamos a palavra de oração sempre que dela necessitamos e na medida de nossa necessidade, sempre com delicadeza. Pensamentos, emoções e imagens estarão sempre ali. Mas só quando nos *apercebemos* deles, quando desviam nossa atenção das profundezas, do Amado, é que precisamos recorrer, deliberada, mas sempre mansamente, à palavra de oração para retornar à Presença. Quanto ao mais, deixamos apenas que a palavra ali esteja. Ela poderá se repetir, depressa ou devagar, forte ou fraca; poderá tomar o ritmo de nosso coração ou de nossa respiração (sem que nos empenhemos para que isso ocorra ou lhe demos atenção), ou se sustentar mais como uma imagem silenciosa do que como um som. Não importa! Nossa atenção está na Presença, reconhecida pela fé, envolvida em amor; a palavra é eventual, um recurso útil a ser usado quando necessário.

Na oração buscamos Deus. Não buscamos paz, quietude, tranqüilidade, iluminação; não buscamos nada para nós mesmos. Buscamos *nos doar* – ou melhor, simplesmente nos doamos, até sem atentar para nós mesmos, tão completa é nossa intenção para Aquele a quem doamos: *Deus*. Ele é o Todo da nossa oração. Se pensamentos, imagens ou emoções adernarem em nossas mentes e em nossos corações, não importa. Não prestamos atenção a eles. Nem procuramos nos livrar deles nem entretê-los. Enquanto nos doamos com nossa atenção amorosa a Deus, também os ofereceremos a Ele. E deixamos que faça deles o que quiser.

E isso é tudo, por ora. Falaremos mais sobre pensamentos num capítulo posterior, porque eles parecem ser a questão principal para a maioria dos que se iniciam na oração contemplativa. Com relação aos pensamentos, a oração contemplativa não requer uma atitude diferente daquela na oração ativa ou discursiva. Aqui, na totalidade de nossa doação a Deus, damos a Ele tudo, até os pensamentos, imagens e emoções que fluem em nossa mente. Tudo é dado a Ele, para que faça disso o que quiser.

Talvez, por enquanto, já tenhamos dito o suficiente sobre as três regras, exceto sobre a segunda parte da primeira regra, que alguns preferem chamar de quarta regra:

... e ao final da oração, tomamos alguns minutos para sair, rezando mentalmente o Pai-Nosso, ou alguma outra oração.

Não é bom saltar de imediato da oração profunda para alguma atividade. No nível fisiológico, poderia ser penoso. Quando entramos em meditação profunda, todo nosso organismo se acalma: a respiração se aquieta, o coração bate devagar, o corpo parece

Uma nova embalagem

✳

quase dormir. *Ego dormio sed cor meum vigilat* – durmo, mas meu coração vela. É preferível voltar devagar à atividade, levando conosco alguma paz, harmonia e ritmo interior.

Mais importante ainda é levar de volta ao nível conceitual e emocional tudo o que for possível da profunda experiência de Deus, de que desfrutamos. Sendo assim, é recomendável, ao final do período reservado à meditação, uma prece interior, do tipo emocional e conceitual. Dessa forma, a experiência que tivemos pode encontrar alguma expressão nesses níveis, e daí fluir, de modo mais reflexivo e empírico, no curso de nossas vidas.

Ao longo dos últimos meses tive oportunidade de compartilhar experiências com pessoas que devotaram anos às várias formas de meditação oriental, como meditação transcendental, e que dizem experimentar algumas frustrações bem palpáveis. Elas parecem ser causadas pela inabilidade de relacionar a boa experiência de meditação ao resto de suas vidas. Ou, dito de outra maneira, suas vidas, centradas e de muitos modos vivificadas pelas práticas meditativas, não correspondem adequadamente a suas necessidades emocionais.

O que acontece, creio eu, é que não conseguem relacionar sua experiência transcendental com nada que possa ser percebido no nível conceitual, nem com respostas no nível emocional. Seus mestres orientais articulam suas experiências com a própria cultura e moldura conceitual. Os ocidentais comuns sentem dificuldade em captar isso e relacioná-lo com suas vidas, com o dia-a-dia da sociedade ocidental em que vivem. Em muitos casos, antes de se voltarem para o Oriente, riscaram o cristianismo ou o judaísmo de suas vidas, por não acharem as respostas de que precisavam. Por isso, mesmo que os melhores mestres orientais costumem ensinar aos discípulos que devem integrar suas experiências meditativas com sua própria cultura e base religiosa, os devotos ocidentais quase nunca enxergam essa possibilidade. A menos que tenham a sorte de encontrar um adepto da meditação aberto à questão, que entenda essa experiência e esteja apto a ajudá-los a redescobrir sua antiga fé, ou a herança ocidental de fé, à luz de sua experiência transcendental de meditação.

Não só para evitar tais frustrações, mas para integrar a experiência contemplativa em nossas vidas, é importante que a articulemos com o nível conceitual, ao qual possamos responder também no nível emocional. A esse respeito, o cristão que recebeu a revelação histórica está em situação particularmente feliz, porque aquele que é vivenciado na experiência contemplativa lhe falou e lhe deu a conhecer a realidade interior dessa vivência, e o fez de forma muito pessoal e amorosa: "Já não vos chamo servos, mas eu vos chamo amigos, porque tudo o que ouvi de meu Pai eu vos dei a conhecer" *(João 15, 15)*. O mistério interior daquele que tocamos em nossa experiência contemplativa nos foi transmitido tanto quanto possível. Foi-nos revelado na imagem de um amantíssimo Pai, que nos engendra como filhos muito amados e nos dá o Espírito da Vida, para que possamos corresponder de forma adequada a seu grande amor, conforme nós tão desesperadamente precisamos responder.

Temos portanto grande necessidade de relacionar a experiência de Deus, em profunda oração, aos outros aspectos de nossa vida. Podemos começar a fazer isso rezando de maneira afetiva ao final da meditação.

O Pai-Nosso presta-se bem a isso. Não só por ser a oração que o próprio Deus nos ensinou – o ensinamento perfeito de oração – mas porque expressa os desejos essenciais que fluem da experiência da oração contemplativa. Alcançando o ponto mais profundo de nosso ser, entramos em contato com quem realmente

Uma nova embalagem

✺

somos: alguém que foi batizado em nome de Cristo, feito filho do próprio Filho. Por isso, todo nosso ser clama: *Pai!* "Não sabemos rezar como deveríamos, mas o Espírito derramado em nossos corações clama: '*Abba* Pai'."

Vivenciando Deus profundamente, surgidos de seu amor criativo, ao mesmo tempo vivenciamos todos os outros que vieram conosco daquele mesmo amor criativo. E assim, é hora de dizer: *Pai-Nosso*.

Nós acabamos de experimentá-lo em toda sua beleza, em toda sua maravilha. Temos necessidade de glorificar, afirmar, aclamar. *Santificado seja o vosso nome*.

A resposta a essa bondade, essa beleza, essa generosidade, só pode ser amor. E o amor se expressa na unidade de vontades, em querer o que o bem-amado quer: *Venha a nós o vosso reino, seja feita a vossa vontade*. Mesmo aqui, na terra, com a mesma perfeição e plenitude com que acontece no céu.

E qual é a vontade de Deus? Qual o significado de todo o projeto da criação? Nossa felicidade. Deus nos fez conhecê-lo para que o amássemos, para que fôssemos felizes com Ele, para compartilhar sua alegria. Não há outra razão para a criação. Deus tinha toda a alegria, toda a bondade. Mas na supereminente generosidade de seu amor, queria outros para compartilhá-la. E assim criou – criou-nos, a você e a mim.

Mas primeiro temos de viver: *O pão nosso de cada dia nos dai hoje*. Da compaixão universal que emana de conhecermos nossa unicidade na fonte criadora do amor de nosso Pai, esta súplica se levanta para todos os que têm fome na terra: *O pão nosso de cada dia nos dai hoje*. Porém, mesmo quando oramos com o coração pelo pão material que sustentará a vida humana, sentimos necessidade de orar por outros pães: o pão da sabedoria, do conhecimento e do entendimento, um maior acesso à plenitude do Pão da Verdade, da Palavra da Vida que alimenta nossas mentes e corações. E temos fome do ultra-substancial Pão da Eucaristia.

O homem também deve viver em paz; em paz consigo mesmo, estando em paz com seu Deus, e em paz com seus semelhantes: *Perdoai as nossas ofensas assim como nós perdoamos quem nos tem ofendido.*

E não nos deixeis cair em tentação, mas livrai-nos de todo o mal, porque vosso é o Reino. Freqüentemente, ao dizer esta frase, experimentei o desvanecimento das tensões, das lutas, das preocupações da vida. É dele o Reino dos Céus. Tudo está dentro de seus domínios. "Ele tem o mundo inteiro nas mãos." Nada preciso temer. Tudo está sob controle.

Porque vosso é o poder. Tudo estará sob seus cuidados. Tudo será levado a sua predestinada plenitude. Nada escapa dele ou do poder de seu amor. Mesmo minhas tendências mais rebeldes, meu orgulho, minhas ambições, minha lascívia, minha ira, minha gula – tudo estará sob o reino de seu poder, até alcançar a perfeição, para sua glória.

Porque vossa é a glória, pelos séculos dos séculos. As novas profundezas da vida, aqui sondadas, são meramente o início de tudo – um início que se estende mais e mais, pelos dias sem fim do Senhor. *Amém.*

Cada vez que retornarmos das profundezas e trouxermos seu significado para este aprendizado do Pai-Nosso, entraremos em contato com aspectos novos e profundos de seu significado. Numa ocasião, uma freira perguntou a Santa Teresa como se tornar contemplativa. A grande mestra da oração respondeu: "Irmã, reze o Pai-Nosso, mas leve uma hora para rezá-lo". Não propomos a ninguém levar uma hora; contudo, seria bom deixar a oração se desdobrar livremente, para saborear cada frase; deixá-la fluir um pouco, se for o caso. Assim, a experiência sem palavras do amor infinito que se irradia no fundo de nosso ser pode vir devagar à superfície e transbordar, aprofundando e vitalizando nossos pensamentos e imagens, clamando pela afeição de nosso coração, enchendo-nos com um desejo ainda maior de voltar à profundidade da experiência para beber da fonte dessa vida e desse amor.

Ainda que a oração não precise ser necessariamente o Pai-Nosso ao voltarmos da meditação, penso que não existe outra mais adequada. Se praticamos a oração centrante em conjunto com a Liturgia Eucarística, como fazemos com freqüência nos *workshops* de oração centrante, podemos usá-la como parte do rito penitencial. Nada pode nos pôr tão em contato com nossa verdadeira pecaminosidade como esse estar em silêncio perante Deus, infinitamente puro. Mas talvez sintamos que a oração adequada para o final da meditação seja o *Salmo 130 (129)*: *Das profundezas clamo a ti, Senhor*. Ou podemos iniciar a oração após o rito penitencial, purificados por sua piedade, para vivenciar essa bondade e essa beleza resplandescentes, e terminar com a *Glória: Glória a Deus nas alturas...*

Alguns têm-me perguntado sobre o uso da *Ave-Maria*. Essa prece profunda vem aninhando Cristo em suas almas. Talvez percebam que essa graça da oração que flui, como todas as graças que fluem em suas vidas, vem a eles pelas mãos amadas da Mediadora de todas as graças.

Podemos usar *qualquer* oração; uma oração que flua livre, com nossas próprias palavras e imagens – qualquer coisa que traga algo da profunda e silenciosa experiência ao plano da atividade para o qual iremos a seguir. Falaremos mais das ligações aqui envolvidas quando abordarmos os frutos da oração centrante. Por enquanto, penso que já dissemos o suficiente sobre o método, e que será mais produtivo voltarmos a atenção para algumas considerações sobre realidades teológicas que vivemos e que experimentamos nesta oração.

Apêndice

Daremos aqui alguns exemplos de expressões de fé e amor no início da oração centrante. São apenas exemplos de expressões individuais. Ninguém deveria tentar usá-los ou imitá-los exatamente. Cada um deveria deixar o movimento de fé e amor fluir de seu coração, e usar as palavras que surgirem espontaneamente para exprimi-lo.

Senhor, acredito que estás verdadeiramente presente em mim, no centro do meu ser, fazendo-me renascer no teu amor. Nestes poucos instantes, quero estar contigo por inteiro. Leva-me, Senhor, à tua presença. Deixa-me vivenciar a experiência da tua presença e do teu amor.
Pai, agradeço-te pela maravilhosa presença. Quero estar inteiramente contigo em adoração, louvor, amor e agradecimento. Deixa-me experimentar tua presença, teu amor, teus cuidados. Venho a ti, Pai, em Cristo Jesus, meu Senhor.
Jesus, estás verdadeiramente presente no centro do meu ser, no âmago do meu ser. Amo-te, Senhor. Sou um contigo em teu amor. Jesus, sê tudo para mim. Jesus, leva-me contigo. Jesus. Jesus.

V
Ser quem somos

Às vezes ouvimos dizer que deveríamos ler as Escrituras como se fossem cartas de uma pessoa querida. Haveria muito a dizer sobre isso; contudo, penso que não nos levaria longe. Até porque quem nos fala não está longe de nós – de maneira nenhuma. Parafraseando Santo Agostinho, Ele está mais presente em nós do que nós mesmos. Não devemos *ler* as Escrituras, e sim, *ouvi-las,* porque nosso amado está presente e nos fala por meio delas. Por isso são sempre atuais. Ele nos fala agora, aqui onde estamos. Uma antiga passagem que nos é familiar às vezes nos traz a mesma velha mensagem familiar, porque é o que necessitamos ouvir no momento, e outras vezes nos traz uma nova mensagem de vida.

Esta manhã eu escutava mais uma vez aquele que é o mais belo cântico de amor, o Cântico dos Cânticos. O Senhor e eu conversamos muito sobre esse livro, e enquanto o ouvia, muito naturalmente me falou sobre a oração centrante.

QUARTO POEMA

Eu dormia,
mas meu coração velava
e ouvi o meu amado que batia:

Oração Centrante

❊

"Abre, minha irmã, minha amada,
pomba minha sem defeito!
Tenho a cabeça orvalhada,
meus cabelos gotejam sereno!"

"Já despi a túnica,
e vou vesti-la de novo?
Já lavei meus pés,
E vou sujá-los de novo?"
Meu amado põe a mão
pela fenda da porta:
as entranhas me estremecem,
minha alma, ouvindo-o, se esvai.
Ponho-me de pé
para abrir ao meu amado:
minhas mãos gotejam mirra,
meus dedos são mirra escorrendo
na maçaneta da fechadura.

Abro ao meu amado,
mas o meu amado se foi...
Procuro-o e não o encontro.
Chamo-o e não me responde...
Encontraram-me os guardas
que rondavam a cidade.
Bateram-me, feriram-me,
tomaram-me o manto
as sentinelas das muralhas!
(*Cântico dos Cânticos* 5, 2-7)

"Eu dormia, mas meu coração velava." Como isto descreve bem a experiência da oração centrante! Dentro de nós, tudo silencia – é muito parecido com dormir – mas nossos corações estão vigilantes, atentos, presentes a Ele, que está presente no âmago, no centro de nosso ser. Ele está sempre ali; contudo, de certa forma não está. Não está presente para nós como um ser humano, como homens e mulheres que estão presentes por amor, a não ser que nos abramos a Ele. Isto trouxe à minha mente uma passagem do Livro da Revelação, para mim tão plena de significado, que comentei no primeiro capítulo deste livro: "Eis que estou à porta e bato: se alguém ouvir minha voz e abrir a porta, entrarei em sua casa e cearei com ele, e ele comigo". A oração centrante é uma abertura, uma resposta, um remover de todas as pedras no caminho, que nos impedem estar totalmente presentes diante do Senhor presente, para que Ele possa se fazer presente para nós. É pôr de lado os pensamentos, para que o coração possa entregar-se de imediato.

Toda prece é uma resposta. O Senhor primeiro bate à porta, acena, nos chama. Ele nos convoca em nossa própria criação e recriação no batismo. Ele nos fala em todos e em todas as coisas, em nosso próprio ser, em todos os nossos movimentos, energias e atividades, em nossa respiração, pensamento e sentimento. Ele é a fonte de toda energia, vida e atividade, e está presente nelas como sua fonte. Em viva fé, nós O ouvimos e Lhe respondemos.

A oração centrante é uma boa escola para iniciarmos o aprendizado da escuta que nos permite ouvir o Senhor em tudo e responder a sua presença amorosa e criativa, voltando-nos para essa oração constante à qual somos chamados. Algumas pessoas fazem objeção ao uso de um método ou uma técnica na oração, com medo de sentir que estão tentando manipular Deus. O que não percebem é que o método, e até a idéia de usá-lo, vem de Deus. É uma forma de Ele chamar, de bater à porta. Usamos um método na oração porque Ele nos deu, junto com a graça de usá-lo; é tudo uma resposta, uma resposta que aceita inteiramente a encarnação.

Quando Deus nos chama, traz a graça de que precisamos para responder – sua própria graça que flui sobre nós: "Tenho a cabeça orvalhada e meus cabelos gotejam sereno". Mas com muita freqüência, apesar do chamado e da graça que transborda, somos lentos em responder. Estamos confortavelmente instalados. Tudo está bem. Talvez tenhamos estabelecido uma cômoda rotina de orações e de exercícios pios. Estamos instalados, à vontade em nossas pequenas camas. Não queremos nos levantar e nos abrir aos mistérios da noite, a um novo e mais íntimo contato com o Amado – quem sabe o que Ele pode nos pedir? O amor pode ser tão insistente; de fato, é da sua natureza ser totalmente insistente. "Já despi a túnica, e vou vesti-la outra vez? Já lavei meus pés, e vou sujá-los de novo?"

Por sorte, nosso Amado é insistente: "Meu Amado põe a mão pela fenda da porta". Ou, em outra tradução: "Meu Amado meteu (uma palavra forte) a mão pela fenda da porta". Nosso Senhor é um amante insistente, mas respeitoso. Ele não força a entrada em nossas vidas. Havia uma fenda na porta, na qual podia introduzir a mão. Mesmo que ainda não tivéssemos aberto a porta, estaríamos ao menos escutando. E quando o ouvimos, Ele nos toca. E então, "as entranhas me estremecem". Sua palavra é uma faca de dois gumes, que nos penetra até o âmago.

Precisamos ouvir as Escrituras com regularidade. É ali que Ele nos toca, nos desperta, nos tira de nosso conforto para procurá-lo de verdade na oração centrante. São as Escrituras, sobretudo os Evangelhos, que nos despertam um coração atento, amoroso, cheio de desejo.

Ser quem somos

A mirra, símbolo tradicional do sofrimento, aqui simboliza o doce sofrimento de uma grande aspiração: "Ponho-me de pé para abrir ao meu Amado. Minhas mãos gotejam mirra, meus dedos são mirra escorrendo na maçaneta da fechadura". A oração centrante, uma prática maçaneta para abrirmos a Deus, será revestida de sofrimento; o doce sofrimento do desejo. Abriremos ao nosso Amado; deixaremos para trás todos os pensamentos e imagens que nos trazem confortável segurança e calor, e procuraremos somente por Ele. E então Ele, que bateu à porta, e com tanta insistência nos chamou, terá partido; não haverá sinal dele. Como se tivesse desaparecido por completo: "Abro ao meu Amado, mas o meu Amado se foi".

As palavras a seguir talvez descrevam a experiência mais freqüente na oração centrante: "... minha alma, ouvindo-o, se esvai. Procuro-o e não o encontro; chamo-o" (às vezes, a palavra de oração pode parecer mais um clamor na escuridão do que um suave retorno à Presença) "e não me responde".

E nossa razão, prática como uma guardiã do bom senso e da racionalidade, que nada sabe de amor ou da transcendente realidade do reino da fé, imediatamente se lançará sobre nós: "Encontraram-me os guardas que rondavam a cidade. Bateram-me, feriram-me..." (Por que todo esse absurdo? Por que tanta perda de tempo? Nada está acontecendo. Não há ninguém aqui. Você está perseguindo suas próprias ilusões). "Tiraram-me o manto as sentinelas das muralhas!" Sim, a razão nos toma de assalto e nos desafia, para afinal deixar-nos nus e assim aparecermos diante do Senhor, na fé desnuda. E só nessa nudez estaremos prontos a receber a plenitude do abraço divino.

Os Padres Gregos usam uma bela expressão: "Deus tornou-se homem para que o homem pudesse tornar-se Deus". É quase impossível exaurir o conteúdo teológico desta frase sucinta. Uma das coisas que ela nos diz é que o desenvolvimento de nossa relação com Deus não é diferente do desenvolvimento de nossas relações humanas mais intensas. Na verdade, quando nos fala pelas Escrituras, o próprio Deus muitas vezes compara sua relação conosco à de dois amantes, à de marido e mulher. Quando um jovem encontra uma mulher com a qual espera desenvolver a mais plena e bela relação humana – aquela a que chamamos casamento – se ele e sua amada querem que a relação seja bem-sucedida, terão de encará-la com certa seriedade. O casal passará muito tempo junto. De início, os dois terão muito o que conversar. Cada um tentará desvendar ao outro algo de seus mistérios conforme se revelaram no decorrer de sua vida, e o desenvolvimento de sua personalidade. Farão muitas coisas juntos, e um para o outro. Mas, no desenrolar da relação, aprenderão a estar juntos em silêncio, comungando em nível mais profundo, para deixar que a presença do outro fale por si; aprenderão a confiar na sinceridade da presença do outro sem que seja preciso reafirmá-la o tempo todo com palavras. Talvez uma das causas do rompimento de muitos casamentos nos dias de hoje seja a inabilidade de alcançar este nível de comunicação. O casal confia tanto na comunicação verbal, que quando falta o que dizer nenhum dos dois sabe o que fazer. Acabam com o casamento e procuram outras pessoas com as quais possam falar. É uma simplificação um tanto grosseira da questão, mas tem seu fundo de verdade.

Em todo caso, no desenvolvimento normal de nossa relação com Nosso Senhor, no início existe muita comunicação verbal. A fé vem pela escuta. Deus se revela a nós em primeiro lugar pela Palavra. Ouvimos a Palavra, a recebemos, a deixamos permanecer em nós e crescer, conforme nos vai revelando a presença, o amor, a bondade e a beleza de nosso Deus. Ao ouvirmos o Senhor,

Ser quem somos

respondemos com pensamentos, palavras e atos pertinentes. Começamos a ter Deus conosco mais conscientemente ao realizar as tarefas diárias; sua Presença torna-se cada vez mais constante. Começamos a sentir necessidade de ficar com Ele apenas em silêncio.

Marido e mulher costumam passar muito tempo juntos. Se realmente se amam, um não fica ausente dos pensamentos do outro, mesmo quando separados. Fazem muitas coisas juntos, fazem coisas com outras pessoas, fazem coisas um pelo outro. Mas, para o casamento dar certo, haverá épocas em que deixarão tudo de lado para estar a sós em sua relação conjugal. Nessas ocasiões, nem pensamentos nem palavras serão importantes. Se acontecerem, serão irrelevantes – talvez surja apenas uma palavra de amor para reforçar a plenitude da presença.

Em nossa relação com Deus, além das palavras, ações e pensamentos, também haverá um tempo para estarmos apenas presentes, na plenitude de nosso ser, vivenciando a proximidade de sua presença amorosa e vivificante. Nessas ocasiões, poderão ocorrer palavras e pensamentos, mas serão irrelevantes. Talvez usemos uma palavra de oração, uma palavra de amor para reforçar sua presença, mas a intimidade da presença do Senhor, ou o Senhor em sua presença íntima, será o foco de toda nossa atenção, do desejo de nosso coração sendo satisfeito.

E nisso está o deleite de nosso Amado. Talvez uma das coisas que mais desgastem o desenvolvimento de nossa relação íntima com Deus seja nossa inabilidade em compreender e aceitar que Deus deseja de fato uma relação íntima conosco; que somos de fato importantes para Ele. Ele nos criou sem outra razão além de regozijar-se conosco, e para que nos regozijemos com Ele. Ele possuía uma felicidade completa e absoluta, e quis dividi-la, e por isso nos criou. Temos dificuldade em compreender tamanho presente. Toda nossa educação, e as atitudes que prevalecem no mundo de hoje, reforçam a certeza de que devemos merecer o amor, de que tudo o que conseguimos tem um preço. Com Deus não é assim. O nada não merece nada, até que lhe seja graciosamente ofertado algo que sirva como base para a ação e possível merecimento.

É isso que Deus faz em seu infinito amor: dá-nos a possibilidade e a glória do merecimento. Mas, no final, tudo é um presente. E assim nos diz: "A menos que te tornes como uma criança, não poderás ganhar o reino dos céus". A menos que sejamos, como as crianças, completamente alheios à expectativa de uma recompensa, aptos a aceitar tudo o que vem de nosso Pai, não podemos esperar receber nada. Deus é nosso Pai e, como Pai amantíssimo, se regozija conosco e deseja que nos regozijemos com ele, que nos orgulhemos dele, que nos voltemos para Ele a fim de obter segurança, amor e cuidados.

Um pai se encanta quando o filho deixa os brinquedos e os amigos de lado e corre para atirar-se em seus braços. Abraça-o e pouco lhe importa se a criança fica olhando em volta, se sua atenção pula de uma coisa para outra ou se está atenta ao pai. Ou se apenas se aninha para dormir. O que importa é que a criança escolhe estar com o pai, confiante no amor, no cuidado, na segurança que sente quando está em seus braços.

Nossa oração centrante é bem parecida. Nós nos aninhamos nos braços do Pai, em suas mãos zelosas, amorosas. Nossa mente, nossos pensamentos, nossa imaginação podem esvoaçar para cá e para lá; podemos até adormecer; mas o que importa é termos escolhido estar nesse momento, intimamente, com nosso Pai, dando-nos a Ele, recebendo seu amor e atenção, para que Ele se regozije conosco como desejar. É uma oração muito simples, como a de uma criança. Uma oração que nos abre para todos os deleites do

Reino. Se usarmos uma palavra de oração, mais do que um conceito ou uma expressão da mente, ela será algo vindo do coração, da vontade; uma expressão de amor. Assim é a oração do coração.

Mas, o que acontece então? Uma afirmação – não tanto pela palavra, pelo pensamento ou até pela compreensão em sentido mais profundo, mas pelo que é – do que na verdade é: de quem é Deus, quem somos nós, e qual é nossa relação mútua. É o começo de uma relação sincera entre Deus e nós, em virtude de quem somos pela criação e pela recriação. É uma total aceitação de ser quem somos.

Thomas Merton, em *Novas sementes de contemplação*, livro que ele considerou um de seus melhores, escreveu uma passagem que considero excepcionalmente bonita:

> Uma árvore glorifica a Deus sendo uma árvore. Pois sendo aquilo que Deus tenciona que seja, lhe obedece. Ela "consente", por assim dizer, em seu amor criador; expressa uma idéia que está em Deus e não é distinta da essência de Deus; uma árvore, portanto, imita Deus sendo o que é: uma árvore.

Por nossa criação, nós também somos a expressão de uma idéia que está em Deus, que sempre esteve e sempre estará, e não é diferente de sua própria essência. De fato imitamos Deus mais plenamente do que qualquer coisa na criação. E por sermos o tipo de criaturas que somos, seres humanos com mentes que conhecem e corações que escolhem, e temos livre arbítrio, podemos estar de acordo com o amor criador de Deus, não apenas em sentido figurado, mas pela semelhança real com Deus.

No entanto, algo é mais importante ainda, porque nós, batizados, não só fomos criados: fomos re-criados. Nossa participação não é, como a do resto da criação, uma espécie de participação extrínseca da vida, do ser, da beleza de Deus. Fomos batizados na verdadeira vida e amor do Filho. "Vivo, agora não eu, mas o Cristo vive em mim." Fomos realmente feitos um com o próprio Filho de Deus. E o Espírito do Filho, o Espírito Santo, foi-nos dado para ser nosso espírito. Fomos trazidos à vida no âmago da mais Sagrada Trindade.

Todo o ser do Filho vem do Pai e se volta para o Pai no Espírito Santo. Como filhos e filhas, somos um com o próprio Filho; esse é o impulso essencial de nosso ser. Não sabemos rezar como deveríamos, não sabemos como nos voltar para o Pai de forma apropriada e digna dele, mas o Espírito Santo foi derramado em nossos corações, e clama, "*Abba*, Pai". Esse é nosso ser essencial, como homens e mulheres batizados em Cristo, partícipes da divina afiliação. Quando cessamos toda atividade superficial, quando deixamos para trás os pensamentos, os sentimentos, o fluxo de imagens, e apenas nos aquietamos para aquiescer em sermos quem somos, somos em essência *oração* – resposta a Deus; e uma resposta verdadeiramente merecedora dele, porque nossa resposta é essa mesma Pessoa de Amor, o Amor do Filho pelo Pai e do Pai pelo Filho, o mais Sagrado Espírito de Amor.

São João da Cruz escreve com freqüência sobre isso:

> Este aspirar da brisa é uma capacidade que, segundo a própria alma o diz, lhe será dada por Deus, na comunicação do Espírito Santo. É este que, a modo de sopro, com sua aspiração divina, levanta a alma com grande sublimidade, penetrando-a e habilitando-a a aspirar, em Deus, aquela mesma aspiração de amor com que o Pai aspira no Filho, e o Filho no Pai, e que não é outra coisa senão o próprio Espírito Santo. Nesta transformação o divino Espírito aspira a alma, no Pai e no Filho, a fim de uni-la a si na união mais íntima. ...Porque a alma, unida e transformada em Deus, aspira, em Deus, ao próprio Deus, naquela mesma

aspiração divina com que Deus aspira em si mesmo a alma já toda transformada n'Ele. (*Cântico Espiritual*, Canção 39, 3)

...Está a alma, neste tempo, feita uma só coisa com Ele, e portanto, de certo modo, torna-se Deus por participação; (...) Conhece então que Deus verdadeiramente é todo seu, e que ela o possui como herança, com direito de propriedade, como filha adotiva de Deus pela graça concedida por Ele, ao dar-se a si mesmo a ela; vê que, como coisa própria sua, o pode dar e comunicar a quem quiser, por sua livre vontade. E, assim, ela o dá a seu Querido, que é o mesmo Deus que a ela se deu; e, nisto, paga a Deus tudo quanto lhe deve, pois voluntariamente lhe dá tanto quanto dele recebe. (*A chama viva de amor*, Canção 3, 78).

Por ser esta dádiva da alma a Deus o próprio Espírito Santo, que ela lhe dá como coisa sua, numa entrega voluntária, – para que Ele se ame no mesmo Espírito Santo como merece –, a alma sente inestimável deleite e fruição, pois vê que pode ofertar a Deus, como coisa própria, um dom proporcionado a seu infinito ser. (*A chama viva de amor*, Canção 3, 79)

Esta é a mais perfeita oração, além da qual nada maior pode ser concebido. Basicamente, esta é a oração que procuramos para estar presentes por inteiro quando praticamos a oração centrante. Como disse um sacerdote amigo meu, de modo bem concreto e realista:

Descobri que a única forma na qual realmente funciono é a partir dessa fonte, ou centralidade... Não concordo com o tipo de idéia de um "Deus-no-céu". Talvez a doutrina cristã da encarnação seja a melhor explicação que possa dar – Deus feito carne, trazendo esse potencial não apenas a um homem, Jesus, mas a cada homem. Para mim, Jesus mostrou em sua humanidade como se pode viver com amor incondicional, singularidade e serviço. Penso no exemplo de Jesus e descubro que essa é *minha* possibilidade... Somos criados à imagem e semelhança de Deus, porém, viver à nossa maneira, jogar nossos jogos, e agir de nosso jeito nos impedem viver a plenitude de quem somos.

O cardeal Suhard[27], com quem tenho uma dívida eterna por ter sido o primeiro a me fazer descobrir algo da vasta e estimulante implicação do que significa ser cristão, resume de modo bem conciso as fontes teológicas da realidade que procuramos para estar em contato com a oração centrante:

> Pela criação, Deus está presente em todas as suas criaturas. "Pois nele vivemos, nos movemos e existimos", diz São Paulo (*Atos dos Apóstolos 17, 28*). Em esplêndidas páginas de sua *Suma*, São Tomás retoma a afirmação "Deus está em todas as coisas": "Até onde a coisa tenha um ser... a necessária conclusão é que Deus está em todas as coisas, intimamente" (I, 8, 1). O que dizer, então, da presença de Deus na alma pela graça, uma presença que não é meramente a de Deus, o Criador imanente em sua criatura, mas a intimidade das três entidades divinas compartilhada conosco? "... a Ele viremos e nele estabeleceremos morada" (*João 14, 23*). (Carta Pastoral: *O significado de Deus na Igreja, hoje.*)

---

27. Emmanuel Célestin Suhard (1874-1949), cardeal, arcebispo de Paris durante a ocupação na 2ª Guerra Mundial. Propôs a adoção de novos métodos apostólicos e fundou a "Mission de Paris", prelúdio da experiência dos padres operários. (NR)

Ser quem somos

Santo Agostinho, com seu habitual vigor e ousadia, aborda o assunto deixando transparecer sua grande emoção:

> Aplaudamos e agradeçamos por não nos termos tornado somente cristãos, mas o próprio Cristo. Entendem, meus irmãos, a graça que Deus, Nosso Senhor, nos deu? Encham-se de admiração e alegria: nós nos tornamos verdadeiramente Cristos.

Se somos realmente um com Cristo pelo batismo, e Cristo está sentado à direita do Pai, então, também estamos no céu, à direita do Pai. O resto é ilusão? Não, porque Cristo também está realmente aqui – em todo lugar. Em todo lugar, em lugar nenhum, sentado à direita do Pai. Quando atingimos o centro, nosso ser mais verdadeiro, estamos onde Cristo mais verdadeiramente está. "Sou um com o Pai." "Tu, Pai, estás em mim e eu em Ti." Não estamos somente no céu, à direita do Pai, mas sim *no* Pai, com a Divindade, dentro da Trindade, do movimento de Amor, a torrencial cascata de amor que é o Espírito, fluindo do Pai para o Filho e do Filho para o Pai, e envolvendo-os e submergindo-os, e a nós também, no único Amor.

Quando atingimos o centro, deixamos para trás tempo, lugar e separação. Alcançamos nossa Fonte e ficamos no Ser do qual sempre fluímos e no qual sempre estamos, e fora do qual não somos. Tudo está ainda no mistério da Realidade. Não é apenas estar; é a Trindade, e amamos e somos amados. Há comunicação e certa comunhão de pessoas, de amantes. E nisto fomos batizados. Poderemos algum dia compreender plenamente o que o batismo significa? Não![28] "Vivo, mas agora não eu, Cristo vive em mim." Não

---

28. O autor sugere que toda explicação será sempre incompleta. (NR)

vive em cada um de nós como lugar, mas como ser. Nosso ser é o ser de Cristo, de certa forma – de uma forma incompreensível! É melhor simplesmente nos centrarmos e deixarmos que aconteça. Experimentemos; não tentemos explicar o que é!

A realidade do que é, de quem somos, é tremendamente maravilhosa. O triste é que a maioria de nós se distancie dessa realidade. Sentimos nossa contingência e desejamos desesperadamente criar ou encontrar algo de que possamos depender. Mas olhamos na direção errada. Olhamos para fora de nós, ou procuramos construir uma falsa identidade, uma frágil concha, cuja fragilidade óbvia nos deixa em constante estado de apreensão, na defensiva. Precisamos reverter essa direção, e ver e aceitar nossa verdadeira identidade. Com a descoberta de que nossa contingência repousa num Deus de infinito amor, intimamente presente, quanta segurança, quanta firmeza experimentamos! O amor de Deus por nós está provado pela maior das provas: ele enviou seu Filho para ser crucificado para nossa salvação. "Deus amou tanto o mundo que enviou seu Filho." E o que pode nos dar mais segurança do que o Deus infinito estar conosco em todos os momentos, fazendo-nos renascer em seu amor criador? Se somos tão amados por Deus, que doces criaturas devemos ser!

Em *The Climate of Monastic Prayer* (*A atmosfera monástica da oração*), último livro de Merton, que ele preparou pessoalmente para publicação, expressa isso com intensidade:

> Em primeiro lugar, a meditação deveria começar com a percepção da nossa nulidade e impotência na presença de Deus. Não precisa ser uma experiência triste nem desalentadora. Pelo contrário, pode ser profundamente tranqüila e prazerosa, uma vez que nos põe em contato direto com a fonte de toda alegria e de toda vida. Porém, uma das razões que impedem a meditação

talvez seja que nunca empreendemos esse verdadeiro e sério retorno ao centro da nossa nulidade perante Deus. Assim, nunca alcançamos a mais profunda realidade de nosso relacionamento com Ele.

Em outras palavras, meditamos apenas "na mente", na imaginação ou, na melhor das hipóteses, nos desejos, considerando as verdades religiosas de um ponto de vista objetivo e imparcial. Não começamos procurando "encontrar nosso coração" – isto é, mergulhar numa profunda percepção dos alicerces de nossa identidade diante de Deus e em Deus. "Encontrar nosso coração" e adquirir essa consciência de nossa identidade mais íntima implica reconhecimento de que nossa identidade externa, do dia-a-dia, é em grande medida uma máscara, uma invenção. Não é nossa verdadeira identidade. Na verdade, não é fácil encontrar nossa verdadeira identidade, pois ela está oculta na obscuridade e "nulidade", naquele centro onde estamos em dependência direta de Deus. Porém, uma vez que a realidade de todas as meditações cristãs depende desse reconhecimento, a tentativa de meditar sem ele nos leva a uma contradição. Algo como tentar andar sem os pés.

Este é o primeiro passo do método da oração centrante: ir além da falsa identidade e de tudo o que a constitui, retornando ao centro, entrando em contato com aquilo que é, sendo o que é. Uma vez ali, somos oração. Aceitando ser o que somos, oramos. Não há mais nada além disso, e nem poderia haver, porque teremos entrado na plenitude de Deus.

Sendo assim, por que o método? O método da oração centrante é como uma treliça. É da natureza da rosa trepadeira subir em direção ao sol para florescer. Sem a treliça, a planta não teria condições de subir, e cairia constantemente sobre si mesma, transformando-se num amontoado de galhos, com muito poucas flores. Porém, se oferecermos à roseira o suporte de uma treliça, poderá alçar-se, cada vez mais alto, em direção ao sol – o sol da Justiça e da Vida – e florescer em abundância.

O método da oração centrante nos ajuda a manter o verdadeiro sentido de quem somos; e cada vez que caímos sobre nós mesmos, ele nos auxilia a retornar a essa realidade. A silenciosa, suave e constante presença de nossa palavra de oração, nossa palavra de amor, apesar de freqüentemente imperceptível, é a treliça. E quando começamos a cair sobre nós mesmos, e *percebemos* que nossa atenção está voltada para outra coisa que não Deus – em outras palavras, quando retomamos a autopercepção e voltamos a olhar para o que estamos fazendo, em vez de nos concentrar em ser o que realmente somos, inteiramente alertas ao movimento dessa realidade do Filho para o Pai no amor que é o Espírito Santo – nossa treliça, nossa palavra de oração, com delicadeza nos dá apoio para que retornemos à liberdade de estar plenamente de acordo com nossa direção, com nosso movimento de amor.

Chegamos agora à terceira regra, e há alguma coisa às vezes difícil de entender quando passamos da oração ativa para essa forma de oração mais passiva, contemplativa. Na oração ativa, os pensamentos, e muitas vezes a imaginação, estão empenhados na oração em si, ou deveriam estar. E qualquer pensamento ou imagem que nos ocorra, que não faça parte da oração, é uma distração, algo que nos afasta da oração. Mas na oração contemplativa, ou oração do coração, respondemos a Deus em um nível diferente. Não quero dizer com isto que o coração, a vontade, não estejam presentes na oração ativa. Eles estão presentes – e bastante – mas muito em pensamento e imagens. Na oração centrante, o coração alcança Deus de modo direto, imediatamente presente no centro, que é a base de

Ser quem somos

nosso ser. Os pensamentos, as imagens, após sua participação inicial, não têm mais nada a ver com a oração do coração.

Lembra-se da história que Nosso Senhor nos contou sobre as noivas que esperavam pelo noivo? Como Ele tardasse, elas adormeceram. Quando Ele chegou, cinco delas, com candeias ardendo, estavam prontas; cinco, com as candeias já apagadas, não estavam. As cinco cujas candeias ardiam, mesmo dormindo, esperavam, estavam atentas, o fogo de seu amor pelo noivo ardia; as outras cinco, cujo amor se extinguira, não mais esperavam, dormiam.

Você alguma vez esperou ansiosamente por alguém? Enquanto esperava, pode ter conversado, lido ou se distraído de alguma forma; pode ter cochilado, mas seu ouvido estava sempre atento à porta. O menor ruído o trazia de imediato à plena atenção. Sua verdadeira atenção, seu coração, em nenhum momento estiveram com quem você conversava, ou na tarefa que fazia para passar o tempo; estavam sempre com aquele que iria chegar.

Lembro-me de uma manhã em que estava sentado no cais, na costa norte do Monte Athos, esperando pelo barco que me levaria ao continente. Enquanto aguardava, sem nenhuma idéia de quanto tempo teria de esperar, ocupei-me em escrever meu diário. Mas minha atenção estava sempre no barco que iria chegar, no promontório em que ele apareceria. O menor movimento naquela direção, qualquer ruído que se assemelhasse ao do pequeno motor da lancha, levavam meus olhos do papel ao promontório. Meus dedos estavam ocupados com a escrita, meus pensamentos estavam no que escrevia, mas meu coração estava em outro lugar.

Algo bem semelhante acontece na oração do coração ou oração centrante. É uma imensa alegria quando nossa oração é íntegra, quando a mente está quieta, a imaginação serena, e todo nosso ser, em harmonia com o repouso de nosso coração em Deus. Mas não é sempre assim. Na verdade, penso que isso seja um presente especial do Senhor, algo a ser apreciado e festejado quando nos é dado. Ocorre que nem sempre é a melhor coisa para nós, e é por isso que Deus, por vezes, não nos permite apreciá-lo. Na maior parte do tempo, embora nosso coração esteja em Deus, nossa mente e imaginação entretêm-se e ocupam o tempo com seus próprios artifícios. Não tem importância, não temos de nos preocupar com isso. Nosso coração está em Deus. Estamos em prece profunda, em comunhão, coração-a-coração, com o Senhor. Podemos não ter a mesma satisfação que experimentaríamos se pudéssemos gozar da sensação de paz e completude. Mas não oramos para nossa satisfação. Oramos em resposta ao grande amor de Deus por nós, para oferecer-lhe nossos corações. O resto é irrelevante. Se pensamentos ou imagens – ou qualquer outra coisa – de tempos em tempos, ou na maior parte do tempo, tentarem ou mesmo conseguirem nos desviar da atenção de nosso coração, não faz mal. Com nossa palavra de oração, calmamente retornamos ao nosso Amado, e teremos o mérito de mais essa opção por Deus, de mais esse explícito ato de amor.

Uma coisa é evidente: a importância de orar para estar simplesmente com Deus, sem outra expectativa. Se vamos à oração procurando ou esperando algum tipo de experiência, ou para encontrar paz ou quietude; se estamos preocupados em fazer isso direito, ou em obter determinado efeito ou resultado, não estaremos mais procurando Deus. Estaremos de alguma forma procurando-nos, procurando algo para nós mesmos, e não poderemos *estar* com Deus. Não poderemos entrar inteiramente no impulso essencial de nosso ser. Não conseguiremos praticar a oração centrante. Estaremos procurando por algo que pertence à nossa realidade superficial, dividindo nossa atenção, observando a nós mesmos, nosso próprio desempenho, satisfação e mérito. A oração centrante é muito simples, muito pura e, por essa razão, muito exigente; na verdade, totalmente exigente. Não deveríamos orar procurando obter alguma coisa, ser bem-sucedidos na prática da oração centrante, ou fazer isso direito. Procuremos apenas estar com Deus e deixar que aconteça o que tiver de acontecer. Aqui cabem as palavras de Dom Chapman, que cito com freqüência: "Reze como puder; não reze como não puder".

Conforme o movimento da oração centrante foi crescendo, desenvolvemos um *workshop* avançado em forma de retiro. Nesse tipo específico de *workshop,* os participantes praticam bastante o centrar-se. Só no decorrer da tarde há quatro meditações sucessivas, com uma breve caminhada meditativa entre uma e outra. À noite, os participantes compartilham em grupo suas experiências nas meditações daquele dia. Essa prática tem seus perigos porque, como já dissemos, tudo que acontece no decorrer da meditação, fora de nossa simples atenção a Deus, é irrelevante. Há muito pouco ou nada a dizer sobre a simples atenção a Deus, de modo que os participantes compartilham muito do que é irrelevante. De outro lado, essa partilha tem efeito benéfico. Nos relatos ao longo da semana, traz à tona com muita clareza a variedade de fatos que podem ocorrer enquanto estamos praticando, e como são irrelevantes. Transcrevo o relato de uma experiência em uma das tardes:

> A tarde foi interessante. A primeira meditação foi boa. Quase não tive pensamentos. Enquanto caminhávamos lá fora, pensei, "este será um bom dia". Mas, mal eu sabia. Quando retornamos e nos sentamos para a segunda meditação, no começo estava tudo certo. Então, comecei a ouvir música: a *Ouverture 1812.* A música estava na minha cabeça. Afinal, a música se esvaneceu e restou uma espécie de quietude. Saímos e caminhamos outra vez. Quando retornávamos para a terceira

meditação, a coisa me pegou. Era um papo sobre tornados. Tudo se apagou e, em certo ponto, comecei a sentir culpa. Esse sentimento foi crescendo, e comecei a ficar triste. De repente, a tristeza se foi e me senti muito feliz. Durante a terceira meditação – ou seria a quarta? – tudo parecia um paraíso...

Depois de ouvir mais ou menos uma dúzia de relatos como este dos nossos companheiros de meditação, noite após noite, começamos a compreender que tudo pode acontecer, que nenhuma meditação é um prognóstico do que pode acontecer na seguinte, que seria melhor não ter expectativas, mas apenas esperar em Deus e deixar que aconteça o que tiver de acontecer.

Os judeus da Síria têm uma série de histórias sobre um velhinho simpático chamado Mullernestredon. Um dia, esse bom homem foi visto muito empenhado em procurar algo na praça do vilarejo, em volta das árvores, embaixo das carroças, atrás das latas de lixo. Um amigo solidário aproximou-se e perguntou-lhe se havia perdido alguma coisa. "Sim, minha chave", respondeu. O amigo juntou-se a ele, ajudando-o a procurar. Após muitas horas de busca infrutífera e frustrante, o amigo decidiu interrogar o ancião: "Tem certeza de que perdeu sua chave aqui na praça? Quando você a viu pela última vez?". "Na mesa, lá em casa", foi a resposta. "Então por que, em nome dos céus, você a está procurando aqui?". "Porque aqui é mais claro".

Como Mullernestredon, muitas vezes procuramos Deus em nossos pensamentos e imagens, em nossos sentimentos e emoções, porque eles nos parecem mais iluminados. Mas não é onde Ele, em última análise, pode ser encontrado. Temos de procurá-lo nas profundezas de nosso ser, no centro, na base de nosso ser, detectado pela luz da fé, ou pelo abraço revelador do amor. Todos os sentimentos, pensamentos e imagens que flutuam à volta de nossa oração, não nos põem em contato com Ele. Estão "lá fora, na praça". Deus está dentro. E ali somos tão unos com Ele, que somos comunhão, união e prece.

Há outra história, esta do rabino Zuscha. Em seu leito de morte, perguntaram-lhe como achava que fosse o reino de Deus. O velho rabino pensou muito; depois respondeu: "Não sei mesmo. Mas uma coisa eu sei. Quando chegar lá, não me perguntarão, 'por que você não foi Moisés?', ou 'por que não foi Davi?', mas sim, 'por que você não foi Zuscha?'".

Esse é o objetivo da oração centrante: que sejamos quem realmente somos, em virtude do que nos aconteceu no batismo: o Filho do Pai no Espírito Santo, que é perfeito amor, perfeita oração.

VI
Pensamentos, pensamentos e mais pensamentos

Ao iniciar a prática da oração centrante, ao começar a compreendê-la, nenhuma outra área causa tanta dificuldade como a dos pensamentos. Não é de estranhar. Pertencemos a uma tradição que tem definido o homem como um animal racional – o animal pensante. O pensamento é muito apreciado e ricamente recompensado, seja ele o pensamento prático de um cientista, de um economista, de um sociólogo, ou o pensamento criativo de um literato. Muitos métodos de oração que predominaram na tradição ocidental nos últimos séculos enfatizaram pensamentos e imagens. Quando houve mais abertura para os sentimentos e as emoções, estes deveriam ter sido desencadeados em resposta à palavra de fé.

De mais a mais, seria sem dúvida mais fácil lidarmos com o problema dos pensamentos se a oração centrante, como o quietismo, exigisse apenas a supressão dos pensamentos. Mas não é assim. Mais que isso, exige um desapego, um afastamento daquilo com que nos identificamos tão intimamente – "penso, logo existo" – e assim permitir que Outro use nossos pensamentos: tê-los e, no entanto, não os ter.

Seria bom, portanto, dedicar alguns minutos a considerar cuidadosamente o papel dos pensamentos neste tipo de oração.

Para facilitar nossa discussão, apontarei cinco tipos de pensamentos. Na verdade, eles não são distintos uns dos outros e, na prática, não deveríamos nos preocupar em tentar classificar os pensamentos que surgem durante a oração. É só uma forma de organizá-los para clarificar minha explanação.

Em primeiro lugar, vamos falar do *pensamento simples,* um dos milhões que fluem o tempo todo em nossa mente, acompanhado por um número maior ou menor de imagens, tonalidades emocionais e estímulos físicos. Uma corrente constante desses pensamentos flui em nossa mente durante todo o tempo em que estamos despertos. Quando iniciamos a prece, eles continuam fluindo. Entretanto, nós, mansamente, adentramos as profundezas abaixo deles, e deixamos que fluam enquanto permanecemos no centro, com Deus.

Porém, conforme nos entregamos e nos situamos na profunda corrente da oração, de tempos em tempos, e algumas vezes nos parece que o tempo *todo,* muitas coisas – pensamentos ou imagens, sentimentos ou ruídos – nos prendem e nos puxam das profundezas para a superfície, solicitando imperiosamente nossa atenção.

Poderíamos classificar esse segundo tipo de pensamento como *pensamento capturador.* É o tipo de pensamento que mergulha nas profundezas, nos fisga, e nos alça de volta à superfície. E aqui se aplica nossa terceira regra: "Cada vez que, durante a oração, nos *apercebemos* de qualquer outra coisa, delicadamente retornamos à Presença pelo uso da palavra de oração".

Esse retorno pela palavra de oração deve ser muito suave, muito simples. Se lhe dermos muita importância, ou se começarmos a nos aborrecer conosco por causa do *pensamento capturador,* nos afastaremos ainda mais do centro e ficaremos mais perto da superfície.

Suponha que estamos conversando no nono andar de um edifício. De repente, uma grande comoção na rua, lá embaixo, perturba nossa conversa. Se eu deixar o local, tomar o elevador, atravessar o *hall*, sair à rua e mandar todo mundo se calar, só conseguirei interromper drasticamente nossa conversa durante mais tempo. Em lugar disso, precisaria apenas redirecionar minha atenção e continuar a conversa.

Para nadar embaixo d'água, preciso de muito ar. Faço algumas inspirações profundas antes de mergulhar na piscina. Sempre que preciso de mais ar, volto à superfície, inspiro depressa, e continuo debaixo d'água. Não saio da piscina para recobrar minha hiperventilação inicial cada vez que necessito de ar. Assim é também com a oração. No início, para ir para o centro, realizo atos explícitos de fé e amor. Mas uma vez na prece, cada vez que um *pensamento capturador* me distrai, não preciso repetir todos os movimentos iniciais de fé e amor. Em vez disso, tendo presente minha palavra de oração, que compreende toda minha relação de fé e amor a Deus, suavemente renovo minha oração retornando à Presença no centro.

O terceiro tipo de pensamento, que chamo de *monitor*, é de longe o mais perturbador. Na meditação ativa ou discursiva, podemos escolher uma cena do Evangelho; por exemplo, a mulher que encontra o Senhor Ressuscitado no caminho. Ponderamos essa cena, as palavras de Nosso Senhor, a reação da mulher. Procuramos entrar mais fundo em seu significado, despertar a emoção, desenvolver a motivação, tomar resoluções. Quando a oração termina, podemos olhar para trás e refletir: "Foi uma boa meditação. Tive bons pensamentos, realizei bons atos de vontade, tomei boas resoluções". Ou, "tive uma meditação péssima hoje, muitas distrações, senti-me completamente exausto".

O que isto me diz? Que todo o tempo em que estive rezando ou meditando, apesar de haver tido um olho em Deus, o outro olho esteve em mim, registrando tudo o que fazia. Este é o *monitor*, este olho em nós mesmos; ou melhor, nós mesmos.

A pureza da oração centrante repousa nisto: desta vez, os dois olhos estão em Deus. Pela primeira vez, quem sabe, começamos a cumprir o primeiro grande mandamento: "Ame ao Senhor, seu Deus, sobre *todas* as coisas...". Mas nosso "eu" não quer isso; quer manter um olho em nós – quer ser o *monitor*. Todo o sistema de avaliação de nossa cultura e de nossa sociedade reforça isso. Somos muito orientados a atingir resultados. Fazer alguma coisa e não acompanhar o que vai resultando está muito longe de nossa maneira usual de funcionar, mesmo na oração. Descobrimos e afirmamos nosso valor, nossas atividades, e nossa própria existência de acordo com nossa produtividade. Relaxar e esquecer os resultados, e apenas deixar-se estar e sentir prazer é um dom natural que perdemos por completo. Até nas horas de lazer, nas férias, nos fazemos cobranças em excesso. Se algumas vezes conseguimos relaxar e desfrutar de um copo de cerveja ou de uma xícara de café com um amigo, ou nos deixamos levar por uma profunda expressão de amor sem nos questionar imediatamente se valem a pena, é porque acreditamos que, no fim das contas, tais experiências e espaços são benéficos para o equilíbrio de uma boa vida produtiva.

E aqui, chamo a atenção para outro fator. Não há meio mais eficaz de destruir alguém do que simplesmente ignorá-lo. Quando brigamos ou ficamos zangados com alguém, estamos pelo menos confirmando sua existência e, de alguma forma, sua importância. Mas, quando o ignoramos por completo, ele simplesmente deixa de existir para nós.

Nossa identidade falsa, superficial e controladora, não quer deixar de existir, não quer morrer. Por isso, o *monitor* está ali, tentando acompanhar o que acontece, para confirmar sua presença e

Pensamentos, pensamentos e mais pensamentos

seu rendimento. Quando entramos na oração centrante, se tudo estiver correndo bem e estivermos pacificamente centrados no Senhor, o *monitor* não demorará a perguntar: "Como cheguei até aqui? O que fiz, precisamente? Pois quero ter certeza de poder fazer isto amanhã de novo". Ou: "Será que estou fazendo isto direito? Estarei fazendo o mesmo que essa pessoa ali a meu lado? O que direi sobre isto? O que estou conseguindo com isto?" etc.

Aqui, temos de aplicar de novo a terceira regra, e com certo rigor. Na verdade, quanto mais impiedosamente, melhor. O *monitor*, o servo do falso amor-próprio e do orgulho, lutará e se debaterá muito antes de morrer. Ele será o mais implacável inimigo da oração centrante, porque é ele que deseja estar no centro. A oração centrante é muito simples, mas não é fácil, precisamente porque envolve a morte de nossa identidade – a falsa, a identidade fabricada – para estar e viver por completo em Deus. Ninguém deseja morrer!

O quarto tipo de pensamento, eu chamo de *idéia brilhante*. As pessoas criativas são mais afeitas a ele, como também quem exerce o sacerdócio. Entramos na oração e, de repente, aí está: o sermão inteiro fica pronto; os problemas com os quais estivemos nos digladiando se resolvem, o projeto se completa, o capítulo está escrito, e assim por diante. Sabemos que quando dormimos, enquanto usufruímos de um descanso profundo, a mente pode continuar trabalhando, e com maior liberdade, em outro nível, dando significado a muitas coisas. Assim acontece também com a oração profunda. Entretanto, se durante a oração formos acometidos pela *idéia brilhante*, pela solução, pelo projeto e, abandonando a oração, começarmos a trabalhar com esse material, em geral concluímos que essas idéias ficaram no meio do caminho. Seguindo a terceira regra com fidelidade, deixando a *idéia brilhante* continuar seu caminho e indo adiante com a oração, essa idéia surgirá mais tarde, fora da oração, completa, pronta para nos servir.

Seja como for, o importante é a fidelidade à oração. E nessa fidelidade está a afirmação pela experiência do valor da oração em si, ou seja, de que a oração não visa resultados; antes, é o princípio do paraíso, o simples prazer em Deus, a realidade para a qual Ele nos criou.

Durante a oração centrante, podem surgir instantes de clara percepção de nós mesmos, nossas fraquezas, paixões, desejos, autoilusões. O tempo reservado à oração não é o mais apropriado para trabalhar esses temas. Se formos fiéis à oração, deixando que essas percepções vão embora, descobriremos que ressurgem com mais clareza e profundidade em ocasião mais propícia; por exemplo, durante o exame de consciência ou enquanto conversamos com nosso pai ou mãe espiritual. Então, estaremos em condições, e teremos a graça, de trabalhar com eles. Se deixarmos a oração e começarmos a abordá-los fora de hora, podemos nos ver em apuros. Além de lidar com as percepções, teremos de lidar também com as tensões que as acompanham, das quais o Senhor pretendeu nos livrar durante a oração.

Isto nos leva ao quinto tipo de pensamento, o *pensamento estressante*. Como disse no início deste capítulo, essas cinco categorias não se distinguem inteiramente umas das outras. Na verdade, os pensamentos que já consideramos, muitas vezes serão *estressantes*, se forem pensamentos acerca de relações e situações que nos causam ou já nos causaram tensão.

Há certos paralelos entre a oração profunda e o sono. Santa Teresa diria que: "Quando algumas pessoas iniciam a oração da quietude, cometem muitos enganos – elas se perguntam se estão realmente rezando, se alguma coisa está acontecendo, ou se estão apenas adormecendo..." Quando praticamos a oração contemplativa, entramos, por assim dizer, em outro estado de consciência. Para a maioria de nós, a única experiência dessa passagem é a de cair no sono, passando do estado de vigília para o sono. Como sabemos, sem o uso de artifícios como drogas não podemos nos obrigar a dormir. Quanto mais tentamos, aliás, menos conseguimos. Só temos melhor sucesso criando condições propícias, relaxando e nos entregando. É assim também com a oração contemplativa ou profunda. E é exatamente esse o método da oração centrante: um meio simples e eficaz de nos predispor e criar condições propícias que nos permitam passar ou mesmo ser arrancados de nosso estado habitual de auto-reflexão para outro de pura percepção (usando a expressão que Merton costumava utilizar). Então podemos simplesmente estar presentes à realidade, a Deus, e a tudo o que está em, e é de Deus – de forma indivisível. Qualquer esforço de nossa parte para produzir esse estado só nos atirará de volta a nós mesmos; terá efeito inverso àquele que procuramos.

Existe ainda outra semelhança entre o sono e a oração profunda. Aqueles que estudaram o assunto em laboratórios de ciência do comportamento nos dizem que quando uma pessoa normal dorme tem muitos sonhos, dos quais se lembrará ou não. Observando o movimento rápido dos olhos, os cientistas podem dizer quando a pessoa está entrando no estágio dos sonhos. É possível fazer uma pessoa adormecida não sonhar, com estimulação suave cada vez que começa a entrar no estágio dos sonhos. Porém, esses cientistas constataram nas experiências que uma pessoa continuamente privada de sonhar, mesmo por um curto período de tempo – algumas noites – fica vulnerável a sofrer um episódio psicótico. Os sonhos são uma forma importante de alívio da tensão acumulada.

Há aqui um paralelo entre o papel dos sonhos e o dos pensamentos que fluem em nossa mente durante a oração profunda. Os sonhos aliviam as tensões da vida enquanto dormimos. Os pensamentos e imagens que fluem em nossa mente enquanto repousamos na oração contemplativa fazem o mesmo.

São precisamente esses pensamentos e sentimentos mais estressantes que se agarram a nós com mais força. São eles os que mais nos fisgam e nos puxam para fora da oração. Se respondemos ao pensamento, sentimento ou imagem, e começamos a trabalhar com eles, aumentamos a tensão que nos causam. Entretanto, se naquele momento em que nos *apercebemos* do pensamento conseguirmos deixá-lo apenas fluir, retornando suavemente ao centro com nossa palavra de oração, a tensão se escoará de nossa vida.

É dessa forma que o Senhor nos renova também psicologicamente durante a oração profunda. Deus permite que pensamentos, sentimentos, memórias e imagens fluam na superfície de nossa mente, e os usa para libertar-nos da tensão acumulada. O importante é relaxar e deixar que Ele os use. Na oração contemplativa, pensamentos e imagens não mais são nossos. São de Deus. Somos dele por inteiro. Relaxamos, e apenas deixamos que Ele assuma o controle, e faça o que quiser de nossa vida e de nossa oração.

Assim, quando entramos no caminho da oração contemplativa, temos de nos submeter a uma mudança de atitude em relação aos pensamentos. Numa oração ativa como a meditação discursiva, o pensamento é parte importante da oração. E qualquer pensamento que não seja parte ativa da oração é uma distração, algo que nos desvia da oração, algo ruim. A partir dessa experiência passada, talvez desenvolvamos um preconceito contra os pensamentos: quaisquer pensamentos que não façam parte da oração serão ruins. E, uma vez que na oração contemplativa não usamos qualquer tipo de pensamento, todos os pensamentos são ruins – algo a ser deplorado, a ser combatido. Mas isto é um erro. Na prece contemplativa não há distrações. Há pensamentos, e eles são bons se os deixamos ir embora, para que Deus disponha deles da maneira que desejar.

É neste ponto que devemos morrer para nós mesmos na oração centrante. Nem nossos próprios pensamentos podem ser considerados como nossos. Todos eles devem ser oferecidos ao Senhor, para que ele faça o uso que desejar. Longe de execrá-los, ou vê-los como algo ruim, seu valor é confirmado, já que são considerados dignos de serem oferecidos ao Senhor e por ele usados. A oração centrante não nega o valor dos pensamentos e das imagens – atribui a eles um papel diferente, uma forma diferente de nos tornarem capazes de ir para além deles, para a realidade que buscam expressar, para uma liberdade maior, uma união mais pura e íntima. Portanto, pensamentos, pensamentos e mais pensamentos... Deixe-os fluir, deixe-os ir embora; vá para além deles, para a Realidade!

VII
Progredir na oração centrante

Gostaria de compartilhar com vocês três reações à oração centrante.

Recentemente, conduzi um *workshop* sobre oração centrante para diretores espirituais de seminários. Após a apresentação inicial, um deles perguntou: "É essa a forma de oração para a qual deveremos conduzir os que orientamos, com a idéia de que quando lá chegarem ali permanecerão?"

Em outra ocasião, um jovem religioso partilhava comigo sua experiência em oração. Ele me contou que, depois das primeiras experiências com a oração contemplativa, se perguntou: Isto é tudo?

Enfim, um padre que vinha praticando a oração centrante há vários anos escreveu-me de Roma, logo após sua eleição para superior geral de sua congregação: "Com relação à oração, tudo o que posso dizer é que, quando não a pratico, sinto que perdi algo. Sinto falta".

Parece-me que aquele diretor espiritual, não muito entrosado com a oração centrante, ou ainda sem prática, abordava a oração como um empreendimento. O que é muito comum. Em nossa sociedade orientada para resultados, tendemos a considerar tudo como um projeto – algo a ser realizado, completado com sucesso. Visa-se a um produto final determinado, mensurável. Na oração, o programa está alinhado de acordo com o ensinamento tradicional. Se estamos em contato com o ensinamento mais antigo, pensamos em termos de *lectio, meditatio, oratio, contemplatio*: receber a Palavra de fé, pela audição ou pela *leitura*, internalizá-la pela resposta de fé na *meditação* discursiva ou imaginativa, responder a ela com a *oração* afetiva e viva, para afinal desfrutá-la em silenciosa *contemplação*. Entenda-se que nenhum desses quatro estágios costuma ocorrer em separado, como um estado ou caminho de oração completo. Em geral, ocorrerá uma mistura. Na oração centrante, por exemplo, começamos com um momento de recordação, chamando à memória a palavra de fé. Depois, refletimos sobre ela e respondemos à realidade da qual nos fala. Em seguida, dirigimo-nos ao centro, à Presença, com amor cheio de emoção. E ali permanecemos em contemplação. Os quatro estágios estão presentes, e um predomina: a contemplação. Este último é visto como o objetivo quando a oração é concebida como um projeto: queremos atingir o estágio em que predomina a contemplação. Ou, usando outra terminologia, talvez mais clássica: a finalidade é concebida como passagem pelos estágios purgativo e iluminador em direção ao unitivo, no qual, na oração – e, cada vez mais, também fora dela – poderemos reter a sensação de unidade com Deus, permanecer em sua presença, tocá-lo e apreciá-lo em todas as criaturas e em todas as coisas.

    Este, com certeza, é um estágio que todos queremos desfrutar na vida. E estaremos sendo realistas se pensarmos que chegaremos a ele aos poucos, que o conseguiremos pelas práticas espirituais e, sobretudo, se orarmos com seriedade. Mas aqui detecto uma falácia. É a tendência de identificar experiências individuais com certos estágios de desenvolvimento. Em especial, é identificar certa forma de oração – um tipo de oração contemplativa, como a oração centrante – com certos estágios avançados de aperfeiçoamento, e formular um projeto para alcançar esses estágios.

Toda oração cristã implica, em alguma medida, voltar-se para Deus em detrimento do *eu*; alguma aceitação, mesmo implícita, de sua revelação pessoal, e uma resposta a isso. Isto indica algum progresso. Porém, à parte essa conversão básica ou esse voltar-se a Deus com a mente e o coração, não acho que possamos relacionar nenhuma forma de oração com um estágio ou grau específico de progresso na vida cristã ou religiosa.

Não pretendo negar a validade dos critérios de São João da Cruz para discernir quando somos chamados à oração contemplativa. Pelo contrário; acredito que seus critérios são preenchidos com mais freqüência do que suspeitamos. Além do mais, temos de ter em mente que sua época era bem diferente da nossa; temos de estar afinados com os "sinais dos tempos". Com as grandes alterações que ocorreram em nossa cultura, costumamos estar mais abertos para a experiência direta com Deus e mais necessitados dela do que outrora, quando a abordagem conceitual de Deus e da oração predominava em algumas de nossas comunidades cristãs.

Guilherme de Saint-Thierry escreveu um pequeno, belo tratado: *On the Nature and Dignitity of Love* (*Da natureza e dignidade do amor*), no qual descreve o desenvolvimento dos cristãos, usando como analogia o desenvolvimento humano normal desde a infância, passando pela juventude e maturidade, até a sabedoria dos mais velhos. Concluindo sua rica e bela descrição, que inclui reflexões profundas e amorosas sobre Nosso Senhor Jesus Cristo, Guilherme diz:

> Devemos lembrar, no entanto, que os estágios do amor (que podemos substituir pela palavra *oração*, pois ela não é senão

uma expressão de amor) não são como os degraus de uma escada. A alma não deixa para trás o amor menor, quando vai adiante em direção ao amor mais perfeito. Todos os degraus do amor movem-se juntos, com se fossem um só e, por esta razão, a experiência de outras almas na escalada do amor pode muito bem seguir uma ordem que difere muito da que descrevi.

Em outras palavras, se pensarmos em termos de galgar degraus, precisamos ver a escada deitada no chão, para podermos estar em todos os degraus ao mesmo tempo.

O desenvolvimento na vida cristã é uma questão de intensificação, de crescer em busca do amor a Deus em Cristo, com *toda* a mente, *todo* o coração, *toda* a alma e *toda* a força. A qualquer momento, mente, coração, alma e força deveriam estar prontos para atuar, cada um com sua própria intensidade. Num dado momento, podemos desfrutar de uma profunda experiência de união com Deus em um nível, devido ao toque de sua graça, enquanto em outro nível ainda estamos lutando com cruas paixões. Ou seja, pode-se desfrutar da forma contemplativa de oração enquanto ainda se necessita e se sofre um processo de purgação e purificação em relação a certas tendências desviantes, e um processo de aumento da compreensão de aspectos básicos da revelação divina.

É errôneo identificar a oração contemplativa com determinado estado de perfeição cristã, ou considerar como praticante quem lá tiver chegado. A forma contemplativa de oração é um caminho aberto a qualquer um que verdadeiramente procure por Deus. E é o tipo de experiência de oração que em geral mais ajuda no progresso da vida cristã, na purificação e iluminação e na permanência mais integral em união com Deus, com tudo e através de tudo. Dessa forma, não é alguma coisa a ser trabalhada como um objetivo, mas apenas um caminho a percorrer e uma experiência que pode ser desfrutada – e batalhada – por todos os que procuram por Deus.

Isto significa, então, que a experiência da oração contemplativa está aberta ao desenvolvimento. A experiência inicial de união com Deus não é a experiência final. Aquele jovem religioso estava certo quando perguntou, após suas primeiras experiências: "Isto é tudo?" E, naquele momento em que relembrava isso comigo, ele já sabia muito bem a resposta, uma vez que vinha sendo fiel à oração contemplativa há vários anos, e agora sabia que era uma experiência de evolução.

Mas, trata-se de uma experiência, e de uma experiência além do pensamento, sentimento ou emoção. Portanto, não estamos mesmo aptos a captá-la em palavras. A experiência é boa; na verdade, faz parte da essência de nossas vidas. Uma vez que tenhamos começado de fato a entrar em contato com ela, a conhecê-la realmente, diremos como aquele superior geral: "Quando não a pratico, sinto que perdi algo. Sinto falta".

Parece-me que a analogia com o amor no casamento é a que melhor ajuda a entender e a apreciar a experiência contemplativa. O próprio Deus, no Velho Testamento, muitas vezes recorreu à analogia do amor humano quando desejou transmitir a seu povo a plenitude e a intensidade de seu amor. Nós, seguindo talvez não poucos Padres, temos tendência a ficar chocados com essa descrição tão literal do amor de Deus por nós, e depressa a espiritualizamos, reduzindo-a a mera imagem. Mas é precisamente seu sentido no nível da experiência que faz do amor humano uma imagem tão adequada e, em última análise, apta a ser elevada à ordem sacramental como o sinal do amor de Cristo por nós, sua Igreja, no Novo Testamento.

A analogia tem muito a nos dizer sobre a oração experiencial. Aqueles que procuram no ato conjugal apenas experiências gratificantes em vez de considerá-lo como a forma mais íntegra de expressão do verdadeiro amor humano, logo constatam que ele perde o poder de satisfazê-los. Procuram novas técnicas, posições, abordagens, para aumentar e variar a estimulação mas, a longo prazo, deparam com a inevitável frustração ou, na melhor das hipóteses, com algo bem longe da plena satisfação humana. Assim também quem usa métodos de meditação ou de oração à procura de experiências, logo perguntará, como o jovem religioso: "A contemplação é só isto?" E logo estará experimentando outros métodos, procurando diversificar tradições e mestres. Mas se está mesmo procurando Deus, se assume um método como a oração centrante como meio de expressar seu amor e seu anseio por Deus de modo mais pleno, mais íntegro, mais livre, então o método descerra não apenas uma experiência gratificante, como permite o desdobramento gradual da experiência, e algumas vezes, bem rápido. Recém-casados ficariam muito desapontados e desiludidos se pensassem que sua primeira tentativa desastrada de fazer amor fosse tudo o que o sexo no casamento tem a dar. Mas, conforme fiquem mais à vontade e tenham maior familiaridade com as expressões do corpo, este poderá fazer seu devido papel de veículo de completude do amor humano e sacramental, revigorado pela graça. Assim, livre de expectativas exorbitantes, a experiência física revelará seu potencial como parte de uma realização da união ainda mais completa do amor e da vida. E assim também a experiência contemplativa de Deus, em harmonia com todo o desenvolvimento da vida cristã, que ela fomenta e amadurece, tornar-se-á, diariamente, uma experiência mais rica, mais completa.

Mas o aumento qualitativo daquilo que não se pode exprimir também não se expressa em palavras. Só saberemos que essa experiência é a expressão cada vez mais significativa e completa de nosso ser pela experiência em si e, até certo ponto, por seu transbordamento em nossa vida.

Quando criança, nas noites de verão gostava de sentar-me no degrau mais alto da varanda, e apenas ali ficar. Era indescritivelmente bom estar ali. Atrás de mim, meus avós sentavam-se em silêncio nas cadeiras de balanço. Era raro trocarem uma palavra. Agora entendo que o que isso tinha de tão bom, e constituiu uma experiência memorável para mim, eram as correntes de amor que fluíam entre os dois, cujo entendimento e comunhão amadureceram através de décadas. E essas correntes me envolviam. O homem ou a mulher cujo amor por Deus amadureceu ao longo de anos de intimidade é aquele que traz, com sua presença, esse amor envolvente. Costumamos chamar essa pessoa de santo. Entretanto, a própria pessoa em geral está demasiado imersa nessa corrente de amor e em sua irradiação, para notar qualquer coisa de especial acontecendo lá fora. Em relação à realidade interna, pode dizer, como o profeta Isaías, "meu segredo a mim pertence. Meu segredo a mim pertence".

Mas muitos ainda estarão inclinados a perguntar se, quando avançamos na oração centrante, não podemos perceber algum progresso. Não adquirimos maior facilidade? Não haveria menos pensamentos, uma paz maior etc.? Penso que podemos responder sim a essas perguntas. Porém, digo isto com certa hesitação e temor. Porque, assim que começamos a ter alguma expectativa com relação à oração, procurando de certa forma alguma coisa para nós mesmos, ao invés de pura e simplesmente procurar por Deus, desvirtuamos a pureza da oração e retardamos nosso progresso.

Não há dúvida de que, quando nos postamos repetidamente em oração, a prática se torna mais fácil. À medida que a oração adquire mais significado para nós, certa ansiedade nos ajuda em nosso propósito. Conforme um amor maior vai nos compelindo a procurar por Deus com maior devoção, mais prontamente deixamos as preocupações menores para nos voltar à Presença nas profundezas de nosso ser. Nossa palavra de oração nos leva a essas profundezas com facilidade cada vez maior. Em momentos de quietude, quando nem estamos pensando na oração, a palavra surge, espontânea, e nos conduz ao prazer de um momento de repouso no centro.

Com relação aos pensamentos, sim, *em geral*, podemos esperar que, *após algum tempo*, eles interfiram menos, ou pelo menos estejamos mais à vontade para lidar com eles. O fluxo superficial de pensamentos e imagens depende muito de nossas próprias elaborações. Alguns serão sempre mais dados a pensamentos e sensações do que outros. Mas, à medida que avançamos em amor e desapego – dois dos muitos frutos da oração – o pensamento tem mais dificuldade em nos prender e puxar para fora da Presença, do centro. A experiência nos ensina cada vez mais a ignorar as inspirações, aparentes ou reais, e as idéias brilhantes. Compreendemos que elas em geral ainda estão "verdes", e que emergirão outra vez, em algum momento livre, quando dispusermos de tempo para avaliá-las e usá-las. Quanto ao nosso pequeno amigo, o monitor da auto-reflexão, com o crescimento do amor centrado em Deus e o desapego por nós mesmos, e apenas o ignorando, irá cedendo aos poucos – ao menos até certo ponto. Como nos assegura o autor de *A nuvem do não-saber*:

> Caso algum pensamento exerça pressão sobre você, perguntando-lhe o que você gostaria de ter, responda só com esta palavra [Deus, amor, ou outra palavra, de uma sílaba, de sua preferência.] e nada mais. Se o pensamento lhe propuser, de acordo com seu grande saber, analisar essa palavra e dizer-lhe o que significa, diga ao pensamento que você quer guardá-la como

um todo e não em fragmentos ou solta. Se você quiser manter-se firme neste propósito, pode ter certeza de que o pensamento não permanecerá por muito tempo. E por quê? Porque você não permitirá que ele se alimente com essa espécie de "doces meditações" que mencionamos antes. (Cap. 7)

Uma paz crescente nos permitirá andar pela vida com menos tensão, e embeber-nos repetidamente na oração aliviará as tensões acumuladas no passado, diminuindo assim os pensamentos vindos delas. Portanto, com o passar do tempo, em geral estaremos cada vez mais livres de pensamentos, para desfrutar da Presença sem interrupções.

Com tudo isto, deixei de lado a possibilidade de uma atividade crescente por parte de Deus para nos atrair a uma experiência mais profunda com Ele, por meio da graça, que alguns autores chamaram de contemplação passiva. É claro que o Senhor está sempre livre para tomar iniciativas e, se o desejar, para levar-nos tão além de nosso próprio centro, para dentro dele mesmo, que só podemos falar em êxtase. Mas, até Ele tomar conta, haverá sempre alguma atividade mental. Devemos esperar por períodos de dificuldades recorrentes, enquanto Ele nos guia para a liberdade cada vez mais profunda, pela mais completa purificação.

Em cada um dos estágios, a regra permanece a mesma: cada vez que *nos apercebamos* de alguma coisa, simplesmente deixemos que flua, e com suavidade retornemos ao centro, usando nossa palavra de oração.

Uma vez que o desenvolvimento de que aqui falamos é essencialmente uma questão de experiência, só pode ser conhecido pela experiência. Quando falam sobre isso, os Padres repetem – e admito que soe a princípio um tanto arrogante: "Aqueles que já experimentaram sabem do que estou falando. E aqueles que não experimentaram, orem para ter essa experiência, e então saberão do que estou falando".

Costumo contar que, se antes de eu entrar para a vida monástica alguém tivesse me dado uma idéia da dor e da angústia que encontraria como monge, teria tomado depressa o rumo oposto, porque ninguém jamais me poderia mostrar a experiência de amor que eu encontraria. Essa experiência só pode ser adquirida pela vivência. Depois de ter essa experiência, nunca, nem por um dia, uma hora, ou um momento, me arrependi de ter respondido ao piedoso e generoso convite do Senhor.

Devemos entrar na experiência da oração centrante e deixar que Deus se revele a nós, dia após dia. Entrei na vida monástica e nela fiquei tempo suficiente para "experimentar e ver quão doce é o Senhor", porque ouvi *e vi* o testemunho daqueles que quiseram partilhar esse caminho comigo. Da mesma forma, temos de ouvir o testemunho e ver os frutos da oração centrante na vida dos outros, para que nos induzam a praticá-la fielmente até que ela mesma nos revele seu significado. Por nossa vez, devemos partilhar o que recebemos e deixar que a beleza do trabalho do Senhor em nossas vidas se irradie, para que outros possam sentir-se atraídos a iniciar a prática e nela perseverar; até que eles também a conheçam e possam partilhá-la. "Graciosamente recebeste, graciosamente doarás."

Portanto, temos razões para esperar progredir na oração centrante. Mas não devemos esperar em primeiro lugar por esse desenvolvimento, nem tentar avaliá-lo pelo que ocorrer no nível dos pensamentos ou sentimentos durante a oração. A redução dos pensamentos, o sentimento de paz e tudo mais que ocorrer será acidental, e não a regra. Acima de tudo, precisamos evitar iniciar a oração com expectativas. As expectativas envolvem a procura de coisas para nós mesmos, de alguma forma, a procura de nós mesmos, e isto corrói a essência mesma desta oração, que é, fundamentalmente, total e pura procura de Deus, total e completa entrega a Ele. Só pela permanência repetida nesta oração de total entrega, pouco a pouco morremos para nossa falsa identidade e vivemos mais livres em Deus. Assim, chegamos a conhecer mais, e mais plenamente, a experiência de sermos um com nosso verdadeiro Deus, por meio de uma união de amor.

VIII
Uma escola de compaixão

Na Introdução ao livro *The Mysticism of the Cloud of Unknowing* (*O misticismo da nuvem do não-saber*) de William Johnston, Thomas Merton escreveu:

... o misticismo tende a inspirar apreensão, mesmo em mentes religiosas. Por quê? Porque o místico tem de se render a um poder de amor que é maior que o amor humano, e que avança em direção a Deus numa escuridão além da luz da razão e do conhecimento humano conceitual. Além do mais, não há uma forma infalível de prevenir o místico de erros: ele nunca poderá estar perfeitamente seguro a respeito de qualquer técnica humana. Só a graça de Deus poderá protegê-lo e guiá-lo. Em outras palavras, quando falamos de misticismo estamos falando de uma área na qual o homem não está mais em pleno comando de sua própria vida, de sua própria mente, ou de sua própria vontade. Ainda assim, uma vez que se rende a um Deus que é "mais íntimo para ele do que sua própria individualidade" (*intimior intimo meo*, nas palavras de Santo Agostinho), o misticismo previne uma verdadeira alienação. Numa união mística, Deus e o homem, embora sem dúvida metafisicamente distintos, são prática e vivencialmente "um Espírito", nas palavras de São

Paulo (*1 Coríntios 6, 17*), citado neste sentido por cristãos místicos ao longo de séculos. Porém, uma vez que existem outros "espíritos" e também porque o homem não possui uma faculdade natural que possa fazer, por si mesma, um julgamento final da experiência transcendental que está ocorrendo em seu íntimo, um falso misticismo não só é possível, como relativamente comum.

O Padre Merton coloca o dedo em algo que é uma preocupação muito viva, com que deparamos sobretudo quando temos contato com certo tipo de oração ou começamos a vivenciá-la, e que nos leva além de pensamentos e imagens.

Deus, nosso Pai muito amoroso, empreendeu toda a criação simplesmente para compartilhar a generosidade e a excelência de sua vida e de seu amor. E deu-nos a oportunidade de compartilhar dessa generosidade e excelência de maneira divina. Deu-nos o poder da livre escolha. Uma vez que temos essa liberdade, temos também o poder de ficar aquém do objetivo – podemos escolher algo menor do que Deus. E fazemos isso mesmo. Escolhendo coisas menores e fazendo delas nossos deuses, tornamo-nos uma fonte de mal, não só para nós próprios como para os outros. E assim, como diz São Paulo, temos de lidar com uma lei interna que tende a nos desviar do caminho e a procurar por nós mesmos. Mas, se nos voltarmos realmente para Deus no fundo de nosso ser, estaremos nos voltando para a fonte e assim seremos reorientados e tudo mais entrará em harmonia.

Uma completa reintegração não acontece de imediato, nem por nosso próprio poder, mas pela graça de Deus. Em geral, é um processo moroso. A oração contemplativa, oração centrante, é uma das formas mais eficazes de nos abrir para essa graça e também de nos ajudar a cooperar com ela.

Uma escola de compaixão

❋

Como disse o padre Merton, entre nossas faculdades humanas não consta a capacidade de um julgamento imediato sobre o que acontece na prece contemplativa, que está além do pensamento e da razão. A única forma de conseguir um autêntico discernimento é usando a norma que Nosso Senhor mesmo nos deu: "É pelo fruto que se conhece a árvore" (*Mateus 12, 33*). Podemos dizer se estamos seguindo o caminho do amor, guiados pelo Espírito Santo, o Espírito de Amor, pelos frutos produzidos em nossa vida. "Nisto reconhecerão todos que sois meus discípulos, se tiverdes amor uns pelos outros" (*João 13, 35*). Esse amor verdadeiro será acompanhado por todos os demais frutos do Espírito: "alegria, paz, longanimidade, benignidade, bondade, fidelidade, mansidão, autodomínio". (*Epístola aos Gálatas 5, 22-23*). Tais frutos nos mostram que estamos agindo no Espírito do Amor. Penso que todos podem ser resumidos numa palavra, e essa palavra é *compaixão*. Tornamo-nos pessoas compassivas; sentimos e estamos, de forma sensível e consciente, com a realidade, com Deus, sua criação, com as outras pessoas, com nosso verdadeiro ser.

Gostamos de estar *com*, em harmonia com, confortáveis com, afins com. É uma inclinação natural. Sentimo-nos bem quando estamos em comunhão com os outros. Sentimo-nos bem quando há compatibilidade. Queremos alcançar harmonia e integração. É isto que procuramos na oração centrante: deixar interpretações superficiais, falsas e limitativas, para estar com quem verdadeiramente estamos e ser o que verdadeiramente somos: criaturas, nascidas do amor de Deus, unas com o resto da criação, inteiramente orientadas a buscar nele a completude da vida e do amor; e cristãos, aos quais foi dada a natureza de Cristo, orientados para ser, em Cristo, com o Espírito, uma completa afirmação ao Pai.

Oração Centrante

✺

Um dos efeitos imediatos da oração centrante, o de vivenciar nossa identificação com Deus e com a criação e com todas as outras pessoas, é uma percepção dolorosa de nossa alienação. Quando nos centralizamos, experimentamos quão alienados somos. Alienados, em primeiro lugar, de nós mesmos. Entramos em um território estranho para nós que vivemos por tanto tempo no território fictício de nossa identidade falsa, superficial. Tornamo-nos tão acostumados com o território da dessemelhança, que quando retornamos a nossos verdadeiros lares no território da semelhança, não os reconhecemos. E há motivo, senão para o desconforto, ao menos para o assombro, pois nossa verdadeira identidade é misteriosa. Não pode ser definida ou compreendida de pronto, tal como a falsa identidade que nós mesmos construímos. Não, nosso verdadeiro ser é uma participação no Ente Divino. É uma imagem do próprio Deus. É uma criatura de imensa beleza, nutrida com o mais delicado e ilimitado amor. Este ser verdadeiro é muito diferente daquele com quem tão triste e dolorosamente nos identificamos por tanto tempo.

Entramos em contato com outras alienações também. Acima de tudo está a alienação da nossa Fonte. Como essas correntes que atravessam nossa vida estão em desarmonia com as puras correntes de amor das quais afinal fluímos! (Já que a oração centrante nos põe em contato tão profundo com a realidade de nossos pecados e nossa tendência ao pecado, pode ser indicada para os serviços de penitências da missa ou para a celebração do sacramento da reconciliação.)

Percebemos também o quanto estamos alienados dos outros, mesmo dos que, em níveis mais superficiais, consideramos mais íntimos e mais caros. Reconhecemos com quantos aspectos deles nos deixamos envolver, quanto deixamos de afirmar e valorizar.

Reconhecemos realidades ainda mais pungentes e angustiantes: a realidade de como outros seres humanos, tão intimamente unos conosco na Fonte da Vida, são explorados, às vezes até a morte, para que nós possamos viver com todo o conforto e abundância que desfrutamos.

Vivenciamos também nossa alienação de uma criação que exploramos sem escrúpulos.

Em todas essas experiências, a oração centrante pode ser muito dolorosa. Talvez por isso muitos encontrem dificuldade em permanecer fiéis à prática, apesar de a experiência da oração lhes ser tão benéfica em muitos aspectos. Mas apesar de tudo, queremos praticar. É um processo pelo qual devemos passar.

No Monte Athos, em uma das igrejas centenárias, fiquei surpreso com um afresco de cores brilhantes e irresistível beleza. Fiquei admirado, já que a maioria das pinturas das paredes se escondem sob profundas camadas de fumaça de lamparina e de incenso, acumuladas por anos e anos. Contaram-me a seguinte história: em certa ocasião, alguns curadores vieram do continente, com o fim de restaurar esses antigos afrescos. Pediram aos monges que lhes permitissem ao menos demonstrar as possibilidades da restauração. Quando os artistas começaram a aplicar as substâncias restauradoras, as imagens escuras perderam-se por completo junto com a sujeira, a poluição e a fuligem que eram retiradas. Alarmados, os monges não permitiram que o trabalho continuasse, pensando que tudo se perderia. Somente mais tarde, quando os curadores já haviam partido, a película de sujeira tratada soltou-se e a antiga pintura reapareceu em sua luminosidade original.

As vezes, enquanto o trabalho de restauração da imagem divina em nós se processa sob as mãos do divino curador durante a oração centrante, temos de confiar nele plenamente e deixar, com paciência, que as camadas de sujeira venham à superfície e se dissolvam. Apesar de sentimentos ambivalentes, ou de acharmos que tudo o que estamos vivenciando é uma grande e vasta confusão de pensamentos, sentimentos e imagens mais escuros do que claros, precisamos ser fiéis à prática diária da oração.

Será um processo delicado, mas persistente. Esta é uma das razões pelas quais sugerimos que a meditação tenha duração relativamente curta – vinte minutos mais ou menos – para que tudo não aflore de uma só vez e não tenhamos muito a enfrentar. Nesta oração, ao mesmo tempo em que nos confrontamos com nossa lamentável confusão, estamos em contato com a Fonte de toda graça e poder, e ouvimos suas palavras tranqüilizadoras: "Basta-te a minha graça" (2 *Coríntios 12, 9*). Então poderemos prosseguir confiantes e em paz.

Essa dolorosa percepção de nosso pecado e alienação é, na verdade, o reverso de algo muito belo que vivenciamos. Experimentamos nossa alienação de nós mesmos precisamente porque estamos entrando em contato com nossa verdadeira identidade, essa esplêndida, maravilhosa criatura que é a imagem do próprio Deus, que é una com o Filho de Deus, que a cada instante renasce do imenso, criativo e vivificante amor de Deus. E então percebemos como somos belos, dignos de amor.

Os psicólogos nos ensinam que o ser humano vivencia no nascimento uma ansiedade primal ao ter de deixar o útero. Nos meses que se seguem, a criança se identifica por completo com a mãe. Mas, após algum tempo, necessita tornar-se autônoma e começar a desenvolver sua própria personalidade. Ou seja, nos primeiros meses precisa ser dependente; mas, no devido tempo, necessita desprender-se e desenvolver um sentido de identidade própria, ou nunca conseguirá andar, falar, e assim por diante: precisa

Uma escola de compaixão

vivenciar "eu sou". Com uma mãe amorosa, dedicada, ela ganha confiança. Pode superar o medo da separação, a ansiedade. Pode sentir sua própria excelência. O amor e o carinho da mãe afirmam sua existência. No entanto, se a mãe não tiver sido amorosa, dedicada, assertiva, a criança será ansiosa, insegura. Não poderá ir adiante, se apegará a uma relação simbiótica com a mãe.

Conforme a pessoa cresce e caminha pela vida, em situações de grande crise é natural que regrida e faça contato com essa boa e confiável identidade amada pela mãe, e aí encontre coragem para seguir adiante e enfrentar a crise. Porém, se a experiência inicial tiver sido ruim, ao retornar a ela encontrará apenas mais ansiedade e não terá coragem para seguir adiante. É triste dizer que, nestes tempos, talvez haja mais e mais pessoas que não tiveram uma boa experiência inicial com o amor afirmativo e dedicado das mães. É aqui que a experiência da meditação pode ter uma qualidade maravilhosa de cura.

Na oração centrante regressamos, por assim dizer, para além dessa experiência materna inicial, até a mais profunda, mais primal (com perdão da expressão) e mais constante experiência de ser amado, cuidado e afirmado pelo amor criativo de Deus, Pai e Mãe, sempre ativo e presente. Freud criticou a experiência religiosa como sendo uma regressão ao útero que criaria uma relação simbiótica com o Deus-mãe – uma mãe que proverá tudo, e que levaria a um sentimento oceânico de unicidade com Deus e com toda a vida. Há alguma verdade na análise de Freud mas sua interpretação está errada. Quem vivencia com fé o Deus vivo, quem vivencia a vida diretamente em "eu sou", passa a conhecer sua verdadeira identidade e assim pode se relacionar com Deus e com os outros como outros, numa resposta de amor.

Oração Centrante

❋

Tal regressão é saudável e restauradora; é criadora de vida. Para aqueles que nunca tiveram uma boa experiência básica de amor solícito, a experiência de Deus na oração contemplativa pode ser a base de uma forma de vida inteiramente nova, dando-lhes coragem para seguir adiante com atividades amorosas, criativas e gratificantes. Para qualquer pessoa, voltar atrás de tempos em tempos e vivenciar essas bases, só pode ter uma influência poderosa na maneira como se relaciona consigo mesma, com Deus, com os outros, com todas as atividades da vida.

Como isso traz segurança! A cada momento, Deus nos assiste com amor, partilhando conosco seu ser e sua vida. Como é libertador! Pois nele adquirimos uma nova identidade própria – independente de circunstâncias, diferenças, especialidades tais como ser um médico, advogado, monge, biólogo, alguém que se destaca entre os colegas porque faz ou possui algo especial. Com certeza, uma identidade baseada em diferenciações (e quantos de nós espontaneamente nos identificamos e apresentamos de acordo com nossas profissões e realizações) é bem frágil, e nos torna medrosos e defensivos. E se alguém mais fizer o que eu faço? Minha identidade está perdida! Longe disso; em contato com nosso verdadeiro ser formamos uma nova identidade, que flui do que é essencial. Sou um ser humano, imagem de Deus; sou cristão, um com o Filho de Deus, sou outro Cristo. É uma identidade compartilhada, que repousa na total afirmação de igualdade. Nela não há fragilidade. Há força na unicidade. Não há espaço para competição. Há agradecimento e alegria. Thomas Merton mencionou essa experiência quando escreveu em seu diário:

> Obrigado Deus, obrigado Deus, por eu *ser* como os outros homens, por ser apenas um homem entre outros... Ser membro da raça humana é uma distinção gloriosa.

Uma escola de compaixão

Muitos de nós têm de lidar com uma auto-imagem muito pobre – às vezes mais, outras vezes menos. Atitudes negativas em relação a nós mesmos foram programadas em nós pela realimentação negativa de pais, professores e outros ao longo de nossas vidas. Em muitos casos, tentamos esconder esse fato até de nós próprios com a falsa imagem que construímos – essa coisa frágil que tanto clama por defesa. Em outros casos, deixamos a negatividade dominar muito de nosso sentido de identidade.

Quando chegamos a entender que todos esses julgamentos se fazem à luz de falsos padrões, falsas avaliações do que constitui nosso verdadeiro valor como seres humanos, podemos nos livrar deles e dos sentimentos negativos. Quando vivenciamos nossa verdadeira beleza e valor no amor criativo e acolhedor de Deus, a negatividade que somos tentados a sentir a nosso respeito se dilui e dá lugar à alegria e à liberdade. Seguros de nosso verdadeiro valor, não mais precisamos ser competitivos ou invejosos, ou estar acima dos outros para reforçar nosso ego cambaleante. Podemos estar no meio da multidão sem nos sentir perdidos, porque sabemos que somos objetos singulares de um amor divino. E desejaremos estar na multidão. Este é outro efeito da oração centrante. Como disse Merton, regozijamos-nos em nossa unicidade com todos, porque essa é a realidade, a realidade que vivenciamos verdadeiramente na oração centrante. No centro, na Fonte de nosso ser, encontramos todos os outros, porque nossa Fonte também é a Fonte de todos. Descobrimos que todos os outros são unos conosco, vindos do amor criativo, unos conosco no chamado a sermos unos com o Filho. Dessa unicidade flui o amor, o cuidado e a comunhão. Merton disse em *Novas sementes de contemplação*:

> Quando você e eu nos tornamos aquilo que realmente devemos ser, descobrimos não só que amamos com perfeição um

ao outro, mas que ambos vivemos em Cristo e Cristo vive em nós, e que somos um com Cristo. Vemos que é Ele quem ama em nós.

Podemos perceber como os frutos do Espírito Santo fluem da experiência da oração centrante. Amor – eu sinto profundamente minha unicidade com todos e a beleza de todos e minha beleza em Deus. O que mais isso poderia ser senão uma comunhão de amor? Alegria – não só em meu próprio ser, mas no de todos os demais. Posso alegrar-me com a beleza e excelência dos outros porque eles não mais representam ameaça para mim. Não há mais lugar para competição. O bem deles é meu bem, porque somos um.

São Bernardo de Claraval, um dos primeiros grandes abades da Ordem Cisterciense, é famoso, entre outras coisas, pelo tratado *Apologia*. Nele aborda uma controvérsia entre os recém-reformados cistercienses e os monges que continuaram adotando as práticas do século anterior, comumente chamados monges negros. Nesta obra magistral, Bernardo elogia em primeiro lugar os monges negros; depois, censura seus próprios confrades que os atacam; e, na parte final, a mais conhecida, denuncia com fina ironia os abusos que vigoram entre os não-reformados. Na primeira parte, incluiu uma nota que faz uma advertência valiosa e perspicaz. Diz ele aos monges negros: "Cuidado! Toda a beleza que é parte de vossa tradição talvez pertença mais a mim do que a vós, porque pertence, na verdade, a quem mais a ama".

O filho espiritual de Bernardo, Santo Elredo de Rielvaux[29],

---

29. Santo Elredo de Rielvaux (1110-1167), monge e abade trapista escocês, deixou muitas obras espirituais. De grande prestígio como pregador e conselheiro, manteve intensa correspondência com os notáveis de seu tempo. (NR)

abade de um mosteiro em Yorkshire, proclama a mesma verdade num sermão a seus monges na festa da Assunção. Relata a visão que teve após a longa, solene e rica vigília celebrada na igreja naquela noite. Nessa visão, o Senhor deixou claro para ele que toda a beleza e o mérito do grande ofício pertencia mais a um irmão laico, pastor de ovelhas na colina, do que a qualquer monge do coro, porque aquele irmão o amava mais.

O Papa Pio XI se apoia nesta mesma constatação ao proclamar Santa Teresa de Lisieux a maior missionária dos tempos modernos. Teresa amou o trabalho missionário ainda mais que os próprios missionários.

Quando entramos em contato com nossa solidariedade em Cristo, em Deus, em nossa humanidade comum, não resta lugar para a competição. Ao contrário, há só afirmação. Porque toda a beleza, bondade e atividade de cada membro são nossas e mérito nosso, na medida em que as tornamos nossas por escolhê-las com amor. Que benefício isto traz ao ecumenismo, relacionando-nos com as religiões não-cristãs, e ao nosso diálogo com o marxismo e com o mundo secular! Quando esta constatação começa a fluir não apenas da fé, mas de uma vivência da realidade, é porque está mesmo presente em nossa vida, não só de vez em quando como um ato de reflexão, mas sempre, como resposta inata. "Tudo é vosso; mas vós sois de Cristo e Cristo é de Deus" (*1 Coríntios 3, 22-23*). Todas as coisas boas, com toda sua excelência e beleza, são nossas, e assim nossas vidas estão baseadas em constante alegria.

Isto não significa que nós não soframos. Se nos tornarmos pessoas verdadeiramente piedosas, em maior contato conosco, com os outros e com a unicidade que existe entre nós todos, sofreremos mais do que jamais sofremos. Mas será um sofrimento que traz em seu âmago uma profunda alegria. Alguma coisa como o sofrimento de uma mãe à cabeceira do berço do filho doente. Ela não dispensaria sua participação no sofrimento do filho por nada neste mundo. Tente convencê-la a se afastar e esquecer o sofrimento... diga-lhe que tomaremos conta da criança. Ah, não! Toda sua existência, sua única alegria, consiste em estar junto ao filho. Tal sofrimento reflete alguma coisa do sofrimento de Cristo na cruz e é uma forma de participar dele. Na cruz, no mesmo instante em que dizia chorando: "Meu Deus, meu Deus, por que me abandonaste?", Ele desfrutava uma profunda união com o Pai em perfeito amor e, provavelmente, até mesmo a visão beatífica. É difícil entender! E mesmo assim, é algo que podemos vivenciar: a alegria em nossa união com Deus, e com todos os nossos irmãos e irmãs, e em estar com eles no sofrimento.

Bondade, paciência, resignação, benevolência fluem dessa experiência. Quando sentimos nossa unicidade com os outros, quando estamos plenos de compaixão, como não sermos bons, pacientes, benevolentes? E castos, também. Quando sabemos de nossa própria beleza e bondade, somos impelidos a respeitar e reverenciar nossos corpos e os corpos das outras pessoas, o trabalho primoroso do amor de Deus, sempre presente e criativo.

Assim temos paz; a paz que flui de estarmos em harmonia com nossa verdadeira natureza, com Deus, com todos os outros, com toda a criação. Paz é a tranqüilidade da ordem.

O Padre Dominique Pire[30], detentor do Prêmio Nobel da Paz, escreveu:

---

30. Dominique Georges Henri Pire (1910-1969), padre dominicano belga. Professor de Teologia Moral na Universidade de Louvain, participou da resistência durante a 2ª Guerra Mundial. Após a guerra dedicou-se ao auxílio a refugiados e deslocados, trabalho que lhe valeu o Prêmio Nobel da Paz em 1958. (NR)

Penso ainda que para ser um pacificador, isto é, um homem de paz, primeiro é preciso estar em paz consigo mesmo. Primeiro é preciso encontrar a paz interior. Isto significa conhecer-se... Só então, um ser de paz pode empreender a imensa tarefa de criar harmonia entre grupos e indivíduos.

Merton certamente concordaria com o Padre Pire.

Quando estamos em contato com a fonte da existência, ali encontramos não só a nós mesmos e todos os outros advindos do Amor Criador, como toda a criação; percebemos nossa unidade com todas as criaturas e as reverenciamos. Estou convencido de que essa experiência, e o respeito que dela resulta, é a única base possível para uma ecologia total e verdadeira. Só quando uma sincera atitude reverente permeia nosso contato com a criação, nós a tratamos como deve ser.

Essa concepção pode descer a cada detalhe prático de nosso dia-a-dia. Por exemplo: reverenciando Deus por sua doação de alimento, compreendemos e respeitamos o fato de que sua finalidade é nutrir-nos e nos unir em comunhão e partilha. Portanto, comer gulosamente, de maneira inadequada, abusar da comida, é sacrílego. É uma irreverência àquilo que partilhamos na bondade divina e que tem seu lugar no plano de Deus.

Anos atrás, logo após a inauguração das Publicações Cistercienses, tivemos a alegria de publicar um *Festschrift*[31] em homenagem ao Dr. Jeremiah F. O'Sullivan, o pai dos estudos cistercienses na América. O Dr. O'Sullivan era um professor extremamente amado, e que causava forte impressão em seus estudantes. Essa admiração

---

31. *Festschrift*: edição comemorativa, em alemão no original. (NR)

refletiu-se no fato de muitos deles o seguirem no campo dos estudos cistercienses. Durante o almoço de apresentação, alguém perguntou ao convidado de honra a quê ele atribuía seu sucesso. Esse homem de grande cultura e sofisticado professor universitário, feliz no casamento, deu uma resposta comovente e profunda, e contudo muito simples: "Eu vi a imagem de Deus em cada estudante meu, e os reverenciei". A reverência de Jerry não parou por aí. Em seu quintal, em Trenton, ele cultivava alguns dos maiores e mais esplêndidos legumes e verduras que vi fora de Monte Athos. Disseram-me que, todas as manhãs, Jerry falava com eles e até cantava para eles, enquanto carinhosamente os cuidava. Ele certamente não deixou seu quinhão de terra sem cultivo.

Merton escreveu em certa ocasião: "A descoberta do 'verdadeiro eu' é também a descoberta de nossa responsabilidade com outros eus, nossos irmãos em Cristo, nossos companheiros". Eu acrescentaria: "... e companheiras e toda a criação". Merton com certeza estava cônscio disto. Em *Contemplação num mundo de ação,* escreveu:

> O mundo, como objeto puro, é algo que não existe. Não é uma realidade fora de nós... É um mistério vivo, autocriador, do qual faço parte, para o qual eu próprio sou minha única porta. Quando descubro o mundo dentro de mim mesmo, torna-se impossível para mim estar alienado.

Em seus *Diálogos*, o papa São Gregório o Magno[32] procurou nos dar uma visão do espírito que fez de São Bento de Núrsia[33], o

---

32. São Gregório Magno (*c.* 540-604), notável teólogo, considerado um dos pais da Igreja, foi chamado de um mosteiro de Roma para ser papa em 590 (Gregório I). Reformou a liturgia e sistematizou o cantochão, que por

respeitado pai dos monges do Ocidente. Em uma cena culminante, São Gregório descreve a visão que São Bento teve numa noite em que estava à janela, em oração. De repente, ele percebeu toda a criação contida em um raio de luz. Penso que o grande papa pastoral estava procurando mostrar, por meio de uma imagem, o fruto da oração sagrada do monge. Na luz ou na escuridão da oração contemplativa, tudo se mostra de uma vez.

Depois de termos esta experiência na oração contemplativa, não haverá mais dicotomia entre trabalho e oração. Todo trabalho se torna oração. Porque, por uma sensibilidade inata à presença criadora de Deus em cada uma e em todas as pessoas, coisas, e atos, percebemos e reverenciamos Deus e respondemos a Ele com amor, em tudo o que vemos e fazemos. Em cada pessoa encontramos, vemos o Senhor, e a beleza das pessoas no Senhor, e a isso respondemos, e o reverenciamos e amamos. Em cada movimento e atividade que realizamos, percebemos a presença ativa de Deus na fonte de energia que usamos, e nosso coração se comove a um tempo com gratidão e amor. Em cada coisa que usamos, estamos cônscios da Presença criadora que a todo momento se revela, e a reverenciamos.

Estou certo de que a grande maioria de nós em algum momento passou pela experiência do peso esmagador da compaixão. Antes de me tornar monge, trabalhei um tempo no Brooklin, na área de Bedford-Stuyvesant. Isso foi antes que as drogas invadissem a cena; a situação não era tão ruim quanto se tornaria mais

---

isto passou a ser chamado canto gregoriano. Foi canonizado no ano de sua morte. (NR)
33. São Bento de Núrsia (*c.* 480-547), fundador da ordem beneditina e autor da famosa Regra de São Bento, até hoje em vigor nos mosteiros da ordem. (NR)

tarde. Mesmo assim, havia em média um assassinato por noite na paróquia. Eu trabalhava na parte da tarde com a Confraria da Doutrina Cristã e programas da Organização da Juventude Católica. Ao anoitecer, trancava a igreja e me prostrava diante do Bendito Sacramento, deixando que a dor se aplacasse. O que poderíamos fazer para começar a responder às necessidades que nos rodeavam por todos os lados? Eu me sentia feito em pedaços, inteiramente consumido pela tentativa de responder a cada solicitação.

Mas esta experiência muda completamente quando a compaixão cresce em nós pela oração contemplativa. Ao mesmo tempo em que a sensação de unidade com o outro se torna pungente, vivenciamos o espírito de Deus, e assim temos meios para responder em paz a cada solicitação. Não temos de depender de nossa própria pequenez ou vacuidade; contamos com todo o poder do amor de Deus. Sei que havia uma tremenda diferença em minha experiência quando viajava por Boston e Nova York, antes do contato com essa realidade. Costumava ser uma experiência muito exaustiva, cada vez pior à medida que eu ficava mais e mais sensível. Eu me sentava em um ônibus ao lado de outras sessenta pessoas, olhava para seus rostos e me sentia dilacerado. Queria pegar cada uma delas no colo e tentar fazer alguma coisa a respeito de tudo o que percebia, tudo o que era expresso pela linguagem dos corpos, dos rostos, mensagem patente de suas terríveis necessidades e solidão. Mas, quando comecei a sentir a presença íntima de Deus, pude passar a tocá-los, amá-los, abraçá-los nele. E pude sentir a cura que estava ocorrendo. A Presença estava ali. Deus derramava seu amor infinito e curador.

Quando começamos a perceber que o Espírito de Amor está em nós como nosso Espírito, podemos começar a amar realmente, de acordo com o comando da Nova Lei, o que não é amar como amaríamos, mas sim amar como Jesus ama. Jesus disse: "Eu vos dou um novo mandamento. Amai como eu vos amei". Quando vivenciamos a Presença e o poder do amor, podemos derramar nossa vida como Cristo o fez na cruz, quando seu flanco se abriu e o sangue e a água começaram a jorrar, derramando na Igreja a completude do Sagrado Espírito de Amor.

Perceber a intrínseca bondade de tudo o que é não significa, no entanto, que nos tornemos cegos para o mal, para a ausência da devida bondade e ordem. Cristo estava bem cônscio de tudo isso. Usou seu chicote no próprio recinto da casa do Pai. Mesmo aquela falta de bondade parcial e comum, que chamamos de indiferença, enchia-o de desgosto (*Apocalipse* 3). No entanto, somos chamados a ser perfeitos como nosso Pai celeste é perfeito, Ele que permite que a chuva caia igualmente sobre o bom e o mau. Devemos reverenciar e amar a todos. E se conseguirmos entrar em contato com a presença profunda do bem, mesmo no pior daqueles junto aos quais devemos viver e trabalhar, cumpriremos melhor e mais facilmente as legítimas exigências do Evangelho.

Sinto-me sempre um pouco receoso quando comento ou discuto os efeitos da oração centrante. É que, por mais que eu repita isso, podemos ser tentados a procurar algum resultado na própria oração. Durante a oração, não devemos nos preocupar com a forma com que oramos, nem com o que está acontecendo, nem com nenhuma outra coisa. Devemos centrar a atenção em Deus, que está verdadeiramente presente. E cada vez que desviamos a atenção para algo distinto, devemos apenas retornar com suavidade ao Senhor com nossa palavra. Isto é o que gostaria de frisar cem vezes. Não podemos julgar esta oração em si e não devemos tentar fazê-lo. Os frutos da oração centrante são percebidos e experimentados quando não estamos em oração, e são sinais claros da presença e do trabalho do Espírito de Amor em nosso trabalho de amor renovador.

    Quando um lago é agitado pela brisa e pelo vento, pode-se atirar uma pedra ou até muitas pedras e não haverá efeito aparente. Quando um lago está em perfeita quietude e atiramos nele uma pedra, ondas brandas se propagam em todas as direções, até atingirem a margem mais afastada. Quando estamos assoberbados com os labores da vida cotidiana, tantos pensamentos vêm e vão em nossas mentes e corações que não percebemos o efeito que nos causam. Mas quando atingimos uma instância interna mais profunda, aí sim, podemos discernir com mais clareza. O caminho está aberto para acompanharmos até as mais delicadas orientações do Espírito e evitar até os desvios mais sutis, sugeridos tanto por nosso eu como pelo demônio. Pela oração centrante, com a ajuda do Espírito Santo, podemos esperar atingir essa profunda quietude, para que, em meio às atividades de cada dia, essa sensibilidade viva permaneça, e todas as nossas atividades sejam guiadas pelo apelo da graça e a orientação do Espírito Santo.

    No último Natal, minha mãe me deu uma amarílis. Ver a planta crescer foi um enorme prazer. Ver as coisas crescerem sempre me fascinou, e a nova vida surgiu tão rápido do bulbo dormente que me empolguei. Quando estava para florescer e nos dar o presente de sua beleza, seu perfume e seu encanto, as folhas tomaram a forma de duas mãos unidas em oração. Eis outro sacramento que Deus nos deu. Uma vida ativa envolvida em primeiro lugar com a oração, na qual cada atividade tem origem na oração, é uma vida que se torna imensamente bela, uma vida que exala um bom perfume, que traz alegria a todos os que entram em contato com ela. O autor de *A nuvem do não-saber* fala de pessoas que se tornaram até fisicamente atraentes, bonitas, pela prática da oração contemplativa. Já vi pessoas assim e espero que você também as tenha visto. Que nós, pela graça de Deus, nos tornemos assim.

Na oração centrante, não procuramos por nós nem por coisas para nós. Procuramos pelo Deus vivo. E, ao encontrá-lo, encontraremos todas as coisas nele: meu Deus e meu Tudo.

IX
Manter a luz do Tabor

Há alguns anos, tive o privilégio e a graça de passar algum tempo na Terra Santa. Dia após dia, com a Bíblia na mão, trilhei as ruas que conheceram os passos do Mestre, de seus discípulos, de sua Mãe, de muitas testemunhas proféticas que ali estiveram antes, dos primeiros cristãos que vieram depois. Muitos lugares santificados tocaram-me fundo – a gruta de Elias antes de Haifa, a tumba de Davi perto do Cenáculo, a cripta da Virgem junto a Getsêmani, a calçada do Pretório, a cova do sepulcro vazia e, perto dali, o Calvário – e cada um deles tinha sua mensagem especial quando parei, me sentei ou me ajoelhei, lendo de novo as conhecidas Escrituras, como se nunca as tivesse lido ou ouvido. Foi uma experiência profunda.

Mas, de todos os lugares que toquei ou me tocaram, nenhum gravou mais seu sentido místico em minha alma como o silencioso cume cheio de paz que se eleva sobre o mar da Galiléia e, de algum modo misterioso, ainda parece reter a penumbra daquela luz que um dia indicou a plenitude da presença divina. O fato de os ônibus de turistas não poderem rodar por aquelas subidas tortuosas, sem dúvida contribui para a paz nas alturas do Monte Tabor. Mas o que ali se encontra, ou pelo menos o que eu encontrei, é algo muito mais profundo e transcendente do que esse tipo de quietude.

Oração Centrante

Sem dúvida, a atração especial do monge pelo mistério da Transfiguração tem a ver com minha experiência. De certa forma, parece que esse evento quase transcende o da Páscoa sagrada. Em Tabor, temos um lampejo da realidade a que a Páscoa se refere: a glória do Cristo Ressuscitado, a consumação da dignidade e da exaltação humanas. E são os monges que, como Pedro, murmuram: "vamos construir celas aqui". Mas, à diferença de Pedro, recebem a aprovação divina e são convidados a habitar a nuvem da luz divina.

Esse mistério, esse acontecimento salvador da Transfiguração, diz muito da realidade da experiência com a oração centrante. Ouçamos mais uma vez o relato de Marcos:

> Seis dias depois Jesus tomou consigo a Pedro, Tiago e João, e os levou, sozinhos, para um lugar retirado sobre uma alta montanha. Ali foi transfigurado diante deles. Suas vestes tornaram-se resplandecentes, extremamente brancas, de uma alvura tal como nenhum lavadeiro na terra as poderia alvejar. E lhes apareceram Elias com Moisés, conversando com Jesus. Então Pedro, tomando a palavra, diz a Jesus: "Rabi, é bom estarmos aqui. Façamos, portanto, três tendas: uma para ti, outra para Moisés e outra para Elias". Pois não sabia o que dizer, porque estavam todos atemorizados. E uma nuvem desceu, cobrindo-os com sua sombra. Da nuvem saiu uma voz: "Este é o meu Filho amado, ouvi-o". E de repente, olhando ao redor, não viram mais ninguém: Jesus estava sozinho com eles. (*Marcos 9, 2-8*)

Para viver a experiência do Tabor, os três discípulos tiveram de aceitar o convite para se retirarem por um tempo, deixarem a planície com os afazeres do dia-a-dia, e seguirem a indicação do Senhor para o acompanharem num encontro com o Pai. Era um mistério. Parecia não haver nada naquele lugar para onde se dirigiam. Tinham apenas sua fé no Senhor Jesus e seu amor por Ele a guiá-los na escalada da montanha.

É assim quando nos sentamos para ir ao centro. Devemos nos dirigir com fé e amor. Devemos deixar de lado todos os cuidados, preocupações, as imagens da planície, e tudo o que compreendemos. Parece que somos guiados para o nada, e muitas vezes parece que conseguimos apenas isto – estamos ainda em viagem. Mas, se perseverarmos, alcançaremos o cume, o centro, e então...

O Senhor guiou os três para essa solidão para orar, e "enquanto rezava, seu semblante se transformou e suas roupas se tornaram brilhantes como raios". Se perseverarmos nesta oração, a luz virá. E não só veremos o Senhor em sua glória, mas também seremos envolvidos pela glória da divina luz tabórica, e serão impressas em nossa alma as verdadeiras palavras, ou melhor, a plenitude da Palavra do Pai. Saberemos que a essência da oração, e de toda a vida cristã, é a total entrega a essa escuta receptiva.

Na cena transcendente, nos parece curiosa a presença de Moisés e Elias; e eles também falam. Moisés é a figura da Lei; Elias, a dos Profetas. Juntos, representam um resumo das Escrituras, da Revelação que preparou o caminho, que nos chamou para a Revelação que é a figura *central* da cena e de nossas vidas, o Cristo Transfigurado, mediador da *Nuvem da Luz Divina*. Somos lembrados de que é em geral pela leitura receptiva das Sagradas Escrituras que somos convidados, chamados a procurar pelo Senhor com fé e amor – primeiro passo da oração centrante.

A *lectio* é muito importante na vida de quem pratica a oração centrante. É esse encontro com o Senhor em sua palavra revelada que nos motiva a procurá-lo no centro. E, de maneira inversa, a experiência de Deus no centro, a nuvem do não-saber, nos desperta o desejo de conhecê-lo mais intimamente, de procurá-lo e saber mais sobre Ele, na Revelação. É um círculo que se auto-alimenta.

Esta experiência de Deus em nosso âmago também cria em nós o desejo de estar ali, desfrutando a presença sagrada e plena que nos completa: "Senhor, é bom para nós estarmos aqui. Vamos fazer tendas". Queremos ficar. Como já mencionei, isto é a vocação contemplativa: poder armar nossa tenda e ficar. Outros deverão descer outra vez com o Senhor à planície – porque Ele está onde sua vontade está. Sustentados pela lembrança penetrante da visão evocadora da presença, à qual retornarão regularmente, prosseguirão em seu ministério, e preencherão o que for necessário na Paixão de Cristo.

Quando a experiência da visão chegou ao fim, após serem encobertos pela nuvem do não-saber, os discípulos viram somente Jesus. Este é de fato o fruto da oração centrante. Começamos a ver "somente Jesus". Jesus, na verdade, é percebido mais e mais como *o* centro de nossas vidas e da existência. E, no centro, começamos a ver em tudo somente Jesus em seu amor criativo e recriador. "Somente Jesus" dá significado às coisas, acontecimentos, pessoas e à própria vida. Tornamo-nos de fato cristãos. Sabemos que "todas as coisas são nossas e nós somos de Cristo e Cristo é de Deus". Tornamo-nos realmente centrados.

Quando os discípulos desceram com Jesus do evento de salvação, foram alertados "a não dizer a ninguém o que haviam visto, até que o Filho do Homem tivesse ressuscitado dos mortos". Mas agora, o Filho do Homem é ressuscitado, e nós deveríamos anunciar aos quatro ventos tudo quanto vimos e vivenciamos no centro, e como todos podem ouvir o convite do Senhor "sigam-me por um tempo...". "Aquietem-se e *saibam* que eu sou Deus." É tempo de partilhar, proclamar, ensinar.

Manter a luz do Tabor

Refletindo sobre a Transfiguração, vem à minha mente uma experiência num *workshop* de oração centrante, há alguns anos. Foi uma ocasião especial, em que me senti feliz pela partilha com os membros do seminário de minha diocese. Como de costume, na última noite do *workshop* convidei os participantes a avaliar os dias que passamos juntos. Um dos jovens padres fez um apelo pungente. O *workshop* tinha sido uma grande experiência para ele – uma experiência tabórica, disse. Ele já havia vivido experiências como essa em retiros, mas nenhuma tão plena e satisfatória. Porém, com o passar do tempo depois de "descer à planície", em uma, duas ou três semanas, a luz ia esmorecendo. Ele não queria que isso acontecesse desta vez. O que poderia fazer?

Levei essa pergunta comigo naquela noite e orei concentrado nela. Pela manhã, retornei ao grupo com um exercício simples para formular uma regra de vida, que descrevi no epílogo de *Deus ao alcance das mãos*. Vale a pena repeti-lo, um pouco mais elaborado.

Quando decidimos formular uma regra de vida, a primeira coisa, e a mais importante a fazer, é entrar em contato, o mais profunda e totalmente que pudermos, com nossa verdadeira identidade e com todos os níveis de nosso ser. Devemos refletir nas palavras de São Paulo aos Coríntios, que lemos no primeiro capítulo deste livro: "... as profundezas de Deus podem ser conhecidas somente pelo espírito de Deus". Somos parte da natureza divina. Fomos batizados em nome do Filho de Deus. Somos um com Cristo. Portanto, só o Espírito Santo conhece as profundezas de nosso ser. Se desejamos formular uma norma de vida que corresponda ao que verdadeiramente somos, devemos invocar a ajuda do Espírito Santo, e confiar nele.

Oração Centrante

※

No prólogo de sua Regra Sagrada, São Bento diz aos discípulos que, sempre que se propuserem a empreender alguma coisa, devem invocar Deus em insistentes preces. É essa nossa necessidade crucial aqui. Seria bom se refletíssemos outra vez sobre aquela passagem da Primeira Epístola aos Coríntios, e depois ficássemos em silêncio por algum tempo, procurando orar antes de iniciar a elaboração de nossa regra.

Depois de orar e refletir, estamos prontos para começar o trabalho – um trabalho e tanto – de elaborar nossa regra de vida pessoal. Aconselho ter um lápis na mão, escrevendo cada item em folhas separadas. Dedicaremos bastante tempo ao trabalho, sem nenhuma pressa. Precisaremos de tempo para ouvir o Espírito, e a nós mesmos. Se o fizermos no clima apropriado, será um tempo de oração, e poderá ser um verdadeiro retiro, um passo para trás para medir nossas forças, e então darmos um passo à frente, numa investida mais plena e vital na vida e na vida eterna: O Reino dos Céus sofre violência e somente o violento a extirpará.

O primeiro passo é tentar entrar em contato com o que realmente queremos da vida; o que queremos mesmo fazer com nossas vidas. Temos de ser muito realistas.

Conheci, em certa ocasião, uma menina que chorava pela lua. Nas noites de lua cheia, ficava em pé no berço, segurando-se nas barras, e chorava, chorava, porque queria aquela grande lua brilhante, e ninguém satisfazia seu desejo. Poderíamos chamá-la de "lunática". Mas pode ser que todos nós sejamos um pouco lunáticos, procurando coisas além de nosso alcance e assim causando-nos frustrações sem fim.

Por outro lado, não devemos nos menosprezar. Penso que a falha mais comum é esperarmos muito pouco de Deus e muito pouco de nós mesmos. Devemos procurar o que nos preenche como seres humanos, como homens e mulheres cristãos. Muito da infelicidade deste mundo provém de procurarmos realização e felicidade naquilo que não pode nos satisfazer. Em verdade, só Deus poderá nos satisfazer por completo: "Somos criados para ti, oh! Senhor, e nossas almas não descansarão enquanto não descansarem em ti". Escolher como objetivo último de nossas vidas qualquer coisa menor do que Deus nos deixará frustrados, insatisfeitos, desesperançados de encontrar algum significado digno de nós, algo que satisfaça a sede ilimitada de nossa mente pelo conhecimento, e de nosso coração por amor. Se todas as outras coisas que escolhemos na vida não se mostram de algum modo como um caminho que nos descortine essa infinita completude, significa que são um caminho sem saída. Não importa quão boas e bonitas sejam, não importa quanto de nós mesmos investimos nelas, haverá um momento em que diremos: "Isto é tudo?" E a vida nos parecerá um jogo cruel, um projeto que só pode nos levar à frustração e ao sofrimento. Será algo de que procuraremos escapar por meio de drogas, álcool, pela excitação passageira do sexo; algo que tentaremos esquecer ou deixar passar enquanto nos sentamos apáticos frente a essa "máquina de fazer tolos" que é a televisão. Pois será o mais longe que conseguiremos chegar, ofegantes, correndo atrás de bens passageiros, antes de descobrir a crueldade de seus limites.

Quando escolhemos o infinito, deparamos com as opções quase infinitas que nosso bom Pai deixou abertas para nós, como caminhos para crescer e responder à vida e ao amor infinitos. Ao consultarmos nossos próprios dons, talentos e reais oportunidades, nossos perímetros se estreitam: como ser humano, como cristão, como alguém que escolheu uma vocação em particular, o que quero fazer? O que quero perseguir? Devemos formular, tão clara e sucintamente quanto pudermos, exatamente o que queremos fazer, queremos ter, enxergando tão claro quanto possível de que modo cada coisa que escolhemos contribui, faz sua parte em nos levar a nosso objetivo último, a mais plena e profunda união possível com nosso Deus de Amor.

Uma vez formuladas nossas metas e objetivos na vida, damos o segundo passo. Elaboramos uma lista, tão acurada quanto possível, de tudo o que necessitamos fazer para atingir esses objetivos. Mas uma vez, temos de ser bem realistas e considerar todos os níveis de necessidades: como homem ou mulher, um ser humano com corpo e alma, necessito certa quantidade de alimento e descanso, trabalho e recreação, amizade e solidão. Como cristão, necessito orar, ouvir a Palavra de Deus e ser alimentado pelos sacramentos. Necessito apoio da comunidade cristã. Na profissão que escolhi, necessito certos conhecimentos, certas ferramentas etc. Faço um inventário de tudo isso e, claro, das virtudes de que preciso e da autodisciplina para usá-las adequadamente.

Sabendo o que preciso, estou pronto para o terceiro passo. Permaneço quieto por um momento, e dou uma olhada por cima do ombro, para o passado. Talvez possa olhar para os últimos seis meses, ou, para a época de um fato significativo que tenha marcado minha vida e minhas atividades recentes: casamento, um retiro, colação de grau, voto religioso... Enquanto faço essa pesquisa, pergunto a mim mesmo: durante esse período, o que tem me impedido fazer o que realmente quero fazer? Ser quem realmente desejo ser? O que, em mim, em minhas atividades, minha situação de vida, nas atividades e atitudes daqueles que influenciam minha vida, tem sido obstáculo ao crescimento, ao progresso no caminho que escolhi?

Como mencionei, é bom que dediquemos bastante tempo a esse exercício, que confiemos bastante no Espírito Santo, e que anotemos o que vamos descobrindo.

Manter a luz do Tabor

✳

Com o resultado desses três pontos de reflexão à nossa frente, estamos prontos para o quarto passo, talvez a parte mais difícil deste trabalho. Sabendo o que realmente queremos e o que fazer para obtê-lo, para vivê-lo e, ainda, o que nos tem impedido de alcançá-lo, estamos prontos para formular um programa prático, definindo tempo e espaço para fazer tudo de que precisamos a fim de obter o que queremos da vida. Tudo de que precisamos a cada dia: quantas horas de sono, alimento, oração, leitura sagrada, lazer etc. Podemos até achar útil programar com precisão: levantar-se a determinada hora, exercitar-se por xis tempo, meditar a tal hora, café da manhã às sete em ponto, e assim por diante. Haverá outros dados para programação semanal e outros, ainda, para programação mensal.

Uma coisa que acho muito importante é tirar um dia, ou pelo menos meio dia por mês, para nos recolher. Então deveríamos nos sentar, com a regra de vida que traçamos, e verificar como o plano está se desenvolvendo. Pode ser um momento de grande satisfação. Podemos olhar para trás, para o período de um mês, e verificar que, de modo geral, nossa vida tem andado na direção que queremos; e que estamos no comando de nós mesmos e de nosso destino.

Porém, é preciso cautela, uma regra de vida não é tanto uma questão de vida como de sobrevivência. Ela nos dá uma estrutura de suporte. A vida varia muito, e segue em todas as direções. Voltando à imagem da treliça que apóia o pé de rosa-trepadeira: os galhos viçosos, cheios de vida, estendem-se em todas as direções conforme crescem, mas sempre voltam em busca do suporte das travessas ascendentes da treliça. Se as travessas não estivessem ali, os galhos cairiam sobre si mesmos, e não poderiam continuar a escalada para uma vida e uma vitalidade mais plenas sob o sol. Aí está nossa regra. Há dias em que a rápida corrente da vida nos carrega em várias direções. Perdemos horas de sono, meditação, refeições e exercícios. Porém, quando o fluxo diminui, retornamos à nossa regra e vamos em frente com o suporte que ela nos dá. Ela canaliza nossas energias na direção que queremos seguir, como as sólidas margens do curso de um rio.

Freqüentemente, quando revisamos nossa regra de vida nesse retiro mensal, verificamos em que ponto ela não está correspondendo à evolução de nossa vida. Não devemos hesitar em modificá-la, pois ela está a serviço da vida. Conforme evoluímos, nossa visão se expande e nossa situação se modifica. Vários elementos vão ganhando ou perdendo significado. É provável que precisemos de menos horas de sono e de menos alimento conforme nossa vida se torne mais satisfatória e mais relaxada, energizada pelo hábito da meditação. Num momento iremos precisar de mais estudo, leitura, reflexão e oração; em outro, de mais partilha e atividade, a fim de levar o fruto de nosso estudo para a realidade vivificadora.

Este quarto passo – a formulação concreta de uma regra de vida – pode ser o mais difícil. Porque é quando de fato estabelecemos nossa hierarquia de valores e fazemos escolhas. Deus, nosso Pai, com seu grande amor, nos provê com tanto, nos dá tantas opções, que não conseguimos segui-las todas. E são todas tão boas! Já é difícil deixar de lado o mal; quanto mais descartar o que é tão bom... Mas é justamente nisto que reside o valor de uma regra de vida, sobretudo para pessoas boas e generosas. Muitas vezes nos frustramos perseguindo tantas coisas boas, que não conseguimos um bom progresso em nenhuma delas. É nessa hora que corremos perigo de desanimar, de desesperar por não conseguir bons resultados, e então abandonamos tudo. Devemos fazer escolhas corajosas, optar por um número razoável de coisas boas, e resolutamente deixar o restante delas, para que aquelas que escolhemos possam de fato florescer em nossa vida. É uma escolha difícil. Mantê-la é mais difícil ainda. Mas experimentar seus frutos é o que há de maravilhoso.

No Evangelho de São Lucas há uma curiosa parábola:

> Quem de vós, com efeito, querendo construir uma torre, primeiro não se senta para calcular as despesas e ponderar se tem com que terminar? Não aconteça que, tendo colocado o alicerce e não sendo capaz de acabar, todos os que virem comecem a caçoar dele, dizendo: "Esse homem começou a construir e não pôde acabar!" Ou ainda, qual o rei que, partindo para guerrear com outro rei, primeiro não se senta para examinar se, com dez mil homens, poderá confrontar-se com aquele que vem contra ele com vinte mil? Ao contrário, enquanto o outro ainda está longe, envia uma embaixada para perguntar as condições de paz. Igualmente, portanto, qualquer de vós, que não renunciar a tudo o que possui, não pode ser meu discípulo. (*Lucas 14, 28-32*)

Estou certo de que lemos ou ouvimos esta passagem muitas vezes. Mas me pergunto se alguma vez refletimos sobre ela.

As palavras que mais me impressionam nela são: "Igualmente, portanto". De que forma o que se segue é igual àquilo que foi dito antes? Como é que "...qualquer de vós, que não renunciar a tudo o que possui, não pode ser meu discípulo" pode ser comparado a um homem que se senta e avalia se tem dinheiro suficiente para construir uma casa ou lutar numa guerra? O que Nosso Senhor está nos dizendo nessa comparação? Justamente isso de que falávamos: se pretendemos ser seus discípulos, devemos seguir Cristo como nosso Mestre. E, se desejarmos segui-lo, teremos de desistir de tudo. Ele desistiu de tudo. Em outro ponto, Nosso Senhor explica: pai, mãe, irmã, irmão, casa, família, e até a nós mesmos. Todas as coisas terão de ser preteridas como metas em si mesmas, para que possamos estar disponíveis para Deus. O que isso tem a ver com planos de construir uma casa ou lutar numa guerra?

Não desistimos de tudo de uma hora para outra com uma única decisão ou desejo. Às vezes pensamos que, quando Nosso Senhor fala sobre nos tornarmos discípulos, isso significa abrir mão de tudo de imediato e segui-lo. Os Apóstolos retornaram muitas vezes a suas redes de pesca e a seus ambientes familiares depois do chamado inicial. Até mesmo depois da Ressurreição, Nosso Senhor os encontrou pescando. Porque desistir inclui desistir de si mesmo, de todos os compromissos, bem como de nossas famílias e nossos amigos, nossos investimentos e bens materiais, e isso não acontece da noite para o dia. Isso leva tempo. E a pergunta é, somos capazes de fazê-lo? Ou ficaremos presos nas fundações?

Como dizia Nosso Senhor, alguns avançam até certo ponto e depois não conseguem continuar. Sendo assim, temos de nos sentar e planejar. Penso que isto é precisamente o que Nosso Senhor nos diz aqui: se quiser ser meu discípulo, você deve sentar-se e certificar-se concretamente de como organizará suas forças para alcançar o resultado que de fato deseja. Como venceremos a batalha contra todas as forças que estão contra nós, as forças da sociedade, de nosso próprio lar e da comunidade, de nossas próprias inclinações e hábitos, e todas as solicitações que nos são impostas e aquelas que nós mesmos nos impomos? Essas são as questões concretas que temos de ponderar e resolver. Como construiremos uma torre – ou uma treliça – para apoiar a vida? É tudo isso que está envolvido na elaboração de nossa regra de vida.

Se o significado de nossa vida, de toda a nossa existência, é amar e desenvolver uma relação com Deus, então necessitamos mais de oração do que de alimento ou sono, ou qualquer outra coisa. Isso é essencial para atuarmos de forma razoável, como seres humanos numa sociedade humana. Tem de haver oração em nossa vida diária. É uma imposição de nossa própria natureza, de nosso próprio ser; é algo que tem de ser feito. É mais fácil perder uma refeição do que perder a oração. Se estamos de fato em contato conosco, sabemos que isso não é apenas algo de que necessitamos – é algo que queremos. É algo que satisfaz nossas aspirações e desejos mais profundos.

É algo que Deus também, realmente, quer. Achamos difícil compreender, e aceitar, que Deus realmente quer nosso amor, nossa atenção, nosso tempo.

Na profecia de Ezequiel, o Senhor dá ao profeta uma mensagem muito esclarecedora para qualquer pessoa:

> A palavra de Iahweh me foi dirigida nestes termos: Filho do homem, mostra a Jerusalém todas as suas abominações. Tu lhe dirás: Assim diz o Senhor Iahweh a Jerusalém: Por tua origem e por teu nascimento, tu procedeste da terra de Canaã. Teu pai era amorreu e tua mãe, hetéia. Por ocasião do teu nascimento, ao vires ao mundo, não cortaram o teu cordão umbilical, não foste lavada para tua purificação, não foste esfregada com sal, nem foste enfaixada. Nenhum olhar de piedade pousou sobre ti, disposto a fazer-te qualquer dessas coisas por compaixão de ti. No dia em que nasceste foste atirada ao pleno campo, tal era a indiferença que te mostravam.
> Ao passar junto de ti, eu te vi a estrebuchar no teu próprio sangue. Vendo-te envolta em teu sangue, eu te disse: "Vive!" Fiz com que crescesses como a erva do campo. Cresceste, te

fizeste grande, chegaste à idade núbil. Os teus seios se firmaram, a tua cabeleira tornou-se abundante, mas estavas inteiramente nua. Passei junto de ti e te vi. Era o teu tempo, tempo de amores, e estendi a aba da minha capa sobre ti e ocultei a tua nudez; comprometi-me contigo por juramento e fiz aliança contigo – oráculo do Senhor Iahweh – e tu te tornaste minha. Banhei-te com água, lavei o teu sangue e ungi-te com óleo. Cobri-te com vestes bordadas, calcei-te com sapatos de couro fino, cingi-te com uma faixa de linho e te cobri com seda. Eu te cobri de enfeites: pus braceletes nos teus punhos e um colar no teu pescoço; pus uma argola no teu nariz e brincos nas tuas orelhas e um belo diadema na tua cabeça. Tu te enfeitaste de ouro e prata; os teus vestidos eram de linho, seda e bordados. Alimentavas-te de flor de farinha, mel e azeite. Assim te tornavas cada vez mais bela, até assumires ares de realeza. A tua fama se espalhou entre as nações, por causa da tua beleza que era perfeita, devido ao esplendor com que te cobrias, oráculo do Senhor Iahweh.

Puseste a tua confiança na tua beleza e, segura de tua fama, te prostituíste, prodigalizando as tuas prostituições a todos os que apareciam. Tomaste dentre os teus vestidos e com eles fizeste lugares altos e de várias cores e aí te prostituíste. Tomaste os teus enfeites de ouro e prata, que eu te dera, e com eles fabricaste imagens de homens, com os quais te prostituíste. Tomaste também os teus vestidos bordados e as cobriste. Ofereceste o meu azeite e o meu incenso diante delas. O pão que te dei – a flor de farinha –, o azeite e o mel com que te alimentei, tu os ofereceste diante delas como um perfume destinado a apaziguá-las (...)

Com efeito, assim diz o Senhor Iahweh: Agirei contigo como tu agiste: desprezaste um juramento imprecatório e violaste uma aliança. Contudo, lembrar-me-ei da aliança que fiz contigo na tua juventude e estabelecerei contigo uma aliança eterna (...) Desta maneira, serei eu que restabelecerei a minha aliança contigo, e saberás que eu sou Iahweh, a fim de que te lembres e te cubras de vergonha, e na tua humilhação já não tenhas disposição de falar, quando eu tiver perdoado tudo quanto fizeste, oráculo do Senhor Iahweh. (*Ezequiel 16, 1-19, 59-60, 62-63*)

Não poderia haver quadro mais pungente de nossa miséria humana fundamental. Nem da enorme bondade de nosso Deus, em agudo contraste com nossa esmagadora ingratidão ao fazer mau uso de suas doações e de sua eterna fidelidade. Ele usa imagens conjugais para indicar a intimidade e a paixão de seu desejo por nós. Não importa de que sofrimentos venhamos, quão ingratos tenhamos sido, quanto abusamos de sua generosidade; ainda assim, Ele quer nosso amor, quer intimidade conosco. Essa é uma palavra que usa sempre, poderosamente, em sua auto-revelação. No profeta Oséias, mostra-se um amante insensato, casando-se com uma prostituta, sempre a perseguindo e trazendo-a de volta após suas repetidas infidelidades. No Livro do Apocalipse, ele expressa claramente seu desgosto com nossa indiferença, mas permanece incansável à porta de nossos corações, batendo, esperando que a abramos e o deixemos entrar. Deus quer de verdade – *necessita*, porque quer – nosso amor, nossa atenção, nosso tempo e nossa prece. Nossa dificuldade em entender isto, em acreditar que a oração é importante para Deus, enfraquece a fidelidade à oração. Se de fato acreditarmos que é importante para Deus, também será importante para nós.

Nos versos de abertura do décimo segundo capítulo do Evangelho de São João, uma palavra se destaca. Podemos dizer que é uma palavra que as primeiras comunidades cristãs distinguiram como importante, porque se encontra nos Sinóticos e em São João. Além do mais, eles não só a colocam num lugar importante de suas narrativas – imediatamente antes do último relato do Mistério Pascoal – como também João, em sua introdução, insiste na presença do Lázaro ressuscitado, o maior milagre de Jesus precedendo e predizendo o ato final – sua própria ressurreição. Vamos ouvir a palavra:

> Seis dias antes da Páscoa, Jesus foi a Betânia, onde estava Lázaro, que ele ressuscitara dos mortos. Ofereceram-lhe aí um jantar; Marta servia e Lázaro era um dos que estavam à mesa com ele. Então Maria, tendo tomado uma libra de um perfume de nardo puro, muito caro, ungiu os pés de Jesus e os enxugou com seus cabelos; e a casa inteira ficou cheia do perfume do bálsamo. Disse, então, Judas Iscariotes, um de seus discípulos, o que o iria trair: "Por que não se vendeu este perfume por trezentos denários para dá-los aos pobres?" Ele disse isso, não porque se preocupasse com os pobres, mas porque era ladrão e, tendo a bolsa comum, roubava o que aí era colocado. Disse então Jesus: "Deixa-a; que ela o conserve para o dia da minha sepultura! Pois sempre tereis pobres convosco; mas a mim nem sempre tereis". (*João 12, 1-8*)

Marcos acrescenta estas palavras de Jesus:

> Em verdade vos digo que, onde quer que venha a ser proclamado o Evangelho, em todo o mundo, também o que ela fez será contado em sua memória. (*Marcos 14, 9*)

Desta vez, estamos tentados a simpatizar com Judas, por mais que seja ladrão e traidor. Eis a mulher com sua jarra de perfume incrivelmente cara. Trezentos denários, o salário de trezentos dias de trabalho; pelos padrões atuais, milhares de dólares. O melhor, mais caro e exótico perfume, numa requintada jarra de alabastro – Paris dificilmente conseguiria algo tão especial nos dias de hoje.

Como diz um dos Sinóticos, Maria não só abriu a jarra e derramou algumas gotas poderosas, nem apenas se contentou em despejar todo o seu conteúdo. Ela quebrou a jarra preciosa e derramou todo o seu rico conteúdo. Que extravagância! Como em Judas, algo diz dentro de nós: que desperdício! Contudo, ela não foi apenas defendida pelo Mestre, mas elogiada e exaltada. A boa fragrância enche a casa. O que Maria fez beneficia toda a Igreja. E sempre que a Boa Nova for proclamada, esse evento será parte integrante dela, parte integrante da vida dos cristãos. Os pobres estarão sempre lá, o escândalo dos pobres, e terão de ser assistidos, mas haverá também o escândalo do desperdício de vidas oferecidas em homenagem, em devoção pessoal a Nosso Senhor. Porque é isto que o gesto de Maria significa: o desperdício total e irracional do rico potencial de uma vida.

Enquanto nos sentamos, recolhidos com o Senhor, e sobre ele espargimos o que temos de mais precioso, nosso tempo e o fluxo de nossa vida, algo dentro de nós grita: "Por que este desperdício?! Este tempo poderia ser empregado para suprir as terríveis necessidades dos pobres". E qual o ser humano que não é pobre?! Mas o que Nosso Senhor proclama aqui é que Ele quer essa forma de extravagância. Ele quer que nos derramemos sobre Ele, sem visar lucro, até em aparente detrimento de seus amados pobres. Esta é uma palavra que precisamos ponderar.

Gostaria de falar sobre outra palavra sutil contida neste perícope. Há tempos, uma preeminente convertida contou-me a história de sua conversão. Tudo começou na Assembléia Legislativa. Tinha sido um dia de tensos debates, um longo dia, e esta mulher, cansada e abatida, foi apanhar seu chapéu no vestiário, quando ouviu um deputado dizendo a outro: "Bem, podemos contar com o Senhor para se ocupar disto". Minha amiga virou-se para ele e disse:

"Gostaria de poder dizer o mesmo". O deputado retrucou: "Amiga, se ao chegar à sua casa você pegar a Bíblia e ler como se estivesse lendo um projeto no qual tivesse de votar amanhã na Assembléia, poderá dizer isto". Minha amiga foi para casa, pegou a Bíblia, assoprou a poeira, e começou a ler o Evangelho como se estivesse lendo um projeto de lei. Leu criteriosamente cada palavra. Antes de ter ido muito longe em Mateus, já estava procurando um padre para pedir-lhe orientação.

Quando falam sobre as Escrituras, os Padres dizem que devemos ler nas entrelinhas, além do significado óbvio, literal, para provar o doce fruto do sentido espiritual; temos de quebrar a casca da noz para alimentar-nos do fruto. Temos de questionar o texto e ler nas entrelinhas. Há algum tempo, alguém deixou um poema em cima de minha mesa; o título era *Peixe*. A primeira linha dizia: "O que fazia Jesus enquanto eles puxavam a rede?" Reconhecemos imediatamente a alusão ao dia em que Jesus pregou no barco de Pedro, e depois disse a ele e a seus companheiros que jogassem a rede, e ela voltou cheia de peixes. O que Jesus estava fazendo enquanto Pedro e seus companheiros puxavam a rede?

Com relação a este nosso texto, eu perguntaria: onde Maria conseguiu a valiosa jarra de perfume? Teríamos de perguntar primeiro: Quem é esta Maria? Eu diria que essa irmã de Lázaro é igual à mulher pecaminosa que lavara os pés de Nosso Senhor com suas lágrimas, e os ungira e secara com seus cabelos, conforme ela faz agora. Há algo curioso nesta casa privilegiada. Contrariando todos os costumes e até mesmo o sentimento religioso da época e das pessoas, temos aqui uma família abastada, nas cercanias da capital, da qual fazem parte três pessoas aparentemente solteiras. Penso que isto pode ser explicado pelo fato de Maria, a mulher pecadora, ter desgraçado a família de tal forma que era totalmente impossível seu irmão e sua irmã se casarem; sobretudo depois que, com grande piedade, a receberam de volta em casa. Estou convencido de que foi esse amor compassivo que atraiu Jesus a essa família. De qualquer forma, Maria tinha aquela extraordinária jarra de alabastro cheia de perfume – de onde vinha essa jarra? Talvez seu irmão a comprara para ela como presente de consolação. Mas parece não ter sido essa a história. Parece mais lógico que ela tenha comprado a jarra quando exercia sua profissão, para atrair os clientes; ou talvez a tenha recebido como pagamento de um deles. Se foi assim, que humildade a de nosso Deus em receber tal presente! E o que isso nos diz? Não importa quanto tenhamos usado e abusado de nosso poder de amor, nem quanto pareça estar contaminado, Ele ainda assim o quer, e por inteiro.

O Senhor quer nosso amor, nossa prece, essa prece de amor na qual nos derramamos sobre Ele, sem moderação. Ele dá valor a isso, e isso inunda a Igreja inteira. Ele dá valor a isso, e nós também deveríamos lhe dar valor. E não importa quão alto nossas vozes interiores e exteriores – eminentemente práticas – clamem, "por que esse desperdício?" Deveríamos reservar-lhe tempo e lugar. Deveríamos dar-lhe grande prioridade em nossas vidas.

Uma das coisas que me impressionaram nos professores do movimento de meditação transcendental foi a fidelidade com que estabeleceram prioridades e as inculcaram em todos a quem ensinaram. Maharishi Mahesh Yogi quer levar a meditação transcendental ao mundo todo, e tão rápido quanto possível. Insiste porém na absoluta fidelidade de todos à meditação diária, e periodicamente tira seus professores de campo para longos períodos de meditação mais intensa. Fiquei surpreso a primeira vez que telefonei para falar com uma pessoa e fui informado de que estava meditando no momento – eu poderia voltar a ligar em vinte minutos? Disse a mim mesmo: "Ora! Veja só que maravilha!" Ouvi isso muitas vezes depois. E não fiquei ofendido. Muito pelo contrário, foi edificante. Passa a nos parecer óbvio depois de estabelecermos nossas prioridades, e está começando a ser aceito em nossa sociedade. Nos últimos tempos, algumas vezes em que estive fora de casa, meu anfitrião perguntou-me gentilmente se eu queria um tempo antes do jantar para meditar, ou organizou tudo de modo a deixar-me esse tempo livre. Em outras ocasiões, quando escapei para vinte minutos de meditação enquanto me preparava para a refeição, isso foi recebido com naturalidade. Quando somos nós que organizamos uma reunião ou um encontro, deveremos ter a sensibilidade e a consideração de deixar algum tempo, e providenciar espaço, para nossos hóspedes ou participantes meditarem. É uma cortesia como outra qualquer. E muitas vezes dá oportunidade de falar sobre a oração centrante e partilhá-la.

Se estamos convencidos de que é importante nos sentarmos quietos com o Senhor um par de vezes por dia, arranjaremos tempo para isso. Se recebo um telefonema internacional importante quando estou saindo para jantar ou para um compromisso, não hesito em dedicar-lhe um tempo, mesmo se tiver de me desculpar e chegar um pouco atrasado. Quão importante é a oração e quão urgente é esse encontro com o Senhor?

Algumas pessoas acharam muito útil incluir tempo para a oração centrante ao programar a agenda diária de atividades. A agenda avisa: 4h30 – J. C. Se tivermos a sorte de ter uma secretária, lhe dizemos que não devemos ser interrompidos durante esse compromisso importante. Se não tivermos tanta sorte, teremos de colocar um aviso na porta e tirar o telefone do gancho (se o telefone der sinal de ocupado, quem nos procura saberá que estamos em casa e telefonará mais tarde).

Não hesitamos em marcar compromissos com outras pessoas. Jesus Cristo é menos importante, com menos direito a nosso tempo e atenção? Se estou ocupado com um de meus irmãos e outro nos interrompe, não duvido em pedir-lhe que volte quinze minutos depois. Ele compreende e aceita. Mas pode ser que ele tenha uma necessidade urgente. Então me desculpo com quem está comigo, e volto minha atenção para o recém-chegado. Tenho esta mesma liberdade com o Senhor. Se houver uma necessidade urgente, estou certo de que Ele não se importará se eu atender a essa necessidade e retornar a Ele mais tarde. Porém, devo tratá-lo com a mesma cortesia que dispenso a outros irmãos, e não estar sempre pronto a deixar de lhe dar atenção durante o tempo reservado a Ele.

Uma das coisas a que nos apegamos algumas vezes no sacerdócio é o mito da disponibilidade. Disponibilidade total – sempre prontos a dar atenção a qualquer pessoa, a qualquer hora. Estamos realmente nos supervalorizando, talvez procurando um pouco de satisfação para nosso ego; somos tão necessários! Talvez sejamos *nós* que *necessitemos* ser necessários! Mas, vez ou outra, o Senhor pode dar um jeito de cuidar das coisas sem nós. Ainda não encontrei ninguém que se tenha aborrecido por ter de esperar um pouco enquanto eu orava.

As ações falam mais alto que as palavras. Com nosso exemplo, podemos ajudar outros a aprender melhor a verdadeira hierarquia de valores, a importância da oração, o caminho para a paz. Alguém que espere por mim enquanto rezo provavelmente aprenderá mais sobre oração do que se estivesse falando comigo sobre ela. É claro que seria melhor se estivesse comigo em oração. Não devemos hesitar em convidar os outros a se juntarem a nós quando oramos. É um bom modo de começar um encontro. Se acreditamos que "sempre que duas ou três pessoas estiverem reunidas em meu nome, eu estarei entre elas", seria cortês dar alguma atenção ao Senhor. E pode levar a uma grande paz.

Meu abade contou-me que quando está em casa quase não tem dificuldade em achar tempo para a meditação. Porém, encontra alguma dificuldade quando visita outras comunidades. Sendo assim decidiu avisar, no início da visita, de que não estaria disponível por meia hora antes do almoço e do jantar. A reação de todos foi favorável; ficaram até impressionados. Ele, com certeza, acredita no que ensina. As ações falam mais alto que as palavras. E, sem dúvida, uma das melhores coisas que podemos fazer pelos outros é ensinar-lhes a prioridade da oração, e como podem encontrar Deus, intimamente, no centro do próprio ser, e vivenciar seu grande amor por eles.

Quando amamos alguém de verdade, esperamos ansiosamente encontrá-lo. Um compromisso com alguém que se ama tem alta prioridade. Não deixamos que nada impeça esse encontro. Vamos ansiosos. Em um de nossos *workshops*, um monge nos relatou que costumava fazer sua oração numa casinha ou ermida, em seu jardim. Durante o trabalho da tarde esperava ansioso pelo momento de deixar as ferramentas e correr para o encontro. Literalmente corria para lá. Ele descobriu que nos dias em que não se sentia tão ansioso, mesmo assim corria para lá e, quando chegava, a corrida havia restaurado seu entusiasmo.

É bom ter um lugar especial para nos encontrar com o Senhor. Esse lugar nos ajudará cada vez mais a entrar rapidamente em profunda oração. Criará suas próprias vibrações de apoio. A presença de um ícone ou uma Bíblia aberta fará dele um espaço sagrado, uma Presença real. Uma vela acesa simbolizará a hora sagrada. Precisamos nos apegar mais à sacralidade, e usá-la como suporte. Ainda assim, uma coisa é certa: podemos orar em qualquer lugar, a qualquer hora.

Manter a luz do Tabor

✸

Outro apoio para a fidelidade é o compromisso. Ter um companheiro, ou um grupo com quem possamos orar com regularidade, é de grande ajuda. Se ensinamos os outros, compreendemos a absoluta necessidade de nós próprios sermos fiéis, para podermos ensinar com sinceridade. Se adotarmos um programa de acompanhamento, o que é sempre muito desejável, teremos um grupo de apoio que, por nossa vez, apoiamos. É óbvio que marido e mulher podem ser companheiros de oração, mas têm de ser sensíveis e determinar com cuidado quando isso é oportuno para ambos. Um casal que ora junto com regularidade descobrirá que sua relação conjugal se abre em todos os níveis a uma nova plenitude e liberdade. Inúmeros casais falaram comigo a respeito da santidade desse ato.

Um dos grandes estímulos que recebi este ano foi uma carta de Natal de um casal que havia me procurado cerca de duas semanas antes dessa data. Quero partilhá-la com vocês:

Natal, 1978

Caro Padre Basil,

Obrigado pelo presente de Natal para nós e nossos filhos. Demoramos em escrever esta carta de propósito, porque queríamos que soubesse em primeiro lugar o que aconteceu em nossa comunidade familiar.

A primeira tentativa de meditação foi há uma semana. Alice (a esposa) havia saído para o trabalho, e eu perguntei a Bernadette, Renée, Kieran e Colette (quatro dos filhos) se gostariam de participar de uma meditação. Eles tinham nos ouvido conversar a respeito de nossa visita ao senhor, e acho que estavam curiosos. Para minha surpresa, a resposta deles foi positiva e entusiasmada. Usei outra vez a fita do Padre Meninger como apoio. Ao final, sentei-me em silêncio e deixei-os conversar. Cada um deles falou intensamente sobre a experiência. Foi fantástico. Quando Alice telefonou, como de costume, eles lhe contaram como a experiência tinha sido maravilhosa.

Em 24 de dezembro nos reunimos novamente para meditar, desta vez com a presença de Vinnie (o filho de dezoito anos) e de Alice. A experiência foi muito boa e trouxe-nos muita paz. Minha mulher e eu ficamos admirados com a receptividade. Na verdade, achamos estranho que a maioria de nossos amigos reclamasse que os filhos adolescentes não queriam nem ir à igreja, quanto mais rezar. Sentimo-nos até meio intimidados pelo fato de Deus estar fazendo isso por nós.

Após a distribuição dos presentes, na véspera do Natal, reunimo-nos com nossos filhos mais velhos. Eles trouxeram o tema da oração. Vinnie disse que procurava uma experiência religiosa, que não havia encontrado na igreja local. Ele achou a oração centrante muito "legal", e disse que se sentiu muito bem com a prática. (Para minha surpresa, encontrei-o na sala esta manhã, na postura de meditação.) Bernadette disse que ela e uma turma de estudantes do Marista estão formando um grupo de oração, e que o padre estava deixando que eles escolhessem seu próprio método ou forma de oração. Bernadette disse também que gostaria de levar as fitas quando retornasse para o semestre da primavera.

Veja só o que o senhor provocou, Padre Basil. Estamos tão felizes porque o fez, e por ter compartilhado seu presente conosco neste Natal. Não espero que responda a esta carta, porque sei que sua agenda é muito cheia. Tentarei mantê-lo informado sobre o progresso da classe da Irmandade, bem como sobre algum problema que possa surgir. Alice e eu estamos agora planejando um retiro com a Casa de Oração, conforme mencionado no panfleto "Encontrar a graça no centro". Obrigado, mais uma vez.

Com amor,
Vin Murphy

Famílias que oram unidas permanecem unidas!

É bom estarmos conscientes daquilo que pode solapar nossa prática em certas épocas. Depois de um longo período de fidelidade, deixar de praticar, mesmo por um curto período, pode dificultar o retorno ao centro, talvez por causa de uma sensação de culpa que não queremos enfrentar. Os períodos em que ficaríamos mais livres para a prática, em que poderíamos ampliá-la dedicando-lhe mais tempo, tendem a ser os mais perigosos. É aí que a descartamos. Quando estamos em férias, procurando descansar para nos sentir renovados, o que poderia nos ajudar mais do que horas extras de meditação? Quando estamos doentes, acamados, necessitando de descanso profundo e restabelecimento, como ajudaria estar em contato com a Fonte de toda vida e vitalidade! No entanto, parece que é justamente nesses períodos que muitos deixam de praticar regularmente. Talvez por não termos de meditar a determinada hora, tendemos a relaxar e não meditar em hora nenhuma. O que perdemos quando deixamos de praticar apenas uma vez, nunca saberemos. Talvez pudesse ter sido a mais bela experiência de nossas vidas. Não podemos nos permitir faltar a um só desses encontros com o Senhor, pois seria uma perda eterna.

Ao dizer isso, não quero dar a falsa impressão de que, se não pudermos nos centrar duas vezes por dia, não deveríamos nos centrar nenhuma vez. Até se praticássemos uma vez por semana já nos faria bem. Cada esforço e resultado de entrar mais profundamente em oração e em comunhão com Deus são preciosos. Praticar só uma vez por dia não é tão bom como duas vezes; mesmo assim, é uma prática preciosa, de efeito transformador em nossa vida.

Mas eu desafiaria a conclusão de que não podemos abrir espaço para vinte minutos de meditação duas vezes por dia. Se esse for o caso, deveríamos revisar mais a fundo nossos valores e como os levamos à prática. Se nossas vidas não estão alinhadas com nossa esperança e aspiração mais profundas, chegará inevitavelmente o dia de ajustar contas. Se gastamos dias, semanas, meses e anos pressionados por circunstâncias e pessoas, ou por nossas próprias emoções e paixões, em lugar de caminharmos relaxados em direção às verdadeiras metas de nossa vida, haverá um refluxo, uma terrível sensação de desperdício e fracasso.

Muitas vezes, as súbitas mudanças, os acontecimentos radicais que vemos nas vidas de nossos irmãos e irmãs são devidos a isso. Durante anos, suas vidas foram preenchidas com as atividades agitadas e inconstantes de ações superficiais, do soprar dos ventos e das ondas de barcos de outras pessoas, em vez do fluxo profundo e estável da fonte para o oceano da vida, do amor e da felicidade divinos. Isso pode acontecer inconscientemente, porque estão vivendo sem reavaliar suas vidas – daí o grande valor de uma regra de vida, um guia espiritual, retiros e reconsiderações periódicos. Também pode ser devido a uma relutância em pagar o preço de ser uma pessoa mais profunda. John Dunne[34], nas páginas iniciais do seu excelente estudo *Time and Myth* (*Tempo e mito*), comenta:

---

34. John William Dunne (1875-1949), inventor e filósofo britânico. (NR)

Manter a luz do Tabor

Nada parece permanecer. O homem passa pelas fases da vida – infância, juventude, maturidade e velhice. Cada fase vem e vai, e a vida parece findar na morte exatamente como a infância na juventude, e a juventude na maturidade, e a maturidade na velhice. Algo muito parecido acontece com toda a civilização... Nada parece permanecer depois da vida além de uma máscara mortuária, um molde tirado de uma face morta, uma impressão deixada por um ser que um dia viveu. Uma vida duradoura, que pudesse perdurar através e além da morte, teria de ser mais profunda que as vidas comuns. Deveria ser uma vida em que, sem o saber, os homens possuíssem uma corrente que flui muito abaixo da superfície. Encontrá-la seria como ver algo abrasador nas profundezas da vida; seria como ouvir um ritmo de vida que não se costuma ouvir. A questão é se um homem que encontrasse essa vida agüentaria vivê-la, se poderia vivê-la nas profundezas, se poderia viver de acordo com esse ritmo. Uma vida mais profunda seria como uma contracorrente, uma corrente que flui abaixo da superfície, uma corrente que se dirige ao mar, ou ao longo da praia, enquanto as ondas da superfície se quebram na areia. As fases da vida e as fases da civilização são como as ondas, cada uma se avolumando e desaparecendo, cada uma rolando e se quebrando na praia. Uma vida vivida na superfície é como a própria arrebentação, como a onda do mar que se quebra na praia, como a espuma, o borrifo, o barulho de ondas se rompendo. Não há ondas nem quebras na contracorrente; não há espuma, nem borrifo, nem som. Contudo, é uma corrente poderosa, e pode ir em direção oposta à das ondas, para o mar aberto, enquanto elas se precipitam em direção à praia. O homem que se entrega à corrente mais profunda da vida pode sofrer o mesmo risco que o homem que se deixa apanhar pela contracorrente. Poderia ser melhor para ele deixar-se flutuar na superfície e ser carregado para a praia. Viver de acordo com o ritmo profundo pode ser ignorar o ritmo da superfície da vida. Pode significar perder as alegrias e os cuidados normais da infância, juventude, maturidade e velhice. Pode significar mergulhar nas profundezas da vida para seguir uma luz ilusória como a fosforescência do mar.

O que nos impede entregar-nos fielmente à oração centrante pode ser algo mais que falta de tempo, apesar de ser essa a reclamação que mais ouço: "Eu gostaria mesmo, gosto de meditar, mas, de verdade, não tenho tempo para dedicar-me; é isso, não encontro tempo".

Um dia, Nosso Senhor estava sentado no templo, no lado oposto ao da caixa de oferendas. Observava os fiéis entrando e depositando suas doações. Subitamente, virou-se para os discípulos sentados perto dele. "Vejam aquela viúva ali!" Os olhares seguiram seu gesto. "Ela depositou apenas duas moedinhas no cofre. Mas, eu lhes digo, ela doou mais do que todos os outros que também doaram. Porque eles deixaram o supérfluo, enquanto ela deixou o essencial, aquilo que não poderia dar-se ao luxo de doar." O Senhor aprecia muito quando dedicamos a Ele o tempo de que não poderíamos dispor. E mostrará sua apreciação. Cuidará das coisas como só Ele pode cuidar, enquanto meditamos. E nos revigorará tanto que logo descobriremos que fazemos mais em menos tempo e não precisamos dedicar tanto tempo ao sono. O tempo dedicado à oração contemplativa é bem empregado, mesmo no nível físico. Quando me perguntam como consigo fazer tanto, sempre respondo: "Dedicando várias horas por dia à oração contemplativa".

Nestas páginas, enfatizei a prática da oração centrante duas vezes ao dia. Se o fizermos, logo descobriremos que ela está se infiltrando cada vez mais em nossas vidas. Muitos me contam como alongam os períodos, como estão conseguindo um tempinho todos os dias após o almoço – muito melhor que um cochilo –, como a palavra de oração surge em momentos de calma, convidando-os a desfrutar de uma pausa revigorante. O que perseguimos é todo um estilo e um ritmo contemplativos. Queremos ter tempo para nuvens e crepúsculos, para a beleza dos rostos e as pequenas coisas da vida.

Os padres gregos fizeram distinção entre *khrónos* e *kairós*. *Khrónos* é o tempo cronológico, o fluxo estável dos minutos, horas, dias, meses e anos. Caminha implacavelmente, com passo constante, incansável, não importa o que esteja acontecendo, é totalmente igualitário, uniforme, invariável. *Kairós* é o tempo da graça, a plenitude do momento presente, tudo o que é agora. Cada momento tem sua própria singularidade, sua própria plenitude, sua própria qualidade. Se pudermos entrar na escola da oração centrante e ser fiéis a nossas lições, mais depressa do que esperamos nos formaremos numa vida de *kairós*, uma vida preenchida pela Presença luminosa, grande paz, felicidade constante: um verdadeiro começo de vida eterna aqui na terra. Que nosso Divino Mestre nos guie a todos, prontamente, nessas lições, formando em nós a mente e o coração de Cristo.

X
Espalhando a boa nova

Estamos todos em missão. "Ide e pregai..." Esta ordem do Senhor não se dirigiu apenas aos doze discípulos, mas a todos nós, porque fomos todos batizados em Cristo, Aquele que é enviado. Somos todos parte de um sacerdócio e, como sacerdotes, não só devemos nos postar ante o Pai, com constantes intercessões, exibindo as chagas de Cristo, vivendo os sacrifícios do Unigênito, mas, como Ele, devemos trazer aos homens seus presentes de vida e verdade. Não são apenas os não-batizados que precisam ser evangelizados. Todos nós necessitamos ouvir, a cada dia, cada vez mais plenamente, a mensagem, a Palavra da Vida. É por isso que a Liturgia da Eucaristia é sempre precedida pela Liturgia da Palavra; e é por causa disso que precisamos, a cada dia, encontrar a Palavra viva em nossa *lectio* diária.

Precisamos entrar cada vez mais em contato com quem verdadeiramente somos. "Cristãos, conheçam sua dignidade" era a insistente exortação dos primeiros Padres. Uma e outra vez, num contexto batismal, eles repetiam as palavras do oráculo de Delfos: *Conhece-te a ti mesmo*. Porque conhecendo a nós mesmos conheceremos nosso Deus – porque somos feitos à sua imagem e semelhança. Somos o mais perfeito reflexo de Deus na criação. Somos a expressão e o resultado do amor de Deus, e Deus é amor.

Oração Centrante

✳

Um pastor protestante escreveu recentemente:

Olho para o exemplo de Jesus e compreendo que essa é minha possibilidade... Fomos criados à imagem e semelhança de Deus. E viver à nossa maneira, jogando nossos jogos e agindo de nosso jeito, nos impede viver a plenitude de quem somos.

Sei que a tarefa da Igreja e de meu sacerdócio é ajudar as pessoas a se encontrarem na imagem e semelhança. Somos chamados a viver a plenitude de quem somos. Estou certo de que muitos aspectos das religiões organizadas têm falhado com muitas pessoas. Experiências válidas criaram sistemas de crenças que são freqüentemente transmitidos sem experiência, e que então delineiam que tipo de experiências são "válidas" no futuro. Muitos de nós já vivenciamos certa faceta da verdade e ficamos presos a ela. Não estamos abertos à possibilidade total...

Uma das melhores formas de ajudarmos os outros a conhecer suas verdadeiras naturezas, com seu ilimitado potencial de participar da vida divina e da felicidade (além da oração verdadeiramente piedosa), é auxiliá-los a encontrar o modo de deixar para trás o emaranhado de suas identidades falsas, superficiais, e ir para o centro, para a base de seu ser, de onde estão sempre se originando, a partir do amor criativo de Deus. E é isso que procura o método simples de encontrar o centro que chamamos de oração centrante. Partilhar a oração centrante com os outros é uma forma preeminente de executar nossa missão cristã e de abrir para nossos irmãos e irmãs o Caminho, a Verdade, a Vida, ou seja, a Boa Nova.

Lembro-me da primeira vez em que orientei um grupo de oração centrante e notei que nele havia um irmão de pele escura, da Índia, que usava a veste branca de *swami*. Tenho de confessar que senti uma pontada de desconforto – ou talvez apreensão? Em nosso mundo ocidental tem predominado tal complexo de inferioridade em relação à prática espiritual, que com certeza, não estou inteiramente livre dele. Concordo com a penetrante conclusão de monsenhor Rosanno, membro do Secretariado do Vaticano para religiões não-cristãs: "Partilhamos com nossos irmãos e irmãs do Oriente a revelação mística, espiritual e ascética (e temos de confessar com humildade que, em várias instâncias, não vivenciamos isso tão bem como eles), mas nós temos alguma coisa a mais: a revelação histórica. E é nossa responsabilidade compartilhá-la com humildade com nossos irmãos e irmãs". Contudo, nem sempre meus sentimentos coincidem plenamente com minhas convicções.

Apresentei a oração centrante como de costume, perguntando-me de que maneira essa invocação de fé e amor estaria atingindo o monge hindu. Pouco depois nos centramos na oração e desfrutamos a bela plenitude do silêncio. Ao final da oração, lancei um olhar interessado para nosso amigo do Oriente. Ele tinha – ou, poderia até dizer que ele era – um lindo sorriso, uma expressão profunda e radiante de tranqüilo prazer. Gentilmente nos deu seu testemunho: "Esta foi a experiência mais bela que já tive". Para mim, de muitas formas, foi uma experiência afirmativa. Mas afirmação é o efeito constante de nosso compartilhar com os outros.

Todos temos dúvidas quando nos vemos no papel de professores de oração. Somos por demais conscientes de nossos pecados e misérias, nossas recaídas e infidelidades; de quanto nossa oração parece uma porção de espaguete: um infindável emaranhado de pensamentos, sensações e imaginação. Como nos atrevemos a ensinar aos outros?

Vamos refletir um momento sobre o chamado do profeta Samuel. Ele teve a sorte de viver naquela época com um pai espiritual; não o melhor, mas alguém com algum saber e discernimento sobre os caminhos do Senhor. Uma noite, o Senhor chamou o jovem enquanto dormia. (Muitas coisas boas relatadas pela Bíblia aconteceram durante o sono; talvez o Senhor queira enfatizar que é Ele quem toma as iniciativas, e nós só temos de fazer o que Ele quer, e quando quer, até dormindo.) Ouvindo seu nome, "Samuel, Samuel", o jovem pensou que fosse seu pai espiritual, Eli, que o chamava, pois ainda não conhecia os caminhos de Deus. Pulou da cama e correu para o mestre: "O senhor me chamou, aqui estou". Eli não entendeu o que estava acontecendo (como já disse, ele não era o melhor dos pais espirituais) e mandou o jovem se deitar. Só no terceiro chamado Eli percebeu que era o Senhor, e instruiu Samuel sobre como responder.

Hoje, muitos como Samuel ouvem o chamado do Senhor, vindo a eles de várias formas, algumas até bem menos convencionais do que uma voz na noite. Mas não reconhecem a voz. Não percebem o está acontecendo. Não sabem como responder. É por isso que existe uma grande necessidade de guias espirituais, mesmo medíocres como Eli, você e eu. Pelo menos podemos ensinar às pessoas *como ouvir*, como dizer, por atos mais do que em palavras, "fala, Senhor, pois teu servo quer ouvir". E o Senhor então fará o resto. Ele pode derramar seu Espírito em seus corações – o Espírito que Ele prometeu lhes ensinaria todas as coisas, até as coisas profundas de Deus.

Se permitirmos nos esquecer de nós mesmos em favor de nossos irmãos e irmãs, se nos doarmos, se entregarmos nossas vidas, descobriremos que o próprio Senhor preencherá o que falta. Ele suprirá todas as nossas deficiências. Tornará nossas palavras portadoras de vida. E, enquanto ele provê os outros por nosso intermédio em resposta à fé deles e à nossa, também nos provê. Não seremos apenas condutores, mas reservatórios, compartilhando a plenitude que recebemos. Assim é a misericórdia do Senhor. O velho adágio reflete bem nossa experiência: a melhor forma de aprender é ensinar.

Uma de minhas histórias favoritas de sucesso é a da tranqüila irmã de meia-idade que participou de um *workshop* de oração centrante na primavera, anos atrás. Como de costume, ao final do *workshop* animei os participantes a compartilharem o que haviam recebido. "Graciosamente recebeste, graciosamente doarás". A irmã mal falou algumas palavras durante o *workshop* e, ao sair, balançou a cabeça e pensou, "bem, algum dia, talvez eu possa ensinar aos outros, mas isso ainda está muito longe".

Encontrei-me com a irmã três semanas depois, e ela contou-me o que se passara nesse tempo. Ela morava num apartamento com outras três irmãs. Ao chegar, naquela noite, as outras irmãs a esperavam ansiosas para ouvir o que havia acontecido. Quando percebeu, as quatro estavam sentadas orando. No dia seguinte, no café da manhã no convento, a pergunta era a mesma: O que aconteceu em seu *workshop*? E o resultado foi o mesmo; pouco depois, onze delas estavam orando, sentadas em silêncio, numa pausa para a oração em vez de uma pausa para o café. Combinaram encontrar-se no saguão depois do trabalho, para uma segunda experiência. No fim dessa semana, noventa irmãs estavam se encontrando no saguão, todos os dias às quatro e meia, para orarem juntas. E fizeram um pacto de não começar o trabalho pela manhã sem primeiro orar por trinta minutos.

Quando encontrei a irmã, três semanas depois do *workshop*, as irmãs estavam planejando como trazer para a prática durante o verão as outras seis mil irmãs da congregação.

Oração Centrante

※

Nesse mesmo verão, um jovem judeu convertido, professor numa universidade católica, visitou o mosteiro. Ficou profundamente tocado pela oração centrante, e em setembro organizou um *workshop* de final de semana para seis membros da faculdade e sete estudantes. Um dia depois do *workshop*, os estudantes foram a todos os dormitórios do campus e convidaram pessoalmente cada estudante para uma palestra introdutória sobre meditação cristã. A receptividade foi imensa, e nos finais de semana seguintes um grande número de estudantes entrou em contato com a prática. Meia dúzia de salas de meditação foram organizadas dentro do campus, com horário específico para grupos de meditação e a liberdade de usá-las a qualquer hora para meditação individual. Após a palestra introdutória do professor, os estudantes tomaram todas as iniciativas.

Penso que uma das maiores falhas em muitas de nossas comunidades cristãs tem sido pedir e esperar muito pouco de nossos jovens adultos. Todos poderíamos aprender alguma coisa a esse respeito com a Igreja de Jesus Cristo dos Santos dos Últimos Dias. Poderíamos também aprender com Maharishi Mahesh Yogi, que desencadeou um vasto movimento de meditação em poucos anos, começando quase sem recursos financeiros, mas confiando imensamente no zelo e no senso de missão dos estudantes. Uma porcentagem considerável de líderes do movimento de meditação transcendental tem sido de moças e rapazes que cresceram nas igrejas cristãs. Quando ensinamos ou compartilhamos a oração com outras pessoas, não deveríamos deixar de encorajá-las a ir adiante e fazer o mesmo. A responsabilidade de ensinar outras pessoas nos anima a uma fidelidade ainda maior. O mesmo acontece quando formamos grupos de apoio e trabalhamos com programas de acompanhamento.

Espalhando a boa nova

Ao ensinar a oração centrante, quanto mais simples a apresentação, melhor. Em geral, é preferível que as perguntas sejam respondidas após a experiência. Dessa forma, o ensinamento poderá ser mais relevante à necessidade de informação daqueles a quem ensinamos, e não os sobrecarregaremos com informações de que não necessitem, ou não queiram. Nem perderemos tempo respondendo a perguntas sobre pseudoproblemas que surjam do pensamento *a priori* sobre algo que é, na essência, não-conceitual e experimental.

O melhor *workshop* é o que inclui bastante tempo para meditação, tanto em grupo como individual, bem como para questões que surjam da experiência em si. É muito bom que o *workshop* também inclua considerações práticas sobre *lectio* como suporte para a prática; como formular uma regra de vida pessoal, formas de compartilhar e ensinar e acompanhamento. Num apêndice a este capítulo, incluí modelos de programas para *workshops* e sessões de acompanhamento.

O acompanhamento é muito importante. Quando começamos a ensinar a oração centrante em nossa casa de retiro, havia uma estrutura natural para o acompanhamento, uma vez que as pessoas voltavam para outro retiro, e tinham de novo oportunidade de orar em grupo e discutir sobre essa forma de oração. Quando começamos a conduzir *workshops* em outros locais, essa oportunidade não se apresentou de imediato. No primeiro desses *workshops*, no entanto, surgiu uma demanda espontânea por algum tipo de programa de acompanhamento. Nesse grupo em particular, uma vez que todos os participantes vinham da mesma localidade, eles decidiram encontrar-se a cada dois meses para uma convivência de vinte e quatro horas. Com o passar dos meses e dos anos, essa reunião periódica tornou-se um dos maiores elementos de apoio em suas vidas atarefadas.

Ao longo dos anos, muitos grupos montaram grande variedade de planos para acompanhamento, algumas vezes com grande custo e sacrifício pessoal por parte de seus membros. Sem algum apoio desse tipo, pelo menos no início, muitos achavam que havia poucas chances de conseguirem uma integração eficaz da oração na vida do dia-a-dia, não importando quão boa e frutífera a considerassem.

Outras escolas de meditação descobriram essa necessidade, e criaram soluções comunitárias e programas bem estruturados. Poderíamos tirar idéias desses programas quando elaboramos os nossos. Por exemplo, no movimento de meditação transcendental, o ensino da prática é precedido por duas palestras introdutórias e, assim, só recebe o ensinamento quem realmente decide praticar a meditação. É cobrada uma taxa – alguns acham a quantia exorbitante, mas o intuito é valorizar o que está sendo recebido, para que não seja descartado por qualquer motivo banal. Não estou sugerindo que a oração centrante tenha de cobrar alguma coisa, apesar de os programas de fim de semana terem custos a serem cobertos. Mas não seria má idéia solicitar alguma coisa aos meditantes; talvez dois dias de serviço voluntário para uma instituição de caridade local, visitas a hospitais ou prisões, ou algum outro trabalho voluntário, físico ou espiritual.

No programa de meditação transcendental, depois de ter sido iniciado ou instruído, o aprendiz deve retornar três dias seguidos para meditação em grupo ou instruções adicionais. No mês seguinte, espera-se que retorne uma vez por semana e, durante o ano, pelo menos uma vez por mês. Isso é o mínimo. Há também palestras avançadas e finais de semana intensivos. Sem querer imitar isso, mas respondendo a uma solicitação, a uma necessidade legítima, desenvolvemos o *workshop* avançado. O programa de meditação transcendental certamente foi elaborado em resposta à mesma necessidade.

Penso que algumas pessoas sempre acharão que a meditação em grupo dá mais apoio do que outras modalidades. Suspeito que isso dependa em grande parte da estrutura psicológica individual. Alguns são mais introvertidos e acham que a presença de outros distrai e é um tanto desconfortável. Outros acham a proximidade um grande apoio. A verdade é que quando um grupo medita em conjunto, mesmo que sejam só duas pessoas, a responsabilidade de um com o outro estimula a fidelidade. Ainda mais, cria-se um clima de oração, uma corrente de graça oculta, algumas vezes quase palpável, que fortalece a meditação de cada um e cria uma profunda ligação dentro da comunidade cristã.

O programa de oração centrante pode desenvolver-se sozinho ou juntar-se a algum já existente. Um exemplo do primeiro caso ocorreu em algumas paróquias. No início da quaresma, os párocos anunciaram nos boletins de suas paróquias que durante esse período ofereceriam aos membros a oportunidade de aprender um método simples de oração profunda ou oração contemplativa pertencente a nossa tradição. Em todos os casos, os párocos ficaram surpresos pelo volume do retorno. Foi uma boa oportunidade de chamar alguns leigos a compartilhar a liderança. Uma vez por semana, durante toda a quaresma, o pároco fez palestras muito parecidas com as do *workshop* introdutório, e guiou o grupo na experiência da oração centrante. Ao final do período, os encontros de oração centrante se tornaram semanais. Em cada encontro, durante a primeira meia hora (na verdade, uma espécie de pré-encontro das sete e meia às oito horas), os iniciantes recebiam instruções. Depois, o grupo todo meditava por vinte minutos ou meia hora. A seguir, os participantes podiam fazer perguntas e compartilhar experiências. Habitualmente, também se fazia alguma leitura das Escrituras. Reunir-se todas as semanas, compartilhar experiências, receber respostas para dúvidas ou perguntas, viver a experiência de Deus ao lado dos outros, facilitou imensamente a fidelidade à prática. E nas paróquias em que esse sistema foi implantado, representou uma oportuna alternativa para os que não são atraídos pela experiência da oração mais extrovertida, como é nos grupos de oração carismáticos das paróquias. Como no movimento carismático, porém, foi possível promover encontros de pequenos grupos em suas casas e nas proximidades, e seus membros levaram a oração centrante para outros setores de suas vidas, aos escritórios, campus, hospitais e centros de serviços.

Para os que sentem certa atração pelo movimento carismático, por uma vida de oração renovada e experiencial apoiada por um grupo, mas não se sentem confortáveis com essa devoção tão franca e manifesta, os grupos de oração centrante têm sido literalmente uma resposta à necessidade de oração. Para outros, entretanto, a oração centrante não tem sido uma alternativa à oração carismática, e sim algo que dela floresce, sendo ambas partes de uma vida de prece. É obvio que quando os cristãos estão naquele momento em que o Espírito os chama para uma profunda oração afetiva, expressa alegremente em melodia, dança, falas e profecias, não é tempo de tentar levar tais filhos e filhas do Senhor a sentar-se em silêncio e concentrar-se. Há um tempo e uma época certos. Não é incomum que, depois de ter a experiência carismática por algum tempo, se comece a desejar cada vez mais o silêncio. *Aquieta-te e conhece que eu sou Deus.* É nesse ponto que ajudaria muitíssimo se a liderança do grupo de oração pudesse dar alguma orientação, e talvez auxiliar o participante a responder mais plenamente a esse chamado da graça, compartilhando com ele o método da oração centrante.

Espalhando a boa nova

❈

Uma diocese organizou *workshops* de oração centrante para os líderes de todos os grupos de oração. No grande Encontro Geral de Carismáticos do Leste na cidade de Atlanta, em outubro de 1978, o Padre William Meninger ofereceu-se para ensinar a oração centrante, apenas a quem estivesse no movimento carismático havia no mínimo dois anos e fosse líder de grupos de oração. Mais de mil pessoas lotaram um local com capacidade para setecentas. Quantas mais não puderam entrar, não sei. Foi uma experiência impressionante sentir mais de mil fiéis sentados juntos, em silêncio, com seu Amado.

Em alguns encontros carismáticos locais, depois da reunião geral semanal, agora se costuma oferecer uma sessão de oração centrante. Os membros cujas vidas começam a se abrir à dimensão contemplativa podem receber instruções, e todos os que o desejarem podem compartilhar a experiência, fazer perguntas, e ainda ter algum tempo para orar em conjunto, em sagrado silêncio.

Com freqüência, surge uma preocupação: este tipo de oração é facultado a qualquer pessoa? Eu não negaria a validade dos critérios de São João da Cruz para discernir quando alguém está sendo chamado à oração contemplativa. Porém, como já disse, penso que seus critérios são preenchidos muito mais prontamente do que costumávamos achar.

Quando temos oportunidade de partilhar com um irmão ou irmã por um período prolongado, começamos promovendo o crescimento da fé no nível conceitual e afetivo com um encontro vivo com Cristo em sua Palavra inspirada. Conforme Nosso Senhor nos revela seu amor e sua afetuosidade, quase naturalmente cresce o desejo de uma experiência mais íntima com Ele. Essa é a hora de iniciar a experiência contemplativa pela oração centrante.

Muitas vezes nos vemos em situação muito diferente. Refiro-me à ocasião em que uma conversa casual se abre para um pedido:

poderia ensinar-me a meditação cristã? Ou talvez alguém com apenas uma remota formação cristã, ou nenhuma, um peregrino, um buscador, bata à nossa porta com o mesmo pedido. Pode ser uma oportunidade única. Talvez haja pouca esperança de ver essa pessoa de novo, a menos que a graça, de forma muito especial, a toque durante o encontro ou depois, por aquilo que esse contato tiver trazido a sua vida. O que deveríamos fazer? Direi o que eu faço.

Peço à pessoa que se sente e, da maneira mais simples possível, ensino o método da oração centrante. Depois nos centramos juntos. (Penso ser de fundamental importância, sempre que ensinamos a oração centrante, que a pratiquemos com aqueles a quem estamos ensinando. É melhor não encorajarmos nenhuma pergunta até o término da experiência, porque essa oração é uma questão de experiência, e só pode ser compreendida, até onde pode ser compreendida, pela experiência pessoal.) E enquanto oramos com outra pessoa, é preciso que oremos mesmo, e não passemos o tempo cismando em como ela está se saindo, pois a melhor maneira de ser um apoio à oração é entrar em profunda oração. É dessa forma que criamos um clima de apoio.

Entretanto, como no momento a pessoa não tem uma fé viva, em vez de dizer-lhe que escolha uma palavra significativa, sugiro o nome sagrado de Jesus. Costumo constatar que essa pessoa já traz uma boa experiência, porque está de fato aberta e à procura. Isso tem duas conseqüências principais: ela tem alguma confiança em mim como professor, e sabe que Jesus tem alguma coisa a ver com o que está acontecendo. Então presenteio esse meu amigo com um pequeno exemplar do Novo Testamento, ou uma cópia do Evangelho Segundo São João. Procuro inculcar-lhe a idéia de que é um livro sagrado, e que deve tratá-lo com a maior reverência; peço que o leia todos os dias, pelo menos por dez minutos. Habitualmente, venho a saber que leu o livro todo de uma vez. Mas deverá praticar conforme lhe foi ensinado: duas sessões de vinte minutos de oração centrante (também nisto existe a tendência de extrapolar, e é preciso avisar ao neófito que não deve ir muito além), e dez minutos de leitura da Palavra de Deus. A fé vem da leitura. A oração centrante é uma autêntica oração porque, mesmo que no momento Deus seja um Deus desconhecido, nosso amigo está realmente à sua procura. E a leitura diária das Escrituras logo lhe revelará quem ele está encontrando em sua oração.

Como tais encontros acontecem ao acaso, na maioria das vezes não tenho a alegria de saber tudo o que o Senhor operou neles, mas as indicações que recebo são motivo de alegria e gratidão.

Acredito que a oração centrante possa ser ensinada a qualquer pessoa. A pureza e simplicidade do método se presta a várias expressões e é isso que acontece na prática. Quando ensino a oração centrante, gosto de citar as palavras de Dom Chapman, que meu pai espiritual citava para mim: "Reze como puder; não reze como não puder". Devemos iniciar a oração sem nenhuma expectativa. Procuramos o Senhor. Se já não vamos com esse desejo interior, dedicaremos mais tempo a trabalhar com ele, e nossa oração tenderá a ser mais conceitual e afetiva. Mas se mantivermos esse desejo dentro dos moldes da oração centrante, tenderá a uma profundeza e pureza maiores, e ao mesmo tempo começaremos a obter mais da Liturgia da Palavra, de nossa própria *lectio*, e das aspirações do dia para suprir, na oração, nossas necessidades racionais e emocionais. É muito importante ter sempre em mente as palavras do autor de *A nuvem do não-saber*: "...não poderá ser alcançado pelo estudo intelectual ou pela capacidade imaginativa".

Apesar de achar que a oração centrante *pode* ser ensinada a todos, na verdade não sugiro que *seja* ensinada a todos, embora deseje que seja acessível a todas as pessoas. A verdade é que não gosto de ensinar a oração centrante a um "auditório cativo". Se, por exemplo, sou convidado a fazer uma apresentação da oração centrante para uma classe, uma organização, um grupo de retiro etc., prefiro fazer uma palestra geral introdutória, mostrando o lugar da oração contemplativa na vida de cada um e na tradição das comunidades cristãs ocidentais e, depois, convido os que estiverem interessados para uma sessão de meditação, na qual podem aprender e vivenciar diretamente a oração centrante. Nesses casos, e até em *workshops* especificamente destinados ao ensino da oração centrante, gosto de frisar que ninguém deve se obrigar a um tipo específico de oração. Cada um deve orar como pode, seguindo o movimento da graça do Espírito Santo. "Não sabemos orar como deveríamos, mas o Espírito ora em nós". Entretanto, encorajo os participantes, sobretudo os que estão no sacerdócio, a dar ao método uma oportunidade de lhes revelar seu valor. Encorajo-os a orar dessa forma, fielmente, duas vezes ao dia por um mês. No final do mês, que examinem o assunto com seus pais espirituais. Se descobrirem que a forma de oração anterior é de fato mais satisfatória e frutífera para eles, não há dúvida de que devem retornar a ela. Posso assegurar que não perderam nada nesse mês de prática, porque continuaram fiéis à sua procura por Deus. Eles agora conhecem a oração centrante por experiência própria, e ela estará disponível se a julgarem adequada no futuro. Estarão mais preparados para melhor entender quando alguém falar sobre essa forma de oração e, se preciso for, para dar melhor orientação sobre o assunto.

Penso que em geral é muito bom para nós, que estamos no sacerdócio, ter experiências pessoais em várias formas de oração, e sermos capazes de nos juntar àqueles que assistimos em suas respectivas formas de oração. É bom ir a um encontro carismático e praticar a oração carismática; a um encontro *quaker* e praticar a oração *quaker*. Acho muito bom ter algum conhecimento, da fonte, sobre meditação transcendental, zen, ioga etc. Ao mesmo tempo, no entanto, cada um precisa encontrar a forma de oração que mais o nutra e estimule seu próprio crescimento espiritual, e ser muito fiel à prática.

Às vezes, quando compartilhamos a oração centrante, constatamos que algumas pessoas já a descobriram por si mesmas. A conversa delas com o Senhor aquietou-se a tal ponto que se contentam em estar simplesmente em sua presença. Podem estar centradas na presença viva, ou talvez o objeto para centrar-se seja o tabernáculo ou a custódia, ou uma pintura ou ícone em particular, ou apenas as contas escorregando entre os dedos. Ótimo! Devemos estimulá-las a continuar em sua prática fecunda. A melhor forma de cada um orar é sempre aquela em que o Espírito lidera; é a forma que funciona, a forma que realmente nos mantém em contato com Deus e conosco mesmos.

O que é de suma importância é que oremos regularmente, com o máximo possível de sinceridade e integridade. Assim, teremos certeza de ser fiéis a nós mesmos e de que, em nossa oração e por meio dela, o Senhor realizará tudo o que deseja em nossas vidas e na vida de toda a Igreja.

E com relação aos muito jovens? Podemos abrir-lhes uma dimensão contemplativa de vida por meio da oração centrante? Quando comecei a compartilhar a oração centrante com uma grande assistência, tive muitas surpresas com relação a isso. Primeiro da parte dos irmãos que me contaram como estavam ensinando a oração centrante no ensino médio. Esta não foi uma grande surpresa, porque sabia que a meditação transcendental fora ensinada a jovens. Depois, as irmãs começaram a relatar suas experiências no ensino fundamental. Irmã Úrsula, com seus alunos de sexta série, sempre inicia o dia com vinte minutos de oração centrante. Se por alguma circunstância a classe não puder fazer a oração, os alunos cobram a irmã o dia todo, até conseguirem sua meditação. Eles oram sozinhos nos finais de semana e relatam suas experiências.

Penso que esta forma de oração não só poderia ser atraente para os jovens, mas também os ajudaria muito em suas crises de identidade. Os adolescentes gostam de sair sozinhos, para "fazer contatos" e "estar por dentro das coisas". Dar-lhes um pequeno método para fazer isso e ainda uma sensação da presença de Deus, mostrar-lhes que de alguma forma Jesus está com eles como um amigo carinhoso e compassivo, pode ser um presente inestimável.

Alunos menores tendem a praticar por períodos mais curtos. As irmãs sentem que as crianças são naturalmente contemplativas e, se fosse possível edificar essa habilidade natural desde cedo, mais tarde não seria preciso esforço para restabelecer a dimensão contemplativa da vida. Um amigo sacerdote deu testemunho disso ao escrever:

> Aprendi a centrar-me quando tinha seis ou sete anos de idade – a dizer simplesmente "está bem, Senhor, o que tem a me dizer?" E ficar quieto para ver o que acontecia. Ainda que naquela época eu não soubesse, foi como o início de um processo. Descobri que a única maneira pela qual funciono é a partir desse enraizamento ou centramento – que ajo livremente quando estou voltado para Deus e centrado nele, que é "o Além-dentro".

O relato mais fascinante que já ouvi foi o de uma mãe. Todos os dias, depois que o resto da família sai para o trabalho e para a escola, senta-se ao lado da filha de três anos, e ambas meditam por vinte minutos. Depois brincam juntas pelo menos outros vinte minutos. Até então, era a filha que costumava sentar-se primeiro para meditar. As indagações sutis da mãe lhe indicavam que a criança estava mesmo tendo alguma bela experiência do desabrochar do amor do Pai celestial.

Há alguns anos fui a Nova Orleans dar uma palestra e um testemunho sobre oração centrante na Conferência dos Superiores de Ordens Religiosas Masculinas. Cheguei à hora do jantar, e a paróquia perto do aeroporto teve a gentileza de me oferecer hospitalidade por aquela noite. Enquanto jantávamos, conversei com meus anfitriões sobre a finalidade de minha visita. O grupo (nove ou dez ao todo, entre padres, religiosos e leigos) ficou muito interessado. Perguntaram-me se eu podia fazer um *workshop* com eles. Expliquei-lhes que teria de estar na reunião dos Superiores às nove da manhã. Para eles, estava tudo bem, disseram: podíamos começar logo depois do jantar e terminar às cinco e meia da manhã.

Esse mini-*workshop* foi memorável, tanto pela beleza da experiência como pelos frutos. Ao terminarmos a primeira experiência, uma das irmãs irradiava um brilho especialmente suave. Seu nome era irmã Petronila, mas todos a chamavam de Pet. Eu tinha acabado de conhecer Pet, bem como as outras irmãs, e não sabia nada sobre ela. Perguntei: "Parece que você teve uma bela experiência, não é, Pet?" E ela respondeu, "sim, esta é a primeira vez em meses que consegui esquecer minhas dores". A irmã sofria de um câncer ósseo terminal muito doloroso. Quando a vi outra vez, cerca de cinco meses depois e dois meses antes de sua morte, no aniversário de Nossa Senhora, a irmã contou-me como a graça da oração contemplativa tornara esses meses um começo do que viria a seguir. Estou certo de que foi em grande parte devido à irmã Petronila que os integrantes dessa paróquia continuaram meditando com especial dedicação, até que, afinal, literalmente toda a paróquia estava meditando, o que se tornou parte da celebração normal da Liturgia.

No texto de hoje da Liturgia, Nosso Senhor pergunta: "A que posso comparar o Reino de Deus?" E responde: "É como o fermento, que uma mulher tomou e pôs em três medidas de farinha, até que tudo ficasse fermentado". A graça que recebemos, que nos abriu a dimensão contemplativa de nossa vida, é o salutar fermento do Senhor. Não deve apenas levedar nossas próprias vidas; também deve ser compartilhada até que tudo fermente, até que a massa toda, todo o Corpo de Cristo, alcance a plena ventura da vida divina, para a qual é chamado. É por isso que sempre enfatizo que, depois de adotar a oração, cada um deve compartilhá-la com os outros. Em certo sentido, é uma obrigação. Devemos amar o próximo como a nós mesmos. Se de fato achamos que esta oração é muito boa para nossas vidas, temos a obrigação de procurar compartilhá-la com o próximo.

É mesmo uma boa nova: a qualquer momento em que precisarmos ou quisermos, podemos simplesmente entrar em nós mesmos e encontrar um lugar de profunda paz e alegria, um lugar em que habita a Fonte de todo o bem, de toda a vida, toda a força; um Amor sempre fiel que nos assegura totalmente o dom de ser e de viver, e a promessa da vida eterna. Abramos essa realidade a tantos quantos pudermos. Ofereçamos nossas vidas aos outros, compartilhando com generosidade seu significado mais profundo, seu conteúdo mais rico – nossa permanente unidade com o verdadeiro Deus de Amor.

Quando aprendemos a oração centrante, é como se uma nova semente tivesse sido plantada no campo de nossa vida. Você deve lembrar-se desta cena: Nosso Senhor sentado no barco de Simão

Espalhando a boa nova

❋

Pedro, perto da praia. Ao olhar para a multidão que se reunira para ouvir suas palavras, seus olhos escalaram a montanha que estava por trás. Tinha sido semeada alguns meses antes. Agora, um caminho bem delineado se abria entre as hastes ondulantes de trigo. Pela beirada do campo, entre as rochas, hastes já secas e sem espigas também ondulavam ao vento, mas as que estavam aprisionadas entre a sarça, igualmente sem espigas, não podiam se agitar – sua fertilidade havia sido sufocada. Através dos campos abertos, no entanto, as hastes carregadas com seus frutos vergavam-se graciosamente com a brisa. E Nosso Senhor, sempre tão atento à beleza e à riqueza da obra do Pai, aproveitou a cena para ensinar uma lição.

A questão agora é: o que será da semente de oração plantada em nossa vida? Será logo arrancada sem deixar rastro, enquanto corremos de um lado para outro, em nossa busca diária por significado? Ou nosso entusiasmo inicial fará com que brote, mas por nossa falta de disciplina resultará mal enraizada, uma vez que não partilhamos a *lectio* e a fé? Ou a pressão de muitos afazeres e a falta de uma regra de vida fará com que seja sufocada – como diz o Sábio: "A fascinação das ninharias obscurece o bem"? Ou brotará, bem enraizada, com espaço apropriado, e produzirá trinta, sessenta ou centenas de grãos? Acredito que quando ouvimos essa parábola[35] tendemos a pensar que Nosso Senhor fala apenas da frutificação da semente em nossas próprias vidas. Mas não é bem assim. Nosso Senhor está falando de como levar a semente de vida à vida dos outros. A menos que o grão de trigo caia no chão e

---

35. Parábola do Semeador, referida em *Mateus 13, 19*; *Marcos 4, 1-9* e *Lucas 8, 4-8*. (NR)

feneça, *permanecerá só*. Mas, quando morre, entrega-se. Trinta grãos representam outros trinta, ou outros sessenta, ou outros cem. O próprio grão se torna uma bela planta, capaz de dar vida. Alcança a plenitude, a maturidade. Poderá ser um pai ou mãe espiritual gerando vida espiritual no próximo. Cada grão na haste desse pé de trigo é "outro", que, por sua vez, pode morrer para si mesmo e renascer, trazer vida para o próximo. O grão de trigo cai ao chão e morre, e renasce como um novo pé de trigo, uma bela planta saudável. Nós esperamos algo mais que isto. Esperamos que traga muitos novos grãos.

Alguma coisa aconteceu com nosso milho este ano. Muitos dos belos e robustos pés não deram nenhuma espiga. Para quê, então, cresceram, ocuparam espaço na terra, consumiram tantos nutrientes? Pouco nos restou a fazer, além de apreciar a vista decepcionante. Sentimo-nos frustrados. Se tivessem dado uma só semente, uma só espiga estropiada, essa semente por sua vez poderia ter caído ao chão, morrido e renascido com dúzias de boas espigas, e em cada uma poderia haver centenas de novas sementes. Do mesmo modo, devemos participar de grupos variados e encorajar cada um a morrer para si mesmo e renascer, e assim por diante. Como na parábola da semente, recebemos a semente e estamos crescendo...

Terminarei este capítulo compartilhando com vocês uma carta que recebi ontem pelo correio:

> Paz e amor em Nosso Senhor Jesus Cristo! Uma das graças que recebi no meu retiro centrante foi um aumento do tempo de minha contemplação. Passei de vinte para sessenta minutos por dia e, com a graça de Deus, tenho sido fiel: trinta minutos pela manhã e trinta minutos à tarde. Tenho ensinado isso e ainda não consigo suprir a demanda. Graças a Deus!

Espalhando a boa nova

❊

Tudo me é dado em contemplação, porque Ele é tudo, e não há proclamação se não houver contemplação. O desejo de estar com Ele continua a crescer. É como fogo. Ensinar a oração centrante me permite proclamar que "meu Amado é meu e eu sou dele". Recentemente, ensinei a oração a sessenta religiosos. Agora, conforme já disse, a ensino a meus alcoólicos (a autora da carta trabalha em um programa para alcoólicos), se eles quiserem, bem como a qualquer outro membro do grupo. Que presente é poder compartilhar!

APÊNDICE

Programa para *workshops*

Estes são modelos de programas usados em *workshops* de várias durações. Indiquei entre parênteses os capítulos deste livro que contêm material para as palestras ou apresentações.

Uma breve explicação:

A expressão "companhia espiritual" refere-se à prática de distribuir os participantes em duplas. Uma das formas que adotamos é a seguinte: após a palestra de abertura chamando os participantes a se abrirem ao Senhor, são convidados também a escrever os nomes em cartões e colocá-los numa pátena diante da Bíblia entronada. Segue-se uma palestra sobre a importância e o valor de termos alguém a nosso lado na jornada espiritual. Neste ponto, lembrando aos participantes que quando nos entregamos ao Senhor, necessariamente nos entregamos uns aos outros, retiro dois nomes de cada vez da pátena. Anuncio que esses serão os pares no *workshop,* mas enfatizo mais do que isso. Peço às duplas que orem em especial um pelo outro, que orem em conjunto para o grupo todo, e que compartilhem sua fé e experiências no decorrer do *workshop.*

Oração Centrante

※

A liturgia centrante é uma Liturgia Eucarística que inclui um período de oração centrante, em geral durante o Rito Preparatório, mas que pode situar-se em outro ponto da Liturgia.

Workshop **de quatro dias**

Segunda feira 16h Chegada
                              17h Recepção
                              18h Jantar
                              19h30 Palestra de abertura
                                      (*Está além de nós – e ainda assim é nosso*)
                                      Companhia espiritual
                                      Oração da noite

Terça-feira   Levantar-se cedo para a oração individual e leitura
                            7h30 Oração da manhã
                            8h Desjejum
                                  Oração individual e leitura, partilha com o parceiro
                          10h30 Introdução à oração centrante
                                  (*Uma nova embalagem*)
                          12h30 Almoço
                                  Descanso, oração individual e leitura, partilha com o parceiro
                          16h30 Liturgia centrante
                            18h Jantar
                          19h30 Perguntas, partilhas, discussões sobre a oração centrante

Quarta-feira   Levantar-se cedo para meditação e leitura
                          7h30 Oração da manhã
                          8h Desjejum
                              Oração individual e leitura, partilha com o parceiro

Apêndice

	10h30	Oração centrante em grupo
		Palestra: Construção da fé (*Fogo no coração*)
	12h30	Almoço
		Descanso, oração individual e leitura, partilha com o parceiro
	16h30	Liturgia centrante
	18h	Jantar
	19h30	Palestra: Os frutos da oração centrante (*Uma escola de compaixão*)
Quinta-feira		Levantar-se cedo para meditação e leitura
	7h30	Oração da manhã
	8h	Desjejum
		Oração individual e leitura, partilha com o parceiro
	10h30	Meditação em grupo
		Palestra: Planejamento da fé (*Manter a luz do Tabor*)
	12h30	Almoço
		Descanso, oração individual e leitura, partilha com o parceiro
	16h30	Liturgia centrante
	18h	Jantar
	19h30	Palestra: Maria, modelo de fé (*Maria, no coração das coisas*)
Sexta-feira		Levantar-se cedo para meditação e leitura
	7h30	Oração da manhã
	8h	Desjejum
		Oração individual e leitura, partilha com o parceiro
	10h	Avaliação
		Liturgia centrante
	12h30	Almoço

Oração Centrante

※

Workshop **de três dias**

Quinta-feira	18h	Jantar
	20h	Palestra de abertura
		(*Está além de nós – e ainda assim é nosso*)
		Companhia espiritual
Sexta-feira	6h30	Ofício da manhã
		Desjejum
		Oração individual e leitura, partilha com o parceiro
	10h	Introdução à oração centrante
		(*Uma nova embalagem*)
	12h	Ofício do meio-dia
		Almoço
		Descanso, oração individual e leitura, partilha com o parceiro
	15h30	Meditação em grupo, partilha
	17h	Eucaristia
		Jantar
		Vésperas
	20h	Discussão sobre a oração centrante
Sábado		Levantar-se cedo para meditação
	6h30	Ofício da manhã
		Desjejum
		Oração individual e leitura, partilha com o parceiro
	10h	Construção da fé – leitura dialógica (*Fogo no coração*)
	12h	Ofício do meio-dia
		Almoço
		Descanso, oração individual e leitura, partilha com o parceiro
	15h30	Meditação em grupo, partilha
	17h	Eucaristia
		Jantar
		Vésperas

Apêndice

	20h	Planejamento da fé (*Manter a luz do Tabor*)
		Reflexões sobre Maria (*Maria, no coração das coisas*)
Domingo		Levantar-se cedo para meditação
	6h30	Ofício da manhã
		Desjejum
		Oração individual e leitura, partilha com o parceiro
	9h30	Avaliação
		Liturgia centrante
	12h	Oração do meio-dia
		Almoço

(Este *workshop* funciona bem em fins de semana prolongados: de quinta-feira a domingo ou de sexta a segunda-feira.)

Workshop de quarenta e oito horas

Sexta-feira	16h30	Recepção
	18h	Jantar
	19h15	Palestra de abertura (*Está além de nós, e ainda assim é nosso*)
		Companhia espiritual
		Oração da noite
Sábado		Desjejum – horário a critério de cada participante
	8h30	Oração da manhã
	10h15	Introdução à oração centrante (*Uma nova embalagem*)
	12h15	Almoço
	15h30	Perguntas, partilhas, discussões
	17h	Liturgia centrante
	18h	Jantar
	19h15	Construção da fé (*Ser quem somos; Fogo no coração*)
		Oração da noite
Domingo		Desjejum – como no dia anterior

Oração Centrante

8h30   Oração da manhã
10h15   Duas vezes ao dia (*Manter a luz do Tabor*)
            Vá, e ensine a todos... (*Espalhando a Boa Nova*)
12h15   Almoço
14h   Liturgia centrante

Propiciamos um clima de oração e quietude, para que estes dias sejam de descanso e renovação para todos.

Workshop de vinte e quatro horas

Sábado   14h   Abertura – Partilha das Escrituras (*Está além de nós – e ainda assim é nosso*)
                      Introdução à oração centrante (*Uma nova embalagem*)
             16h   Chá
             16h30 Perguntas, partilhas, discussões
             18h   Jantar
             20h   Partilhas de fé – Parcerias responsáveis
                      Oração da noite

Domingo   Acordar cedo para a oração centrante e leitura
             7h30   Oração da manhã
             8h   Desjejum
                      Oração individual, partilha com o parceiro
             10h   Leitura sagrada (*Fogo no coração*)
             11h   Liturgia centrante
             12h30 Almoço
             13h15 Planejamento de fé (*Manter a luz do Tabor*)
                      Encerramento

Workshop de um dia

9h   Introdução: Realidade batismal –
       "Tu és meu filho..." (*Ser quem somos*)
       Formar a mente do filho de Cristo (*Fogo no coração*)

Apêndice

10h Chá e café
10h15 Experiência de Cristo: Introdução à oração centrante (*Uma nova embalagem*)
11h30 Discussão em pequenos grupos e partilhas
12h30 Almoço
14h Partilha geral, perguntas e respostas
Retorno ao centro: meditação em grupo
16h30 Eucaristia

Workshop de uma noite

16h30 Partilha da Escritura (*Está além de nós – e ainda assim é nosso*)
17h Introdução à oração centrante (*Uma nova embalagem*)
18h15 Jantar
19h30 Perguntas, partilhas, discussões
20h30 Manter a luz do Tabor

Acompanhamento de quarenta e oito horas

Sexta-feira
16h Liturgia Centrante
18h Jantar
19h15 Partilha (a experiência da oração – de cada um e no ensino a outros)

Sábado
Desjejum – horário a critério de cada participante
8h30 Oração matinal
10h15 Meditação em grupo
Pensamentos, pensamentos, e mais pensamentos
12h15 Almoço
14h30 Rodadas (quatro meditações sucessivas, com breves meditações andando, entre as quatro meditações)
17h Liturgia da Eucaristia
18h Jantar
19h15 Partilha

Oração Centrante

❋

Domingo		Desjejum – como no dia anterior
	8h30	Oração da manhã
		Meditação em grupo
	10h15	Discussão: duas vezes ao dia (*Manter a luz do Tabor*) "Vá, e ensine a todos..." (*Espalhando a Boa Nova*)
	12h15	Almoço
	14h	Liturgia centrante

Workshop avançado – retiro

Segunda-feira	17h	Chegada, recepção
	18h	Jantar
	20h	Sessão de abertura*
Terça-feira	6h45	Oração matinal, Liturgia
Quarta-feira	8h	Desjejum
Quinta-feira	10h15	Meditação em grupo
		Palestra (*Ser quem somos; Pensamentos, pensamentos e mais pensamentos; Progredir na oração centrante; Uma escola de compaixão; Manter a luz do Tabor; Espalhando a Boa Nova*)
	12h15	Almoço
	14h30	Rodadas (quatro meditações sucessivas, com uma breve meditação andando, entre as quatro meditações)
	17h40	Oração da tarde
	18h00	Jantar
	19h30	Partilha de experiências
		Partilha das Escrituras
		Oração da noite
Sexta-feira		O retiro termina com o desjejum

Apêndice

* Na sessão de abertura, depois de os participantes terem se apresentado e relatado como iniciaram a oração centrante e o que esperam deste retiro, explicam-se as metas do *workshop* avançado:

1. Intensificar a experiência da oração centrante nos participantes.
2. Compartilhar a experiência da oração centrante com os que a têm praticado por um extenso período de tempo.
3. Ampliar a base conceitual e intelectual da oração centrante. Durante as refeições, são apresentadas palestras em vídeo sobre a história da oração contemplativa na tradição cristã. Há também uma apresentação e discussões sobre os métodos de meditação das tradições orientais e como podem ser integrados à oração cristã.
4. Encontrar meios de apoiar, manter e renovar a prática da oração centrante quando os participantes retornarem a suas casas.
5. Desenvolver confiança no ensino da oração centrante, aprofundando as próprias práticas e a compreensão teológica da oração.

XI
Fogo no coração

Poderia bem ser uma daquelas belas manhãs de começo de abril, quando o sol, o frescor da natureza, os sons de asas e patas, anunciam sem lugar a dúvidas que o frio e a umidade do inverno finalmente se foram. Mas os dois jovens[36] *que desciam de Jerusalém* para a planície costeira não exprimiam esse contentamento. Na verdade, seu espírito, refletido nas faces, gestos e passos, estava claramente "para baixo". Eles "tiveram esperança". Assim como tantos jovens, e outros não tão jovens de nossa época, eles empreenderam a jornada até o Mestre. Eles "tinham esperança" de descobrir afinal o pleno significado de suas vidas. Eles "tinham esperança" de encontrar o caminho para a paz, para a tranqüilidade interior, para a completude transcendente. Eles tinham ouvido muitas coisas sobre o Mestre, coisas maravilhosas: seus sinais, seus milagres, sua compaixão, sua força, seu amor, suas palavras de vida. Mas agora estava tudo terminado.

Eles tiveram esperanças, mas tiveram também expectativas, com idéias preconcebidas – suas próprias idéias de como o Mestre seria, o que ele deveria dizer e fazer, como ele agiria. Mas isso não acon-

---

36. O autor refere-se aos dois discípulos de Emaús (Lucas 24, 13-35). (NR)

teceu. É verdade que houve momentos maravilhosos, como no domingo anterior, quando todos afinal pareciam ver que Ele era aquele que procuravam – exceto, naturalmente, os fariseus cegos, arrogantes. Como tinha sido maravilhoso! Até as pedras pareciam clamar. E com que energia inspiradora e quase terrificante havia expulsado os mercadores daquele lugar sagrado! E quantos haviam sido curados! Como Ele pôs os saduceus, os fariseus e os herodianos em seus devidos lugares! Que lição! Tinha sido maravilhoso!

Mas, depois... de repente, estava tudo acabado. Não fazia mais sentido. Talvez, de certa forma, todos tivessem sido logrados. E agora, essas histórias de corpo desaparecido, anjos, visões... Não! Eles tiveram esperança, mas não iriam ser ludibriados outra vez. Por isso desceram a montanha com o espírito também "para baixo".

Então, algo aconteceu. Alguém lhes "explicou as Escrituras". E eles o reconheceram na partilha do pão. Reconheceram que o estranho que caminhou com eles, que falou com eles, era o Senhor, o Mestre, aquele em quem "tinham esperança". E ficaram esperançosos outra vez. E logo estavam subindo a montanha de novo, com o espírito exaltado, ansiosos por se juntar à Igreja na alegre proclamação: "Ele ressuscitou! E apareceu a Pedro".

Os dois jovens só puderam reconhecer o Mestre na partilha do pão, no companheiro de estrada, porque alguém lhes "explicou as Escrituras". Não podemos deixar de pensar: "Não seria maravilhoso se Jesus nos explicasse as Escrituras?" Note o que os dois jovens disseram: "Nossos corações ardiam no peito enquanto Ele nos falava no caminho e nos explicava as Escrituras".

Era o Espírito de Jesus, o Espírito Santo habitando em seus corações que lhes transformou as palavras de Jesus em fogo – fogo e luz. Muitos ouviram as palavras de Jesus. Os dois as ouviram muitas vezes. No final, foram embora desanimados. Mas, na Ceia,

Jesus prometeu que enviaria seu Espírito, e que seu Espírito dentro de nós nos ensinaria a todos com fogo transformador. Nós, agora mesmo, temos o mesmo Espírito, o Espírito Santo de Jesus em nossos corações. Basta abrirmos a Bíblia e ouvirmos, que Ele nos ensinará, e nossos corações também arderão em fogo.

Vou compartilhar com vocês, brevemente, um método da *lectio divina* – leitura divina, leitura de Deus, ou talvez possamos dizer leitura com Deus, com o Espírito Santo – caminhando com Jesus e deixando seu Espírito arder em nossos corações enquanto as Escrituras nos são explicadas. Este pequeno método, mencionado em nossa tradição desde o século IV e provavelmente vindo dos primeiros dias, é mais do que ler; é oração, é verdadeira comunicação com Deus que nos abre as profundezas e as alturas. As profundezas da intimidade e as alturas da contemplação transcendental.

Em primeiro lugar, pegamos nossa Bíblia. Devemos tratar sempre nossa Bíblia com grande reverência. Ela não deve ser posta simplesmente na estante com os outros livros, ou atirada em cima da mesa. Deve ser entronizada em nossa casa, em nossos aposentos. Em muitas igrejas, hoje vemos o Texto Sagrado num local especial, algumas vezes com uma vela ardendo à sua frente, proclamando uma Presença real; porque Deus está de fato em sua Palavra, esperando para nos falar e inflamar nosso coração.

Portanto, iniciamos este método de leitura sagrada, de encontro com o Senhor, tomando a Bíblia e reverenciando-a. Podemos beijar o livro, ou ajoelhar-nos à sua frente por alguns momentos, ou apenas segurá-lo com reverência – praticando um ato humano de completa reverência, levando o corpo até o livro. Depois, bem cientes da Presença, dedicamos um momento a pedir ao Espírito Santo dentro de nós que nos ajude a realmente ouvir o Senhor que agora nos fala: que Ele inflame nossos corações.

Oração Centrante

※

Uma vez prontos, começamos a ouvir, estipulando, digamos, dez minutos. Não é questão de ler um parágrafo, uma página, ou um capítulo. É sentar-nos com um Amigo, o Senhor, e deixar que ele nos fale. Nós ouvimos. E se o que disser na primeira palavra ou na primeira sentença nos tocar, paramos, deixamos que nos impregne e o saboreamos. Respondemos com nossos corações e o aproveitamos plenamente antes de continuar. Não há pressa. Estamos sentados com nosso Amigo por dez minutos. E quem não pode dedicar ao melhor amigo dez minutos no decorrer do dia? Deixamos que Ele fale. Nós escutamos. Quantas vezes nossa oração tem sido um monólogo? Já falamos tudo o que tínhamos a falar, esperando que Ele nos ouvisse. Agora é nossa vez de escutar, de deixá-lo falar aos nossos corações e responder com nossos corações.

Podemos querer ficar por mais tempo, mas se dedicarmos a Jesus apenas dez minutos por dia para que nos fale, nos faça sentir quanto somos amados, cuidados, nos mostre onde temos uma Fonte segura de cura, de conforto, uma esperança e um significado último, esses encontros diários transformarão nossa vida! Quando iniciamos esse método de leitura divina, os trechos das Escrituras mais indicados são os Evangelhos. Recomendo em especial o Sermão da Montanha (*Mateus 5-7*) e as palavras de Nosso Senhor na Última Ceia (*João 13-17*). Mas cada um encontrará muitas outras vezes o Senhor falando-lhe intensamente em várias passagens. Desejaremos ouvir a maravilhosa carta de amor de São João, ou passagens como a mensagem à Igreja de Laodicéia no Livro do Apocalipse (*3,14-22*), o chamado de Abraão, a intimidade de Deus com Moisés, suas extravagantes canções de amor (*Cântico dos Cânticos*) e sua insistência (*Oséias*), cada um a seu tempo, dependendo talvez de onde estivermos em nossa jornada espiritual, em nosso próprio caso de amor com Deus. A cada dia, por dez minutos, nos sentaremos com nosso divino Amigo, para que Ele "nos explique as Escrituras", e seu Espírito inflame nossos corações.

Ao final do tempo que reservamos ao nosso encontro com o Senhor, devemos agradecer-lhe. Não é maravilhoso que, quando o desejemos, possamos chamar o Senhor, e Ele venha sentar-se e falar conosco? Como é grande o amor de nosso Deus!

E quando retomamos nossas atividades, levamos uma palavra conosco. Algumas vezes não haverá dúvidas sobre que palavra é essa. Ele nos terá dito uma palavra tão poderosa, que ficará conosco por dias, até semanas, meses e anos. (Enquanto escrevo, vem à minha mente a palavra que Ele me disse há mais de vinte anos – e ainda agora ela se torna de imediato fogo em meu coração.) Outras vezes, teremos de escolher a palavra deliberadamente, porque parecerá que Ele não falou conosco de modo especial. Por isso, escolhemos uma palavra para permanecer conosco. Por exemplo, podemos escolher uma palavra da passagem que acabamos de ler: "Não ardia o nosso coração quando Ele nos explicava as Escrituras?" ou "Nós tivemos esperança" ou "Eles o reconheceram na partilha do pão", ou qualquer outra que nos ofereça algo para saborear, para "mastigar". Enquanto estamos cuidando de nossas atividades, dia e noite, retornamos a essa palavra e deixamos que ela nos fale, mais e mais, até que revele cada vez mais o significado de sua mensagem.

É maravilhoso adormecer com uma "palavra" no coração e na mente; é a porta de entrada ideal para um sono profundo, restaurador, confiantes de que descansaremos em segurança nos braços afetuosos de nosso Pai – e despertar com uma palavra de vida na mente, guiando-nos desde o primeiro momento na estrada ascendente da confiança e da esperança. Teremos a seguinte experiência:

muitas vezes, durante a leitura, o Senhor parece estar ausente, nenhuma palavra parece nos inflamar, mas ao final do dia, talvez dirigindo o carro de volta para casa ou cumprindo uma tarefa rotineira, Ele subitamente aparece. E nossos corações se inflamam.

Recapitulando, é um método muito simples:

1) Tomamos a Bíblia, vamos à Presença, a reverenciamos e pedimos a ajuda do Espírito Santo que habita em nós.
2) Ouvimos o Senhor nos falar pelas Escrituras por dez minutos (ou pelo tempo que decidirmos lhe dedicar).
3) Agradecemos-lhe por estar conosco e levamos uma palavra.

Quando praticamos este método, dia após dia, as Escrituras se abrem para nós, e vamos reconhecer o Senhor não apenas na partilha do pão, mas em cada estranho – na verdade, um amigo no Senhor – que compartilhar nossa jornada, que caminhar conosco. Tudo será Presença, e nossos corações arderão dentro de nós com a luz flamejante de uma fé luminosa.

É importante que cada cristão, cada seguidor de Cristo, se encontre todos os dias com a Palavra de forma profundamente pessoal, e a deixe falar à mente e ao coração com as palavras vivificantes de sua revelação; isso vale sobretudo para quem está se iniciando na oração centrante ou em qualquer outra forma contemplativa de oração.

Na oração ativa ou na meditação discursiva, nossas mentes e emoções estão muito envolvidas. Ponderamos os textos, a verdade da revelação. Apelamos para cenas da memória ou da imaginação. Evocamos respostas afetivas. Usando essas faculdades, não achamos difícil relacionar a oração com as outras atividades de nossa vida. É fácil sentir e refletir sobre tudo isso. É tudo muito satisfatório, existe uma integração. Ao mesmo tempo, na oração, ouvimos a palavra de fé, e nossa fé se constrói no nível conceitual e afetivo.

Na oração contemplativa, pensamentos, imagens e emoções são deixados para trás. A experiência de Deus e do amor ocorrem em nível mais íntimo e profundo. Nossa crença e nosso amor são nutridos de maneira profunda e penetrante. Desenvolvemos, por assim dizer, um senso inato, com o qual começamos a perceber a presença e a atividade de Deus nas coisas e através das coisas e a responder a essa realidade amorosa. Mas, como somos humanos, ainda sentimos necessidade de desenvolver nossa fé e nossa resposta no nível conceitual e afetivo. Temos uma necessidade constante de relacionar a profunda experiência que estamos vivendo com o resto de nossa vida, por meio de uma crescente compreensão e experiência de fé e amor nos outros níveis de nosso ser.

É por isso que precisamos fazer a leitura de fé. Porque ela propicia ao Senhor o espaço para nos acolher e a oportunidade – pelo exercício de nossa fé e amor, sob a ação de sua graça e dos presentes do Espírito Santo – de relacionar com os outros níveis de nossa vida a profunda, íntima experiência que nos oferta na oração contemplativa. Nossa experiência contemplativa, portanto, alimenta-se diretamente da leitura de fé, levando a ela, por sua vez, fogo, luz e realidade da experiência, de onde pode fluir em nossa vida no plano da emoção e da razão. A experiência de encontrar Deus na leitura sagrada produz essa integração.

Em muitas ocasiões, ocidentais que fizeram experiências prolongadas em várias formas de meditação oriental contaram-me que eram muito fiéis a suas meditações, e nelas tiveram experiências muito boas. Verificaram certos frutos da meditação em suas vidas, pelo menos até onde foram capazes de identificá-la como a causa de determinados efeitos. No entanto, não foram capazes de relacionar as experiências de meditação com o resto de suas vidas. Não estavam equipados para relacionar experiências transcendentais do Absoluto, do Nada, ou qualquer outro nome dado à transcendência por suas tradições específicas, com a realidade do dia-a-dia.

Mencionavam sobretudo o problema do amor. A experiência transcendental era maravilhosa, mas não discerniam nela a presença de outro com o qual pudessem se relacionar pessoalmente e que pudesse ser amado. No entanto, a partir da orientação que traziam de suas culturas ocidentais (e eu afirmaria, da realidade mesma das coisas), reconheciam a necessidade de um relacionamento amoroso e afetivo como parte integrante da plenitude e felicidade humanas. Sentiam uma grande necessidade de se relacionar com Aquele que experienciavam em suas meditações, com o amor que impulsionava o pleno fluxo de suas vidas. Os grandes mestres orientais sabiam dessa necessidade e sempre instavam os discípulos a integrar suas experiências com suas próprias culturas religiosas. Mas, infelizmente, com muita freqüência não havia ninguém em suas próprias comunidades religiosas que pudesse e se dispusesse a ajudá-los. Por vezes até ouviram a afirmação de que essa integração não era possível. Em conseqüência, essas pessoas se viam em situação muito dolorosa.

Os participantes da contemplação cristã também necessitam relacionar a experiência contemplativa às outras atividades da vida. Encontrar Deus na sua Palavra, na revelação pessoal de sua mais amorosa intimidade – "Não mais os chamo de servos, mas de amigos, porque revelei a vós tudo o que o Pai revelou a mim" – permite que essa experiência seja incorporada de maneira que responda plenamente aos desejos e necessidades do ser humano. Ao mesmo tempo, o contato com Deus na revelação de sua bondade cria o desejo de retornar ao centro e vivenciar uma experiência ainda mais plena e imediata da presença e do amor zeloso de Deus.

Como se pode ver, há uma reciprocidade. A leitura sagrada cria o desejo de uma experiência mais profunda e ao mesmo tempo é inflamada por tal experiência. A experiência contemplativa cria uma sede por mais conhecimento sobre o Amado, e esse conhecimento é encontrado em sua revelação. Esta parece ser a marca da verdadeira experiência cristã: ela cria um desejo cada vez maior de pesquisar as Escrituras, e ao mesmo tempo encontra no conhecimento conceitual, e em sua correspondente resposta emocional, a maneira de expressar-se em outros níveis da vida cristã.

Portanto, quando passamos da oração ativa, discursiva, para a prática da oração contemplativa, a leitura de fé, a leitura sagrada, o encontro com Deus em suas Palavras tornam-se muito mais importantes e significativos em nossas vidas. Por isso, temos de incluir em nosso programa diário não apenas dois períodos de vinte minutos de oração centrante, mas pelo menos dez ou quinze minutos de leitura sagrada, conforme o método já descrito. Isso aumenta o tempo dedicado à oração, mas ainda é uma parcela ínfima de nosso dia, de todo o tempo que o Senhor nos dá graciosamente para usar como quisermos. Não poderíamos, ou não deveríamos retribuir a Deus, de forma direta e pessoal, um mínimo do que Ele nos deu? Após nossa meditação matinal e vespertina, quem de nós poderá dizer que tem os dias tão tomados por preocupações cruciais que não possa reservar dez minutos para o ser mais precioso e amado? E se o dia for mesmo tão ocupado, por que não reservar dez minutos à noite? Escritores medievais falam de adormecer com o Texto Sagrado nas mãos, sobre o peito, ao meditar sobre a Palavra Sagrada. Se estivermos tão exaustos dos afazeres do dia, de que melhor maneira poderíamos adormecer, com a quase absoluta certeza de despertar para a oração e de que anjos pairando sobre nós levam nosso sono como oração ao trono de Deus? ("Eu dormia, mas meu coração velava". *Cântico dos Cânticos 5, 2*)

    Alguns minutos de leitura sagrada todos os dias não são apenas importantes, são essenciais para uma vida centrada, uma vida em que a experiência de Deus (da qual gozamos em nossa oração centrante) se integra ao restante das atividades e se expressa como um fermento de vida, como um espírito interior, como fogo no coração.

XII
Relaxe!

"Vinde a mim todos os que estais cansados sob o peso do vosso fardo e eu vos darei descanso." Quem de nós alguma vez não se sentiu sobrecarregado? Quem de nós não labuta nas tarefas da vida e clama por verdadeiro descanso?

O homem que disse as palavras de introdução a este capítulo é judeu. Como judeu, ele pensa e fala à maneira semítica. O "vós" de que fala é concreto, real. Refere-se a você e a mim, em nossa totalidade. Não a alguma parte de nós, a alguma dimensão espiritual. Na oração, o Senhor deseja nos fazer descansar por completo. Como humano, Ele conhece as fadigas do homem em todos os níveis de seu ser. Em seu amor, deseja responder a todas essas necessidades.

Podemos concordar de pronto em que a oração deveria ser restauradora do ponto de vista espiritual. É o que se espera. (Alguns exercícios espirituais e métodos complicados, no entanto, podem nos levar a pensar que a oração é uma das maiores e mais fatigantes labutas. Essa não era, com certeza, a intenção de Nosso Senhor). Ele, que não mais nos chama de servos, mas de amigos, deseja que a oração seja tão restauradora como nos sentarmos para uma refeição íntima com um amigo querido. A oração deveria ser espiritualmente restauradora. E, como já vimos em nossas considerações sobre pensamentos, também tem tudo para ser psicologicamente restauradora. Além disso, deveria ser fisicamente revigorante e fortalecedora. Quando oramos, estamos em contato com a Fonte de nosso ser, de toda nossa vida e vitalidade, e novas energias são liberadas para fluir em nós.

A oração, a oração profunda, a oração contemplativa, a oração centrante, tem muitas analogias com o sono, sobretudo com relação ao descanso físico. Sabemos por experiência que quando nos recolhemos tensos, contraídos, e adormecemos dessa maneira, não acordamos descansados como depois de uma noite de repouso, porém mais tensos e exaustos. Por outro lado, se nos recolhemos relaxados, dormimos bem e despertamos mais relaxados, verdadeiramente renovados.

É assim com a oração centrante. Se a iniciarmos nervosos e tensos, sem dedicar alguns momentos a relaxar e deixar os músculos se afrouxarem, terminaremos a oração tão tensos como a iniciamos, ou mais. E, com certeza, a tensão não facilitará nossa oração. Mas se a iniciarmos relaxados, ficaremos profundamente restaurados, mesmo do ponto de vista físico. A tensão acumulada no corpo se desmanchará. Teremos permitido que o Senhor faça o que deseja fazer: restaurar-nos por inteiro, como seres humanos que lhe são muito caros.

Algumas pessoas são normalmente relaxadas. Em geral, não têm mais nada a fazer a não ser acomodar-se em posição confortável, e qualquer tensão ou contração adquirida durante suas atividades se dissolve, e elas se sentem relaxadas. Com outras pessoas, no entanto, não é bem assim. As sugestões deste capítulo são dedicadas sobretudo a estas últimas. Entretanto, a verdade é que a maioria de nós pode sentir vez ou outra uma pequena dificuldade ao tentar aquietar-se quando iniciar a oração. Sendo assim, talvez todos possamos nos beneficiar de métodos simples que nos livrem das tensões do corpo, preparando-nos para a oração.

Um dos benefícios quando se dedica um minuto ou dois a fazer um pouco de exercício antes da oração é o seguinte: voltando toda a atenção aos exercícios, a mente se liberta das preocupações e se dedica a guiar os suaves movimentos do corpo. Estes exercícios não são do tipo que requer muita atenção; portanto, quando os terminamos, a mente logo os deixa para trás, e fica vazia e pronta para a prática da oração.

Não precisamos de um grande programa de exercícios. A maioria das pessoas já tem dificuldade em arrumar tempo para vinte minutos de meditação em sua vida atribulada. Um acréscimo aumentaria a tensão em relação ao tempo e talvez minasse a fidelidade. É claro que, se já temos algum programa de exercícios, sobretudo algo como ioga, podemos programar o dia de forma a fazer o exercício antes da meditação, preparando-nos para ela. Não é necessário um programa extenso. Entretanto, é bom conhecer alguns exercícios fáceis de fazer quando o local de meditação não permite alguma coisa mais elaborada. Delinearei abaixo algumas práticas; uma ou outra servirá a cada um na maioria das vezes, ou em situações específicas.

Três respirações profundas

A primeira prática é um exercício simples de respiração. Quando se fala de exercícios de respiração combinada com meditação, logo pensamos em ioga. É bem verdade que algumas tradições orientais desenvolveram os complementos físicos da meditação, indo muito mais longe nessa questão do que jamais se fez no Ocidente. Contudo, tais práticas não são de todo estranhas à tradição cristã. Como já mencionei, no desenvolvimento medieval da tradição da oração de Jesus ou oração do coração por nossos irmãos ortodoxos, encontramos amplo uso de elementos psicossomáticos, incluindo a respiração. No clássico *Relatos de um peregrino russo*, obra espiritual muito popular em nossos dias, o autor faz considerações precisas sobre o assunto. A oração centrante, entretanto, é um método muito simples e puro. Em sua prática propriamente dita, ignoramos por completo a respiração. Mas podemos voltar a atenção a ela por alguns momentos quando nos preparamos para iniciar a oração.

Neste primeiro exercício, sentamo-nos com conforto na posição que manteremos quando iniciarmos a meditação. Conforme mencionei num capítulo anterior, para a maioria de nós, no Ocidente, a melhor postura para a oração é sentar-se em uma cadeira que apóie as costas e as mantenha eretas. Quando a coluna está ereta, cada um de seus ossos pode descansar confortavelmente em cima do outro sem tensão, e a cabeça, que é proporcionalmente pesada, fica bem sustentada. Se a cadeira for adequada, podemos nos entregar e deixar o corpo descansar, com todos os músculos relaxados.

Para facilitar um relaxamento completo, depois de fechar os olhos com leveza (as pálpebras não devem estar apertadas uma contra a outra nem sobre os olhos, mas descansar sobre eles), expelimos o ar dos pulmões suavemente, contraindo o estômago. Não usamos força, apenas sentimos que eliminamos todo o ar viciado. Depois, inalamos fundo, expandindo o estômago (antes de começar, nos certificamos de que nossas roupas estejam bastante folgadas), e deixamos entrar uma corrente de ar fresco, cheio de oxigênio. Prendemos a respiração por um momento – sem desconforto, só deixando que tudo em nós se aquiete por alguns momentos e que o organismo absorva o oxigênio. Contraímos gentilmente o estômago e deixamos o ar sair outra vez. Esta simples seqüência de inalação e exalação é repetida por mais duas vezes, permitindo cada vez alguns momentos de estabilidade quando os pulmões estiverem cheios de ar. Então, damos o primeiro passo da oração centrante, voltando a atenção à Presença.

A maioria das pessoas se surpreende logo na primeira tentativa, ao descobrir quanta diferença faz este simples exercício. A mente fica livre e vazia, gozando de maior claridade e repouso, pronta para descansar no Senhor. Não só a respiração, como o ritmo de todo o corpo diminui, se aquieta e favorece a procura de profunda quietude. E é um exercício muito simples, que pode ser feito até em um lugar público sem chamar a atenção.

Girando a cabeça

Este segundo exercício também é muito simples, porém mais eficaz, embora possa atrair a atenção se o praticarmos num avião ou em outro local público. Sentados, fechamos os olhos e gentilmente expelimos todo o ar dos pulmões, contraindo o diafragma. Porém, desta vez, enquanto expelimos o ar, deixamos a cabeça cair no peito. Quando inspiramos o ar fresco, levantamos a cabeça – cada movimento é lento e suave – e deixamos que caia para trás até onde der, ou até onde a cadeira permitir. Após um ligeiro repouso, repetimos o exercício por mais duas vezes.

Podemos parar por aí e iniciar a meditação. No entanto, se desejarmos fazer um pouco mais, continuamos com mais três respirações. Mas, agora, em lugar de levantar a cabeça e deixá-la cair para trás, a giramos num semicírculo pela direita até parar atrás. Repousamos e, enquanto exalamos, continuamos a rolar a cabeça até que ela pare no peito e tenhamos expelido todo o ar dos pulmões. Este exercício também pode ser feito três vezes. Ele acrescenta ao primeiro um relaxamento dos músculos do pescoço e dos ombros. É um relaxamento que tende a se estender para o corpo inteiro, eliminando as rugas da testa, a rigidez do alto da cabeça, fazendo a tensão se dissolver ao longo da coluna, das extremidades, escoando-se pelas pontas dos dedos das mãos e dos pés. É um exercício simples de efeito surpreendente.

Relaxamento corporal dirigido

É o Padre William Meninger[37] quem chama este exercício de "relaxamento corporal dirigido". Ele orienta o exercício em uma de suas excelentes fitas cassete sobre oração contemplativa. Poder praticá-lo com um guia como o Padre William é certamente uma grande vantagem, mas também pode-se praticar sozinho. Começamos, mais uma vez, adotando uma postura própria para a meditação. Focalizamos a atenção no pé esquerdo. Imaginamos que está completamente relaxado e solto. Sentimos toda a tensão sair através dele. Quanto sentimos que o pé está completamente relaxado, focalizamos o tornozelo. Imaginamos que ele esteja ficando completamente relaxado e solto, com toda a tensão se esvaindo. Quando sentirmos cada parte completamente relaxada, passamos à próxima. Primeiro, subindo pelo lado esquerdo: pé, tornozelo, perna, joelho, coxa; depois, pelo lado direito; depois, quadris, estômago; se pudermos, até os órgãos internos.

---

37. William Meninger, OCSO, monge trapista norte-americano que, juntamente com o autor, desenvolveu a proposta da Oração Centrante na Abadia de São José (Spencer, Massachusetts, EUA) em 1975. (NR)

Relaxe!

Passamos depois à parte inferior das costas, subindo para as escápulas, primeiro pela esquerda, depois pela direita. Depois passamos para a frente, para o peito: primeiro o lado esquerdo depois o direito, depois os ombros: esquerdo, direito, deixando-os cair um pouco, se der vontade. Dos ombros descemos aos braços: primeiro o esquerdo depois o direito – braço, cotovelo, antebraço, mão, sentindo toda a tensão se esvair pelas pontas dos dedos.

Em seguida, focalizamos a atenção no pescoço e relaxamos toda a volta; depois, o queixo, a língua, a raiz da língua, descendo pela garganta. Todos os músculos em volta dos lábios; sentimos toda a tensão cedendo e os músculos relaxando. Depois, o osso da face esquerda; o da direita; os músculos embaixo de cada olho, as pálpebras – em geral uma área de muita tensão – e as sobrancelhas. Deixamos a tensão sair pela linha das sobrancelhas – relaxando, relaxando, relaxando. Passamos ao couro cabeludo, à pele e aos músculos de trás da cabeça. Focalizamos a atenção em cada área, sucessivamente; sentimos a tensão se esvair, o local relaxar por completo, e passamos para outra parte.

Este exercício não toma muito tempo e produz um total e profundo relaxamento. Também pode ser combinado com o das três respirações; aliás é isso que o Padre William recomenda em suas fitas cassete, embora não seja necessário. Assim como o exercício das três respirações, pode ser feito em qualquer lugar sem chamar a atenção.

Relaxamento total

Este último exercício é um dos meus favoritos. É ainda mais agradável quando praticado em grupo, antes da meditação. Porém, requer certo espaço, e não é recomendável para um lugar como, digamos, um aeroporto (a menos que você seja muito extrovertido e goste de chamar a atenção).

O exercício é feito em pé. Levantamos primeiro a mão direita para o alto, em direção ao teto; ou ao céu, se o teto for muito baixo. Esticamos bem o braço, um pouco mais até do que pareça ser nosso limite; forçamos um pouco nosso limite. Mantemos o braço esticado por alguns momentos e depois o deixamos cair com suavidade ao lado do corpo. Repetimos o alongamento com o braço esquerdo, esticando-o ao máximo, e até um pouco mais, segurando! E o deixamos cair devagar junto ao corpo.

Em seguida, deixamos a cabeça pender para a frente, os braços soltos, abaixando o tronco desde a cintura. Não nos preocupamos em manter os joelhos esticados. Ficamos completamente relaxados, deixando a cabeça pender até onde der – mesmo até o chão! Descansamos nessa posição alguns momentos, e voltamos devagar à posição ereta.

A seguir, juntamos os pés e erguemos os dois braços até que fiquem bem estendidos, na altura dos ombros, formando uma cruz. Sem mexer os pés, giramos o corpo devagar para a direita, tanto quanto possível – e ainda um pouco mais, e mais. Mantemos a posição por alguns momentos, a revertemos, girando o corpo para a esquerda o máximo que pudermos. Mantemos a posição por alguns momentos antes de voltar ao centro, relaxando e deixando os braços caírem para os lados.

Mantendo os pés juntos, colocamos a mão direita embaixo do queixo (quem tiver barba, pode segurá-la) e levamos a mão esquerda para a parte de trás da cabeça. Com cuidado, fazemos a cabeça girar para a direita, até onde pudermos – e um pouco mais (pelo que sei, até hoje ninguém desenroscou o pescoço). Mantemos a torção por alguns momentos, relaxamos e voltamos a cabeça para o centro; trocamos as mãos e fazemos a cabeça girar para o lado esquerdo. Quando voltarmos a cabeça para o centro e deixarmos cair os braços devagar para os lados, teremos estirado cada músculo do corpo. E se tivermos forçado um pouco "além do limite", nos sentiremos muito bem. Então, poderemos nos sentar na cadeira escolhida para a meditação e iniciar a oração.

Todos estes exercícios são muito simples. Não têm nada de espetacular ou fora do comum. Mas são o quanto basta para dissipar a tensão do corpo, esvaziar a mente, e predispor-nos à meditação, para que o Senhor nos revigore da forma que Ele quiser.

Nenhum destes exercícios em particular, nem o conjunto deles, devem ser considerados parte da oração centrante. Podem ser praticados com devoção. Podem ser uma forma de oração: veneração pelo corpo. Porém, são opcionais. Em alguns casos, podem ser sugeridos e até recomendados. Mas praticá-los fica por conta de cada um. O importante é relaxar para a oração. A maneira de conseguir isso depende de escolha pessoal. Nosso corpo deve ficar apto a facilitar o aquietamento do espírito e receber a restauração que o Senhor nos quer dar. Contudo, cada um deve sentir-se à vontade para encontrar sua melhor forma de propiciar o estado de relaxamento.

XIII
Perguntas e respostas

Uma das razões pelas quais gosto de ensinar a oração centrante e orientar *workshops* é que enquanto ensino continuo aprendendo. O participante tem expectativas a meu respeito – expectativas que com certeza não se baseiam em alguma coisa que eu tenha, e sim numa confiante esperança de que Deus fale por meio deste irmão em Cristo. Deus não pode deixar de corresponder a essa confiança; a mensagem de presença e amor que Ele dá a cada um é única, porque fala a cada um precisamente de acordo com quem é e onde está aquele com quem fala. Por isso, cada mensagem é diferente. E conforme o Senhor passa a mensagem para seu expectante discípulo por meu intermédio, eu percebo novos aspectos que não havia visto até então. Em cada *workshop,* em cada aula, novos elementos aparecem e diferentes aspectos se mostram de novas maneiras, lançando luz um sobre o outro. Acontece sobretudo quando tento responder às perguntas que me dirigem.

Na esperança de trazer mais luz aos ensinamentos compartilhados neste livro, aqui estão algumas das perguntas mais comuns, que tentarei responder.

A oração centrante é para qualquer pessoa?
Penso que devemos distinguir o que a oração centrante é em

essência e o que ela é como método específico para realizar a experiência. Cada cristão, por sua própria natureza de filho de Deus batizado, está destinado a um relacionamento profundo e amoroso com Deus, que deve se estender além de palavras e conceitos, pensamentos e emoções. Contudo, há muitas maneiras de crescer nessa relação e alcançar a experiência da presença e do amor de Deus.

O rosário é uma ótima escola de oração, que guiou muitos católicos para a forma mais profunda de união com Deus. Conheço uma mulher maravilhosa, cuja vida inteira tem sido de amor, de doação de amor ao próximo: à família, aos amigos, a quem quer que ela saiba estar necessitado. Agora, já avançada em anos, quando seus serviços não são tão requisitados e está cansada demais para sair buscando servir, senta-se perto de uma janela – há um hospital do outro lado da rua – e reza o rosário para esse mundo lá fora. Ela nunca formulou para si o ideal da oração contemplativa. Às vezes se pergunta por que demora tanto para rezar o rosário. Às vezes, passa-se um dia inteiro sem ela completar as cinco dezenas. Se eu lhe dissesse que gasta a maior parte do tempo em oração contemplativa, acho que sorriria para mim com doçura e pensaria que eu não sei do que estou falando.

O Senhor guia cada um da maneira mais adequada. Se alguém é levado a interessar-se pela oração centrante e a praticá-la, isso só acontece porque é guiado pela graça de Deus, já que é um valor além daquilo que podemos apreender pelo simples raciocínio. E essa graça é um convite do Senhor para percorrer os caminhos da oração contemplativa. Não acho que devamos hesitar em compartilhar a oração centrante com os que desejarem conhecê-la, ou com aqueles cujas vidas indiquem que estão tentando orar e entrar em contato mais íntimo com Deus.

Como isso se relaciona com o preceito, muito comum ao que parece, de que se deve ter uma boa base, vinda de uma longa prática de oração ativa, antes de estar pronto para a oração contemplativa?

Um século atrás, a prática corrente, que já estava em voga no Ocidente há muitos séculos e ainda persiste no Oriente, insistia em que não se devia receber com freqüência a Sagrada Eucaristia, a qual exigia um longo período de séria preparação. Os que aconselhavam a comunhão freqüente eram tachados de irreverentes, de não terem plena compreensão do que ela envolve, de estarem em desacordo com a verdadeira tradição católica. Felizmente, prevaleceu a compreensão posterior, mais correta, do tremendo amor e compaixão de Deus, e de seu desejo por maior intimidade. No início do século vinte, um dos que assim pensavam tornou-se Papa, um santo Papa, o Papa Pio X. Ele mostrou à comunidade católica que essa tradição estava ultrapassada, e liderou a Igreja de volta à verdadeira, antiga tradição, abrindo a comunhão freqüente a todos. Seus sucessores continuaram nesse espírito, e fizeram o possível para remover todos os obstáculos e incentivar todos a receberem a Sagrada Comunhão todas as vezes em que participassem da celebração da Liturgia.

Num excelente capítulo do livro *Finding Grace at the Center*, (*Encontrando a graça no centro*) o Abade Thomas Keating[38] mostrou como a comunidade cristã ocidental perdeu uma parte importante de sua herança, relegando a preservação da experiência

---

38. Thomas Keating, OCSO, abade da Abadia de São José, em Spencer, Massachussetts, EUA, à época do desenvolvimento da proposta da Oração Centrante, em 1975. Atualmente vive no Mosteiro de São Bento, em Snowmass, Colorado, e é diretor da organização Contemplative Outreach (Alcance contemplativo). (NR)

contemplativa a umas poucas almas espiritualmente avançadas. Nossa preocupação ao fomentar a oração centrante tem sido ajudar os cristãos ocidentais a recuperarem a antiga e verdadeira tradição que convidava todos a uma prática simples de oração aberta à experiência contemplativa. A experiência de Deus é um presente de Deus. Mas é comum que tenhamos de abrir espaço em nossa vida para esse presente, em resposta a sua Palavra de Amor. A oração centrante é um método de antiga tradição em nova embalagem. Não há melhor maneira de expressar nosso amor a Deus e nosso desejo de que Ele se manifeste a nós, e nos guie nessa experiência íntima de amor, do que abrir regularmente espaço para Ele em nossa vida, com um amor inflamado e uma mente serena.

Há pessoas que não podem praticar a oração centrante?

Acho que devemos dizer "sim". Toda oração é uma dádiva. Deus não dá esse tipo de oração de presente a todas as pessoas. Se alguém não se sentir atraído por esse tipo de oração, pode ser que não esteja recebendo a graça de perceber seu valor. Ainda não chegou sua vez. Pode acontecer mais tarde, ou Deus pode continuar a guiá-lo de outra maneira. O importante é que cada um corresponda à orientação de Deus, que dedique com regularidade tempo para orar seriamente.

Para rezar é preciso desejar Deus de verdade, desejar um relacionamento com Ele. Sem esse desejo – não precisa ser um desejo sentido, pode ser apenas uma decisão "fria" da vontade em resposta à compreensão da realidade – não se pode praticar a oração centrante ou qualquer outro tipo de oração.

Ao persistirmos em uma oração, sobretudo se for como a oração centrante, surgirão aos olhos de nossa mente, uma após outra, todas as pessoas e coisas que amamos e às quais somos

Perguntas e respostas

ligados. E, como perguntou a Pedro na praia do mar da Galiléia, o Senhor nos perguntará: "Tu me amas mais do que amas aqueles?" Se persistirmos na oração, devemos nos desapegar continuamente. Por vezes isso pode ser uma grande batalha. Se ao final nos recusamos a nos desapegar e a escolher Deus, não podemos continuar com a oração. Teremos feito de alguém, ou de alguma coisa, nosso deus.

O Padre Eugene Boyland um pai espiritual maravilhoso que escreveu livros excelentes sobre oração e vida espiritual, costumava dizer aos que estavam em retiro: "Se você dedicar quinze minutos por dia a uma conversa íntima com o Senhor, ouvindo-o de verdade, garanto que se tornará santo". Tenho a convicção de que o Padre Eugene está certo. Não podemos nos encontrar com o Senhor com regularidade e continuar deliberadamente em pecado. Um ou outro terá de ceder: o pecado ou o encontro diário com o Senhor. E não podemos nos encontrar com regularidade com alguém tão digno de amor como Nosso Senhor sem que nosso amor aumente. Os quinze minutos se expandirão aos poucos até abarcarem nossa vida por completo.

A graça tem seu tempo e sua hora, e precisamos caminhar com ela. Se estivermos vivendo a primeira e maravilhosa manifestação do Espírito em uma prece carismática, entusiasta e afetiva, talvez não seja hora de nos sentar em silêncio e tentar centrar-nos. Isso provavelmente virá mais tarde. Por enquanto, o amor necessita derramar-se em louvor e música, em palmas e dança, em pura e exuberante celebração. Louvado seja Deus!

A oração centrante baseia-se no livro A nuvem do não-saber. *Mas o autor parece proteger seu ensinamento com muitas precauções sobre quem deve receber as instruções e praticar este caminho contemplativo.*

Oração Centrante

❈

Há algumas coisas que devem ser destacadas sobre *A nuvem do não-saber*. Em primeiro lugar, é um tratado de um pai espiritual escrito para seu filho espiritual, um homem relativamente jovem, que recebera suas instruções por muito tempo. Essa instrução pessoal está subentendida. O texto visa servir de lembrete, de complemento talvez, e não ser um ensinamento completo da vida espiritual. O autor supunha e pretendia que esse tratado fosse compartilhado com outros. Contudo, como todos os pais espirituais conscienciosos, era homem de grande prudência e precaução. Ele sabia dos perigos do quietismo – um erro que logo se disseminaria na Igreja – e do orgulho espiritual. Quando se lê sobre um ideal espiritual elevado, há sempre o perigo de esforçar-se para alcançá-lo sem ouvir as sugestões do Espírito interior. Acima de tudo, esse pai espiritual era muito cuidadoso. Não queria ser responsável perante Deus por guiar pessoas que ele próprio ou outro pai espiritual não houvesse testado adequadamente. Devemos respeitar esse homem.

Precisamos estar conscientes, também, de que era um homem de outros tempos, escrevendo para um homem de seu tempo. Muitas vezes achamos seu estilo pouco familiar e mesmo difícil. Isto deveria nos alertar para o fato de que não podemos assimilar de pronto seus ensinamentos e levá-los à prática de modo tão direto e literal como fazemos com ensinamentos contemporâneos sobre oração. Tentamos apresentar alguma coisa de seu ensinamento numa nova embalagem, precisamente para ajudar de alguma forma a torná-lo acessível em nossos dias.

No último capítulo, o autor deixa muito claro quem ele considera pronto para receber suas instruções sobre oração contemplativa. Uma pessoa está pronta para a oração contemplativa quando deixou para trás todo pecado deliberado ou, pelo menos, trouxe todos esses pecados à Igreja para sua cura e tem um firme propósito de se emendar (cap. 28), é atraída por uma oração simples, e não está em paz exceto quando sente que procura a vontade de Deus em todas as coisas. O autor não afirma que tal sentimento deva prevalecer "continuamente, desde o começo, porque não é este o caso". O fato de alguém ter se desviado, de que ainda sinta atrações e desejos discrepantes, tenha fraquezas e recaídas, não impede um chamado atual para a contemplação: "Não é o que você é nem o que tem sido o que Deus vê com seus olhos piedosos, mas o que você deseja ser". Quem tem um desejo simples de estar profundamente unido a Deus, de vivenciar seu amor e corresponder-lhe, "não precisa temer o erro quando acredita que Deus o chama para a contemplação, não importa que tipo de pessoa seja agora, ou tenha sido no passado". Quando se compreende o autor de *A nuvem,* constata-se que não vincula o chamado à contemplação a nenhum estágio de santidade elevado ou avançado. Só é preciso ter se afastado do pecado deliberado, e desejar uma simples união com Deus na oração.

E quanto aos conhecidos critérios de São João da Cruz com relação ao chamamento à oração contemplativa?

O Padre William Johnston, em sua edição de *A nuvem do não-saber*, enfatizou a congruência entre o ensinamento do autor de *A nuvem* e o doutor em oração espanhol. Não se sabe ao certo se este último sofreu influência do primeiro ou se pelo menos tinha familiaridade com seu trabalho. Mas é certo que eles compartilhavam uma tradição comum. Os critérios de São João não podem considerar-se diferentes dos critérios de *A nuvem,* mas são expressos e desenvolvidos de modo mais detalhado, como ocorre com todo o seu ensinamento sobre oração. Ele delineia os sinais mais concisamente no décimo terceiro capítulo do segundo livro da obra *Subida do Monte Carmelo*:

> O primeiro sinal é a constatação de que não se consegue praticar a meditação discursiva nem dela obter qualquer satisfação... O segundo é a consciência do desinteresse em fixar a imaginação ou as faculdades sensoriais em outros objetos, exteriores ou interiores. Não estou afirmando que a imaginação cessará de ir e vir (mesmo em recolhimento profundo, é usual que circule livremente), mas que a pessoa se desinteressa em fixá-la propositalmente em outros objetos.
> O terceiro e mais seguro dos sinais é gostar de ficar na percepção amorosa de Deus, sem tecer considerações, em paz, em quietude e repouso interior, sem atos e exercícios (pelo menos discursivos, aqueles nos quais se avança de um ponto a outro) do intelecto, da memória e da vontade; e que prefira permanecer apenas na percepção ampla e amorosa de Deus que mencionamos, sem qualquer conhecimento ou compreensão em particular.

Temos de chamar a atenção outra vez para o fato de o autor ser um homem de outros tempos, escrevendo para homens e mulheres de seu tempo. Naquela época, prevalecia uma abordagem racionalista na sociedade e no estudo da teologia, que também se aplicava à prática da oração. As pessoas se contentavam em engajar-se em um discurso interior e elaborações imaginosas acerca dos fatos da revelação e das verdades da teologia. Era só pela graça de Deus que alguém podia ser apartado da atividade intelectual e atraído pelo desejo de descansar no Senhor, na Realidade além do pensamento.

Os tempos atuais contribuem para esta graça. Estes são tempos em que se prefere a experiência ao conhecimento conceitual e à compreensão intelectual. Desde o começo, muitos se sentem ineptos para a meditação discursiva ou para encontrar alguma satisfação nela. Não há nenhum desejo de ficar no terreno da própria imaginação. Ao contrário, logo surge o desejo da percepção imediata e amorosa de Deus por meio da experiência; de ali ficar em paz, quietude e repouso.

O próprio São João da Cruz diz que quem pratica com regularidade é atraído sem demora para a prece contemplativa. Ele não especifica com precisão o que significa "sem demora", porém, creio que hoje em dia é mais depressa do que jamais foi.

Por que não usar a mente e os pensamentos para comunicar-nos com Deus? Por que a oração não se vale do mesmo estado de consciência usado no restante do dia?

Deveríamos, sim, usar mentes e pensamentos na comunicação com Deus. Somos instados a orar continuamente. No decorrer do dia, nos ocuparemos com muitos tipos de oração e não pouparemos nossas mentes e pensamentos para corresponder a este chamamento divino. Mesmo a oração centrante usa a mente e o pensamento, o coração e a emoção em seus passos iniciais. Contudo, o que procuramos na oração centrante é ir além de nossas mentes e pensamentos pelo menos alguns minutos por dia. Até na experiência diária, quando amamos alguém de maneira especial, sentimos necessidade de estar a sós com essa pessoa, de aquietar-nos e comunicar-nos em níveis mais profundos do que aqueles que palavras e pensamentos podem atingir. Se é assim nas relações humanas comuns, quão maior será essa necessidade quando a pessoa com quem nos comunicamos transcende por completo todos os pensamentos, tudo o que a mente poderia alcançar?

Oração Centrante

❋

Qual a diferença entre essa forma silenciosa de oração e o quietismo, heresia que foi condenada pela Igreja?

O nome quietismo refere-se a uma doutrina espiritual que, conforme proposta de Miguel de Molinos[39], foi condenada em 1687. Esse ensinamento defendia que a contemplação passiva, ou a atividade mística de Deus na alma, pode ser obtida à vontade apenas fazendo cessar todas as operações conscientes. A partir deste ideal, repudiava toda atividade consciente como uma infidelidade à graça. Isto se estendia a toda a vida, condenando até o exame dos próprios atos. Daí, saltava à defesa de que atos exteriores objetivamente pecaminosos não eram repreensíveis do ponto de vista moral se não interferiam com a quietude interior. Com esse ideal de cessação de toda atividade humana e de quietude interna, essa pseudo-espiritualidade se aproximava do ideal de algumas práticas orientais e se desviava da primazia do amor que marca toda a vida e atividade cristãs.

Como afirma constantemente o autor de *A nuvem*, a oração centrante é um trabalho de amor. A oração inteira já está contida no primeiro passo, resposta de fé e amor a Deus presente no centro, na base de nosso ser. O resto do método visa apenas nos ajudar a permanecer, tão inteira e puramente quanto possível, neste ato de amor. A palavra de oração é significativa porque expressa esse amor e resume com muita simplicidade toda a nossa relação de amor.

A diferença entre esta oração de quietude e o quietismo é portanto evidente: a primeira é um contínuo ato de amor; o último procura a cessação de todo ato de amor. A primeira procura vivificar toda nossa atividade fora do período de oração com a ação do

---

39. Miguel de Molinos: teólogo místico espanhol (1628-1696). (NR)

amor; o último procura esvaziar todos os atos exteriores de qualquer atividade interior. A primeira almeja levar-nos a atuar inteiramente como seres humanos; o último faria do ser humano uma entidade totalmente passiva, que se deixa levar. Embora um olhar superficial possa ver semelhança entre ambos, na essência não poderiam ser mais diferentes.

É desse modo que a oração centrante difere também da meditação transcendental? Tenho ouvido dizer que a oração centrante não passa de uma meditação transcendental batizada.
O que dissemos sobre a diferença entre quietismo e oração centrante se aplica em parte à meditação transcendental, se falarmos apenas da técnica básica de meditação. O programa Siddhis, propagado por Maharishi Mahesh Yogi, é uma prática ativa. A prática básica da meditação tem afinidade com o quietismo: procura a quietude interna, e não uma relação de amor com Deus. No entanto, difere do quietismo e se parece mais com a oração centrante quando pretende animar a vida de cada um, e até mesmo toda a criação, pela experiência da meditação. Porém, apesar das aparentes semelhanças com a oração centrante, a técnica da meditação transcendental difere dela na essência, e parte de princípios distintos. Em lugar de uma palavra de oração significativa, que implica uma resposta afetiva, emprega um som sem significado que deve ser repetido durante todo o tempo da meditação, e não só quando é necessário retornar à Presença. A finalidade de quem pratica meditação transcendental geralmente não é religiosa. A prática em si é apenas uma atividade humana natural, com que se procura entrar em contato com a base do próprio ser. Mas, como toda ação humana, pode ser investida de significado religioso. É o que fizeram alguns hindus, dando-lhe seus próprios significados. E os cristãos podem

adotá-la, preenchendo-a com o pleno entendimento que lhes é dado pela Revelação.

O Papa João Paulo II falou sobre isso quando disse: "Para ser fiel à mensagem genuína e total do Senhor, a Igreja precisa desvendar e interpretar toda a realidade humana, a fim de impregná-la com a força dos Evangelhos" (Cuilapan, México, 29 de janeiro de 1979: *Origens*, 8, 543).

Cristo não é um mero guru do caminho espiritual. Abordando a oração desta forma, não haverá o perigo de perder de vista alguns valores do cristianismo?

Se esta for a única forma de orar, e se toda a vida espiritual se resumir a esta prece, sim, pode ser! Mas a proposta é que se dediquem apenas dois ou três pequenos períodos por dia à oração. Serão períodos de intenso amor, momentos renovadores da experiência da presença e do amor de Deus, que vivificarão o resto das atividades do dia e, sobretudo, as outras formas de oração: a celebração dos sacramentos e a Eucaristia, e a comunhão com o Senhor na Sagrada Escritura. Estas últimas, por sua vez, farão crescer o desejo desse trabalho de amor. A idéia é praticar a oração centrante no contexto de uma vida plenamente cristã, e nela dar frutos.

Onde está Cristo na oração centrante? Eu quero rezar como cristão.

A oração centrante visa não apenas capacitar-nos a orar como cristãos, mas como Cristo. Somos Cristo pelo batismo: "Já não sou eu que vivo, mas é Cristo que vive em mim" (*Epístola aos Gálatas 2, 20*). E o Espírito de Cristo nos foi dado como nosso Espírito: "E porque sois filhos, enviou Deus aos nossos corações o Espírito do seu Filho, que clama: *Abba* Pai!" (*Epístola aos Gálatas 4, 6*). Na oração centrante, abandonamos nossos pensamentos e emoções, e juntamos nosso coração, nossa vontade, com os de Cristo. Deixamos que seu Espírito, que agora é nosso Espírito, reze conosco. Cristo está mais intimamente presente em nossa prece do que nós mesmos. A oração não poderia ser mais cristã.

Isso me soa um pouco panteísta. Eu sou eu – uma pobre criatura pecadora, e Cristo é Deus!

Nosso Senhor disse: "... Ninguém é bom senão Deus" (*Marcos 10, 18*). Tudo o que é, é bom; em verdade, tudo o que é, é Deus. Deus é: "Sou aquele que é" (*Êxodo 3, 14*). Deus é toda a bondade, toda a beleza, tudo o que é. Tudo e todos os que têm bondade, beleza, alma, os têm por participação de Deus. Isto é profundamente misterioso. Quando entramos em contato com a base de nosso ser, de alguma forma experienciamos essa unicidade com Deus, que é. Sabemos que, de alguma forma, permanecemos distintos de Deus, mas é difícil, senão impossível, ter isso em mente estando dentro da experiência.

Os padres e os místicos da Igreja sempre falaram em chegar à unidade com Deus: uma união divina, transformadora, uma unicidade de espírito. No esforço por transmitir suas experiências e sem a ajuda da revelação histórica, nossos irmãos de outras religiões formularam enunciações que são ou soam panteístas. Alguns escritores cristãos – como Tauler e Suso – foram acusados da mesma coisa.

Esforçamo-nos por expressar o inexprimível. É claro que somos distintos de Deus. Somos pobres pecadores. E, contudo, somos unos com Deus, partilhando seu ser e sua bondade, porque Ele é tudo o que é. E a nós, pelo batismo, nos foram dados uma partilha e uma unicidade com Ele ainda mais plenas em Cristo. Isso tudo é verdade, não podemos negar. No entanto, temos dificuldade em juntar tudo isso. Quando falamos, ora falamos sobre um aspecto dessa realidade total, ora sobre outro aspecto. Não podemos exprimir tudo ao mesmo tempo, mas temos de deixar claro que falamos no contexto da totalidade do mistério.

E a cruz? Não é fundamental no cristianismo e na oração cristã? A oração centrante é tão simples, pacificadora e restauradora – a cruz não estará sendo ignorada?

Se alguém pensar que a oração centrante ignora a cruz, tudo de que precisa é praticar essa oração fielmente durante certo tempo. Ela é fácil, é simples, mas também é inflexível em suas exigências.

A primeira grande exigência é um pouco de nosso precioso tempo duas vezes por dia – um verdadeiro ascetismo em meio a nosso cotidiano atarefado. Há tantas coisas que poderíamos estar fazendo para Deus! A importância que nos atribuímos como agentes necessários de Deus tem de ser significativamente desinflada. Nosso desejo apaixonado de ser doadores, de realizar coisas, de assegurar-nos de nosso valor por nossos feitos, pela dependência que outros têm de nós – tudo isso tem de ser muito disciplinado. Assim conseguiremos a liberdade de deixar tudo o mais de lado com regularidade, no pico de nossas atividades diárias, e sentar-nos quietos com o Senhor por vinte minutos. Nossa disciplina deve permitir que nos recolhamos cedo para nos levantarmos também cedo o suficiente, e ofertar a Deus esses momentos antes de nos envolver nas atividades cotidianas. E há aquele ascetismo terra-a-terra de tirar os pés das cobertas e pular da cama quando o despertador anuncia sem a menor delicadeza que está na hora de levantar-se e rezar.

Uma vez que preenchemos este pré-requisito e humildemente – quem sabe heroicamente – encontramos tempo para sentar-nos com Deus, a prática da oração nos traz a corajosa exigência de

Perguntas e respostas

morrer para nós mesmos. Essa simplicidade da oração nos parece muito difícil. Gostamos de coisas complicadas, penosas, que demandam certa engenhosidade, para que, uma vez realizadas, possamos nos bater nas costas pelo grande mérito. Gostamos de complicar as coisas para congratular-nos por solucioná-las. Mas nesta oração, onde tudo o que temos a fazer é entregar-nos e deixar que Deus faça, não há muito espaço para palmadinhas nas costas.

Se a oração centrantre é simples, e em certo sentido, fácil, em sua própria simplicidade é bem implacável. Para sermos fiéis à oração, temos de abrir mão de *tudo*: de todos os nossos belos – e não tão belos, mas algumas vezes sedutores – pensamentos e emoções, de todas as nossas ricas imagens, de todas as maravilhosas inspirações que delas decorrem; das soluções que surgem para questões e problemas com os quais estivemos lidando, da idéia, do texto, da frase, do programa perfeito – *de tudo* – e, acima de tudo, de nós mesmos.

Sempre que algo de nós mesmos nos chamar a atenção, devemos simplesmente deixá-lo ir embora e voltar-nos para a presença de Deus pela palavra de oração, centrando nele toda a atenção.

Isto é um verdadeiro morrer para si mesmo, uma verdadeira *mortificação*. Quando alguém se opõe a nós, briga conosco, e até quando nos insulta, pelo menos com seus atos afirma nossa existência. Mas quando alguém se limita a ignorar-nos, nos liquida. No que lhe diz respeito ficamos reduzidos à nulidade. Não existimos. Na oração centrante, o "eu", com todos os seus feitos, é simplesmente ignorado. Cada vez que consegue desviar nossa atenção para si, o que temos a fazer é deixá-lo para trás e voltar-nos por inteiro ao Senhor.

Sem exceções! Cada vez que qualquer coisa que não seja Nosso Senhor presente nos chama a atenção, a deixamos passar de imediato, mas, isso sim, com suavidade, sem briga, sem esforço. É um *retorno a*, e não uma *fuga de*, sem dar muita atenção ao que nos distrai. Um retorno suave à presença do Senhor. Simples? Sim! Exigente? Muito! Quem pensa que a oração centrante é muito fácil – que ela ignora a cruz, menospreza a morte do "eu", o ascetismo, a mortificação – que tente apenas praticá-la fielmente!

Mas não seguimos nosso Divino Mestre ao topo da colina, encontrando tempo para a oração centrante, nem nos deixamos elevar com Ele à sua Cruz de salvação, adentrando a nuvem do não-saber, para ali ficar. O Calvário não é o centro da grande basílica de Jerusalém. Na verdade, a Colina da Caveira[40] está relegada a um canto. O centro é o Sepulcro vazio e o glorioso santuário. Nosso objetivo na oração e na vida é adentrar e viver com mais plenitude essa vida gloriosa que é verdadeiramente nossa. Fomos batizados na morte e na vida do Senhor. Surgimos da água. A vida que surgiu já é nossa. É isto que a oração centrante enfatiza. A morte, o morrer para si mesmo, a mortificação está ali, mas nós pretendemos ultrapassar isso, ir além com Cristo e entrar na experiência viva de nossa ressurreição nele, que se sentou à direita do Pai e piedosamente ofertou suas maravilhosas dádivas a seu povo.

Se ignorarmos o pensamento e o julgamento e apenas ficarmos quietos, não há perigo de abrir-nos, não a Deus e a sua ação, mas à ação de maus espíritos?

São João da Cruz ressalta em seus ensinamentos que quando entramos na oração contemplativa não devemos ter medo das armadilhas do Demônio, porque ele não pode nos atingir nesse nível

---

40. Gólgota, Gulgoltha, em aramaico: "lugar da caveira". Calvaria em latim, de onde "calvário". (NR)

de nosso ser. Só pode afetar as imagens e emoções influenciadas pelo corpo. Não pode penetrar em nosso ser espiritual. Existe perigo e necessidade de discernimento na oração ativa, na qual usamos a imaginação e as emoções, porque estas sim, ele pode influenciar. Mas na oração centrante ignoramos essas faculdades e simplesmente deixamos que as imagens e os pensamentos se dissolvam. Eles não afetam nossa oração; portanto, o Demônio não pode atingi-la. Estamos engajados em um nível que pertence ao Senhor pela graça e pelo batismo. Estamos fora do alcance do Demônio. Só Deus pode penetrar nesse nível de nosso ser. Estamos completamente a salvo na oração contemplativa.

O que fazer com a consciência do peso de nossos pecados? Ao experimentar a solidariedade com os outros, percebemos quão injustos, violentos, maus e egoístas temos sido. Por vezes, a sensação de nossos pecados é avassaladora.

Durante a oração, não importa que sentimentos, sensações e descobertas surjam, devemos nos ater à terceira regra e com delicadeza retornar ao Senhor pela palavra de oração. Não é nessa hora que Nosso Senhor quer que lidemos com essas coisas. No momento, Ele está empenhado em nos libertar da tensão e da pressão que essas coisas nos causam. Há uma hora e um lugar certos para encarar nossos pecados e culpas e trabalhar com eles. Essa hora pode ser a do exame de consciência, ou quando nos sentamos com nosso pai, ou nossa mãe espiritual, ou nosso amigo espiritual. Nessa hora, podemos precisar centrar-nos um pouco para que essas coisas surjam outra vez, com toda a sua dor, e ao mesmo tempo entrar em contato com a Fonte de toda força e consolação, para que nos fortaleça e possamos encarar aquilo com que temos de lidar.

Se em outros momentos fora da oração formos importunados por uma sensação de culpa ou qualquer outro sentimento, pensamento perturbador ou indesejado, a oração centrante pode vir em nosso auxílio, sobretudo se já tivermos certa familiaridade com ela. Em lugar de tentar brigar com o pensamento ou sentimento indesejado, quem sabe fortalecendo-o com esse esforço, podemos usar a palavra de oração para nos guiar ao centro por um momento, e deixar o pensamento ou o sentimento se dissipar enquanto tocamos a base de nosso ser e somos revigorados pelo sempre presente Amor Criador.

Há um tempo para enfrentarmos nossa carga de pecados e culpas, porém, mesmo esse tempo não deveria ser exagerado. Em seu primeiro sermão sobre o Cântico dos Cânticos, São Bernardo de Claraval dá sábios conselhos: usando a imagem de abraçar os pés do Senhor, nos diz que um é o pé da justiça e o outro, o pé do perdão. Se abraçamos o pé da justiça por muito tempo, somos dominados por nossos pecados e misérias e podemos nos desesperar. Por outro lado, se abraçamos o pé do perdão por muito tempo, tendemos a nos tornar demasiado auto-indulgentes. Devemos abraçar um dos pés de cada vez, numa saudável alternância.

Como a inatividade da oração contemplativa nos prepara para a atividade da vida cotidiana, além de preencher a função de ser um tempo de descanso mental, emocional e físico?

Penso que essa questão já foi respondida em grande parte no capítulo sobre os efeitos da oração centrante em nossa vida. A experiência do amor de Deus por nós, e nossa própria qualidade de seres dignos de amor e apreço, nos libertam da postura defensiva e nos permitem dirigir-nos aos outros para afirmá-los, para levar a eles aquilo que recebemos do Senhor. A oração profunda abre caminho para que os frutos do Espírito brotem em nossa vida: amor, alegria, paz, bondade, benemerência e castidade – atitudes e virtudes que muito nos ajudarão num cotidiano inspirado em nossa vida cristã a serviço do próximo e de nosso Deus.

Hoje, fala-se muito sobre libertação e teologia da libertação. Como relacionar a oração centrante com isso?

Para ser um libertador é preciso ser uma pessoa livre. Acabamos de falar sobre como essa oração nos liberta de nossa postura defensiva, e também da necessidade de construir a máscara de uma falsa identidade e submeter-nos a ela.

Diz-se que os Evangelhos estão resumidos no Sermão da Montanha, e o Sermão da Montanha está resumido nas Bem-aventuranças. Em verdade, temos nas Bem-aventuranças um programa completo de vida cristã. A primeira é a semente da Boa Nova: "Bem-aventurados os pobres de espírito, porque deles é o Reino dos Céus" – não no futuro, mas agora – os verbos estão no tempo presente. Pobreza de espírito é a libertação, não só daquilo que temos, mas também daquilo que desejamos ter. Essa é uma palavra de Deus que até os pobres precisam ouvir. Talvez sejam eles os que mais precisem ouvir esta palavra de libertação da opressão de seus desejos. Mas, quem pode proclamar tais palavras senão aquele que é ele próprio verdadeiramente livre? Essa verdadeira pobreza só é conhecida e vivenciada depois de nos colocarmos no centro, em nossa verdadeira essência em Deus. A oração centrante nos libertará e nos permitirá falar aos outros sobre a palavra da verdadeira liberdade.

A oração de intercessão é muito importante para mim; mas como posso orar pelos outros enquanto estou centrado?

Há pouco tempo ouvi uma história que me tocou a fundo, contada por um pastor batista, o Dr. Glenn Hinson. Ele levou seus alunos de teologia em visita à Abadia de Getsêmani. Ao Padre Louis

(Thomas Merton), que não conheciam, coube guiá-los na visita e responder suas perguntas. No final do encontro, um dos estudantes perguntou ao padre: "O que faz alguém tão inteligente como o senhor enterrado num lugar como este?" O Padre Merton respondeu: "Acredito no poder da oração de intercessão".

Acho que qualquer contemplativo diria o mesmo. Percebendo como, a cada momento, tudo se origina do sempre presente amor criador de Deus, o contemplativo está em contato com o impressionante mistério: Deus quis que sua atividade criadora estivesse de acordo com os pedidos de seus filhos. Tal é o tremendo poder e responsabilidade de nossa oração. Assim como fez nossa vinda ao mundo depender da livre decisão de duas de suas criaturas, Ele deseja que a evolução da existência de cada um e de todos nós dependa da oração de todos.

Quando Deus ouve as orações, não escuta nossos lábios, Ele olha para nossos corações. Por amor a nós, as duas Marias dos Evangelhos verbalizaram suas preocupações: "Eles não têm vinho". "Aquele que você ama está doente". Mas elas não fizeram pedidos. Se alguém nos pede que rezemos por ele, e nós recitamos automaticamente algumas palavras, elas darão muito pouco resultado. Deve ser por isso que algumas orações envolvendo pedidos parecem não fazer nenhum efeito. Mas se trouxermos essa preocupação para o coração, a próxima vez que nos aproximarmos do Senhor em oração Ele a verá, mesmo se nos esquecermos de falar a respeito. E, em seu amor, Ele cuidará disso. Quando entramos em íntima e amorosa união com o Senhor na oração centrante, ele vê todas as preocupações em nossos corações e cuida delas, sem que tenhamos de dizer nem uma palavra a respeito. Se outras vezes formulamos pedidos, não é tanto porque Deus precise deles – uma vez que lê nossos corações e sabe de nossas carências mais profundas – mas porque nos ajudam a aprofundar e sustentar nosso interesse e a aumentar nossa confiança nele.

É certo meditar mais do que duas vezes ao dia?

Muitas pessoas, talvez a maioria, já acham bastante difícil encontrar tempo para duas meditações em seu cotidiano atarefado, mas tenho encontrado muitas que já estão começando a fazer uma terceira. Muitas culturas têm a saudável prática da *siesta*. Em nosso meio, pessoas muito ocupadas estão descobrindo que uma breve meditação após o almoço é um belo empurrão e uma grande ajuda para enfrentarem a tarde com a qualidade de vida e a disposição que desejam. Alguns descobrem que seus dias começam a ser pontilhados por breves momentos de meditação; em horas calmas, ou enquanto estão esperando ou se deslocando, a palavra de oração surge para intimá-los a um momento de verdadeira renovação.

Nossa meditação deve encaixar-se no contexto de nossa vida cristã. Além de invadir nosso tempo já escasso, o excesso de meditação pode nos deixar "aéreos" e nos impedir de dar conta de nossas atividades com a acuidade necessária. O tempo de revitalização contemplativa e o desenrolar das atividades devem estar em harmonia.

Há períodos do dia melhores para a prática da meditação? Há períodos em que não deveríamos meditar?

Pela manhã cedo parece ser de longe a melhor hora para a oração centrante. Estamos calmos e descansados após uma noite de sono, e também na criação tudo é quietude. Deveríamos meditar assim que nos levantamos e fazemos nossa higiene. Alguns preferem fazer exercícios ou uma caminhada antes; outros preferem ler um texto espiritual ou as Escrituras. Isto também pode ser bom. De qualquer forma, é melhor praticar a meditação antes do café da manhã. Outra boa hora é ao final da tarde, antes do jantar, quando já estamos um pouco cansados e o organismo tende a aquietar-se. O dia também se aquieta quando a noite cai. Outros encontrarão horários que se adaptem melhor a seu ritmo de vida. Em verdade, podemos praticar a oração centrante a qualquer hora. Porém, uma das horas menos apropriadas é logo depois de comer, sobretudo se tivermos feito uma lauta refeição. Nosso centro estará em algum outro lugar e nosso metabolismo, em plena função. Mas se esse for o único momento que conseguirmos, é preferível praticar a meditação nessa hora a não praticá-la nunca.

Devemos meditar sempre vinte minutos exatos? Podemos ampliar esse período, se sentirmos necessidade?

"Onde estiver o Espírito, ali estará a liberdade". Os métodos orientais por vezes têm regras bem rígidas. Isto pode ser necessário, uma vez que dependem por inteiro do método e da ação humana. Os cristãos dependem sempre, em primeiro lugar, da ação de Deus. E Deus é preeminentemente livre. Se em determinada ocasião somos levados a ficar mais tempo em meditação, o certo é correspondermos a esse ritmo do Espírito. Sobre esse tema, acrescentarei algumas idéias:

Certas pessoas descobrem bem depressa a duração adequada para elas e, para a maioria, vinte minutos é o ideal. Umas poucas descobrem que quinze minutos mais ou menos correspondem a suas necessidades. Outros, sobretudo os religiosos ou aqueles para quem a oração representa grande parte da vida, freqüentemente estendem a prática a períodos mais longos.

Lembro-me agora de uma madre superiora que participou do primeiro *workshop* que orientei para superiores de ordens religiosas. Decidimos nos reunir a cada dois meses para acompanhamento.

Perguntas e respostas

No primeiro desses encontros, a madre relatou que não estava se saindo muito bem; tinha dificuldade em encontrar tempo. Outros relataram a mesma coisa. No segundo encontro, a madre compartilhou um achado. Como descobriu que as irmãs do convento não tinham necessidade urgente de falar com ela logo após a missa, começou a dar uma escapada ao quarto nessa hora, para meditar. Não perdeu quase nenhuma meditação. No encontro seguinte, a madre relatou que não só não havia perdido nenhuma meditação, mas que os períodos estavam se tornando cada vez mais longos. Finalmente, a madre havia encontrado seu ritmo: períodos de uma hora inteira. E, para sua surpresa, constatou que, mesmo dedicando esse tempo extra à oração, seu dia rendia mais do que nunca.

Notamos que a tensão emerge durante a meditação. Essa é uma das razões pelas quais limitamos o tempo. Não é desejável que muitas coisas venham à tona de uma só vez. Mas isso só acontece em meditações longas. Sobretudo quando ensinamos os jovens, ou qualquer pessoa capaz de se entusiasmar demais, deveríamos ser bem rigorosos em limitar o período de oração. Outra razão para manter a meditação dentro de limites razoáveis é fazer com que se incorpore ao ritmo de nossa vida. Meditações prolongadas podem aquietar mais nosso organismo do que seria compatível com a atividade que nos espera logo a seguir. Devemos respeitar também nossa estrutura psicológica. Temos de dar a tudo sua devida proporção – mesmo às expressões de amor, visto que o amor em si não tem medida. Deus pode desencadear em nós tudo o que quiser no momento em que desejar; não devemos prolongar a meditação para obter mais, exceto quando esta for sua vontade.

Como sabemos quando o tempo terminou?

Essa é uma dúvida quando iniciamos a prática da oração centrante. O que podemos fazer é manter um relógio num lugar em que o vejamos com facilidade. Cada vez que surgir a dúvida, se não estivermos certos de que o tempo terminou, damos uma olhada no relógio. Se ainda não for hora de acabar, retornamos suavemente ao centro com a palavra de oração. Se já for hora de terminar, fechamos os olhos outra vez, também suavemente, e rezamos o Pai-Nosso. Se formos assíduos, mantendo o mesmo período de tempo, logo descobriremos que sabemos automaticamente a hora de terminar. Não é aconselhável usar despertador, ou *timer*, que interromperão de modo abrupto a meditação. É melhor passar do horário do que sermos interrompidos de maneira tão brusca. De qualquer forma, ainda não conheci ninguém que perdesse a hora na oração muito além do tempo previsto.

E se eu estiver começando a adormecer?

O autor de *A nuvem do não-saber* tem palavras de consolação a esse respeito. Ele diz que se adormecermos durante a oração não devemos nos preocupar. Nosso Pai nos ama da mesma forma, quer estejamos acordados ou adormecidos. E é verdade. Se nos dispomos a voltar toda a atenção ao Senhor nesta oração, não podemos nos vigiar para nos assegurar de que não adormeceremos. Eu acrescentaria: se constatarmos que adormecemos cada vez que nos centramos, pode ser um aviso. Pode ser que estejamos confortáveis demais. O corpo pode estar recebendo a mensagem de que é hora de dormir. Seria bom verificar a postura e talvez experimentar outra cadeira.

No caso de pessoas dedicadas, é possível que não estejam suprindo sua necessidade de sono. Nosso Senhor pode estar lhes dizendo que deveriam dormir mais. Devemos fazer qualquer coisa que Nosso Senhor queira que façamos. Se não estivermos dedicando tempo suficiente ao sono, ao lazer, às amizades e coisas afins, é sinal de que estamos tentando fazer mais do que Nosso Senhor deseja que façamos. Ou seja, estamos nos atravessando no caminho dele, fazendo coisas que ele mesmo quer fazer ou deseja que outros façam.

Mas também pode ser que nosso sono seja uma fuga. Por duas vezes no Evangelho, São Lucas nos diz que os Apóstolos caíram no sono de medo. Pode ser que não desejemos chegar muito perto de Nosso Senhor; temos medo – não sabemos o que Ele pode querer de nós. Ou talvez não estejamos tão interessados nele: estamos entediados. A solução para esses dois casos é ler mais os Evangelhos. É preciso conhecer melhor o Senhor para amá-lo mais, desejá-lo mais, confiar mais nele.

Qual sua opinião sobre meditação andando?

Na oração centrante, convém estar tão livre quanto possível para voltar-se por completo ao Deus presente. Andar requer certa atenção para a atividade do corpo, e nessa medida nos tira um pouco a disponibilidade de entrar em contato imediato com Deus. Assim, é preferível não andar durante a oração centrante; é melhor ficar sentado.

Em *wokshops* avançados de oração centrante, temos feito algumas meditações andando entre períodos sucessivos de meditação. Isso permite uma pausa entre os períodos de meditação profunda, e também serve como exercício para começar e levar a oração para nossas atividades.

Quando se ensina a oração centrante, seria bom dar ou pelo menos sugerir aos iniciantes uma palavra de oração? Muitos dos que aprenderam meditação no Oriente receberam um mantra, que é muito significativo para eles.

Oração Centrante

✳

O autor de *A nuvem* diz que cada um deve escolher uma palavra significativa. Qualquer pessoa que tenha um relacionamento com Deus tem uma palavra que costuma usar espontaneamente quando se comunica com Ele. Essa palavra resume todo seu movimento em direção a Deus, em fé e amor. Essa é sua palavra de oração. Observei que a maioria das pessoas não tem dificuldade em escolher uma palavra de oração. Como sugestão, o máximo que posso fazer é referir-me ao texto de *A nuvem*: "...escolha uma palavra curta em vez de uma longa. Uma palavra de uma só sílaba, como 'Deus' ou 'amor' seria preferível. Mas que seja significativa para você".

Se a pessoa que eu estiver instruindo ainda não tiver desenvolvido conscientemente uma relação com o Senhor, eu lhe sugeriria o nome de Jesus. Assim, ela estaria rezando em nome de Jesus, compreenderia que Jesus tem um papel nesse voltar-se a Deus e, quando ouvisse as Escrituras, descobriria o pleno sentido desse nome de salvação.

A título de apoio, podemos convidar as pessoas a quem ensinamos a compartilhar conosco a palavra que escolheram, e talvez a razão pela qual a escolheram, e corroborar suas escolhas.

Seria acertado usar uma frase como "seja feita vossa vontade"?

Eu aconselharia as pessoas que meditam a seguirem a orientação do autor de *A nuvem*, escolhendo uma só palavra. Mas, nas coisas do Espírito, haverá sempre liberdade. Conheço uma bela criatura, uma freira, que escolheu como palavra de oração "entregue-se", o que para ela é perfeito. Ao escolher uma frase, convém estar bem atento ao conselho de nosso autor: "Se sua mente começar a intelectualizar sobre o significado e as conotações dessa pequena palavra, lembre-se de que seu valor repousa em sua simplicidade".

Perguntas e respostas

✳

É certo trocar de palavra, ou devemos usar sempre a mesma?

Algumas vezes, no início, há quem goste de testar uma ou duas palavras significativas. É claro que se pode fazer isso. Pode acontecer também que numa ocasião especial nos sintamos atraídos por determinada palavra. "Onde estiver o Espírito, ali está a liberdade." Mas penso que, em geral, a maioria discerne rápido, senão de imediato, a palavra que lhe serve. Então, é melhor ficar com ela. Essa palavra facilitará cada vez mais o acesso rápido ao centro e a capacidade de ali ficar em grande quietude. Logo descobriremos que nossa palavra virá espontaneamente em horas de quietude, convidando-nos a ir ao centro para um momento de renovação.

E sobre a advertência dos Evangelhos, de evitar a vã repetição?

A forma como usamos a palavra de oração neste caso não pode ser considerada uma vã repetição. Escolhemos uma palavra que faça sentido para nós, que expresse nosso pleno movimento em direção a Deus em fé e amor. E a usamos apenas para facilitar nossa permanência em união profunda e amorosa com o Senhor. Tal repetição não pode ser considerada vã, ou sem sentido.

Algumas vezes eu paro de dizer a palavra de oração. Isso está certo?

Usamos a palavra de oração enquanto nos é útil e nos ajuda a permanecer com o Senhor. Se para isso precisarmos repeti-la o tempo todo, muito bem; vamos usá-la constantemente. Se não precisarmos mais dela, muito bem também; podemos deixá-la de lado. Se estamos ou não usando a palavra não deve ser motivo de preocupação. Não tem muita importância. Nossa atenção deve estar no Senhor.

Algumas vezes, quando medito, vou deixando de sentir as mãos e os pés. Isso é normal?

De fato, pode haver sensações como essa. Experimentamos toda sorte de sensações durante a oração. Não têm muita importância. Sempre as tratamos da mesma forma: aplicamos a terceira regra todas as vezes que nos apercebemos delas, e retornamos à presença do Senhor pela palavra de oração.

Quando praticamos a oração centrante, o corpo é convidado a um descanso profundo. O Senhor quer restaurá-lo. É comum que os batimentos do coração e a respiração se tornem mais lentos; o corpo todo se aquieta, e as extremidades podem adormecer. "Eu dormia, mas meu coração velava." É bom nos certificarmos de que o local que escolhemos para meditar seja bem aquecido; do contrário, conforme o corpo vai se aquietando, sua temperatura pode diminuir e a atenção se desvia para a sensação de frio.

Já se escreveu alguma coisa sobre os aspectos fisiológicos da oração centrante?

Que eu saiba, não há nenhum estudo específico sobre os efeitos fisiológicos da oração centrante. Mas penso que o estudo geral do Dr. Herbert Benson sobre os efeitos desse tipo de meditação se aplica muito bem à oração centrante. O autor de *A nuvem* também fala sobre isso, à sua maneira, no capítulo 54 do tratado: "Por meio desta obra, um homem aprende a governar-se sábia e dignamente, tanto no corpo como na alma".

Notei que durante a meditação freqüentemente minha cabeça cai e se apóia no peito. O que devo fazer?

Eu mesmo já tive essa experiência. Se a espinha estiver reta e a cabeça bem centrada, permanecerá ereta quando perdermos a consciência de nós mesmos na oração. Se não estiver firme e encaixada, cairá em uma ou outra direção. Quando cai para a frente, tende a causar tensão no pescoço, o que nos desvia da oração. Se notarmos que a cabeça caiu para a frente, a endireitamos com suavidade e retornamos ao Senhor, pela palavra de oração.

E se eu sentir comichão durante a oração?

Em geral, é melhor se coçar e depois retomar a meditação com a palavra de oração.

Algumas vezes sinto muito cansaço quando termino a meditação. Pensei que a oração centrante fosse repousante.

Se de fato sairmos cansados da oração, alguma coisa deve estar errada. Talvez não tenhamos relaxado antes de começar. Ou então estamos tentando atingir algum estado de espírito, ou brigando com os pensamentos; de alguma forma, estamos com dificuldade de nos entregar.

O que pode estar acontecendo, também, é que não sintamos verdadeiro cansaço quando terminamos a oração, e sim os efeitos físicos de nos aquietarmos profundamente na meditação. Pode levar algum tempo para que o corpo retorne ao estado normal de atividade. Mas, quando retomamos esse estado, nos sentimos revigorados e provavelmente com mais energia depois de um descanso tão profundo.

Muitas pessoas esperam que algo espetacular aconteça. Acham que fogos de artifício e relâmpagos estourarão quando chegarem ao centro e entrarem em contato com Deus. E como isso não acontece, pensam que nada aconteceu.

Em suas palestras em fita cassete sobre a oração centrante, o Padre William Meninger fala da experiência do profeta Elias. Moisés havia encontrado Deus no Monte Horeb, em meio a raios e ao estrondo de violentos trovões. Mas quando Elias foi chamado ao mesmo monte sagrado, Deus não se encontrava no vento forte, nem no tremor de terra, nem no fogo, e sim no som de uma brisa suave. Na oração centrante, Deus se encontra no silêncio interior.

É importante que não tenhamos nenhuma expectativa quando praticamos a oração centrante. Deveríamos apenas buscar Deus. Se Ele quiser que haja relâmpagos e trovões – grandes experiências – ótimo! É Ele quem decide. Se quiser que permaneçamos em grande quietude, ótimo também. Se desejar que nos embrenhemos aparentemente numa selva de coisas, ótimo também. Louvada seja Sua vontade! Não praticamos a oração centrante em busca de paz interior, de experiências, ou de qualquer outra coisa a não ser Deus. E quando assim fazemos podemos estar certos de que é Ele quem iremos receber. O que mais podemos desejar? Tudo mais é secundário e irrelevante.

E sobre recorrer a imagens na oração centrante?

Podemos nos concentrar numa imagem durante a oração: uma vela ardendo, um ícone, a porta do tabernáculo, a hóstia sagrada exposta (estas são, naturalmente, mais do que imagens). Na verdade, é impossível orar sem imagens, pelo menos no início, mesmo que as ultrapassemos e entremos em contato imediato com Deus, tal como Ele é. Na oração centrante, procuramos empregar o que talvez seja a imagem mais adequada de Deus: uma palavra. Ele se revelou e nos falou na Palavra. E nós lhe respondemos com uma palavra. Mas procuramos usar uma palavra simples, e usá-la tão simples e puramente quanto possível, para logo poder ir além, e não ficarmos presos à imagem que fazemos dela. A nuvem e o conceito de centro são usados como imagens secundárias, e são boas de serem usadas; por serem virtualmente imagens

Perguntas e respostas

inimagináveis, não nos convidam a ficar presos a elas, deixando-nos livres para ir além, para a Realidade.

É melhor ler as Escrituras antes ou depois da oração centrante?

Acho que cada um deveria se animar a experimentar e descobrir o que é melhor em seu caso. Alguns descobrem que ler as Escrituras antes da meditação aumenta seu interesse e facilita a oração. Outros descobrem que a leitura antes da oração tende a produzir muitos conceitos e imagens, dificultando a concentração. Por outro lado, a abertura que a oração centrante engendra os torna mais reativos à Palavra de Deus, quando lida após a oração. Outros, ainda, preferem fazer essa leitura em outra ocasião, independente da oração centrante. Cada um deve ter a liberdade de fazer o que achar melhor.

É melhor meditar em grupo ou sozinho?

Mais uma vez, na prática, isso varia de pessoa para pessoa. Alguns acham que a meditação em grupo lhes dá mais apoio. Não há dúvida de que quando meditamos juntos se formam correntes de graça e até vibrações físicas úteis a todos no grupo. Contudo, há os que são mais reservados por temperamento. A presença de outras pessoas lhes resulta desconfortável. Os sons do corpo, até mesmo o som discreto da respiração de alguém, invadem sua sensação de quietude. Estes sentem-se melhor meditando sozinhos. O compromisso de se juntar a um grupo periodicamente para meditar, porém, pode ser um apoio tão grande que invalide estas considerações. Com paciente e honesta experimentação e conselhos prudentes, cada um encontrará seu padrão mais adequado.

Como a oração centrante se relaciona com a oração carismática?

A oração carismática, tal como tem se manifestado e desenvolvido nas principais igrejas, vem tomando quase exclusivamente formas extrovertidas. Mas não devemos esquecer que o *quaker* sentado em silêncio está praticando a oração carismática.

Quando se entra em contato com a oração carismática pela primeira vez, em geral se encontra uma oração muito afetiva, cheia de sensações fortes e emoções, convidando a expressões muito ativas.

É uma graça que contagia. Contudo, após um período, não é raro sentir atração por uma quietude e um silêncio cada vez maiores. Isto acontece com grupos inteiros, conforme vão amadurecendo. Neste ponto, as instruções sobre o método da oração centrante podem ser de grande apoio. É por isso que em alguns lugares, líderes de grupos carismáticos se esforçaram por aprender a ensinar a oração centrante, e introduziram no formato do programa semanal uma oportunidade, para os que quisessem, de aprender a oração centrante, meditar juntos por algum tempo e compartilhar experiências e dúvidas. Isto costuma ter lugar em um dos pequenos grupos, após o encontro geral para a oração. Assim, as duas formas de oração são vistas como complementares, e um mesmo programa de oração inclui ambas, atendendo às necessidades de cada membro.

Nas poucas e desafortunadas ocasiões em que os carismáticos viram oposição entre a oração centrante e a oração carismática, em geral houve falta de conhecimento do sentido preciso da oração centrante, de seus fundamentos, e de que é de fato expressão de uma antiga forma cristã de oração. Diálogos abertos logo esclareceriam qualquer dúvida.

Líderes carismáticos de encontros de oração relataram-me uma preocupação pessoal. Em seu ministério têm visto membros de seus grupos, muitas vezes pessoas que se converteram ao Senhor há muito menos tempo que eles, serem atraídos pela oração contemplativa, enquanto eles mesmos ainda estão propensos a louvar o Senhor ativamente, com palavras e cantos. Eles se perguntam se estão perdendo alguma coisa, se os outros não os estarão deixando para trás. É possível, claro, que outros os estejam ultrapassando. Deus é o senhor de suas dádivas, e não precisa dar o maior ou o melhor aos líderes. Por outro lado, como já dissemos, o crescimento em amor – que é o crescimento essencial na vida cristã – não tem de ser correlato com o tipo de oração que se pratica. O importante é caminhar com o Espírito e orar como se pode. Porém, com um discernimento acurado pode-se descobrir algo mais: em razão de seu chamado específico para liderar o grupo e apoiar os que são atraídos para uma oração muito emocional, esses líderes podem ser levados a exercer uma forma ativa de oração em determinado nível, enquanto são nutridos por uma experiência de oração mais contemplativa em nível mais profundo. Enquanto suas vozes cantam em louvor a Deus, talvez em linguagens desconhecidas, seus corações repousam profundamente em Deus, nutridos por uma união muito íntima com Ele.

Qualquer que seja o caso, cada um deve ser encorajado, com um prudente discernimento, a orar de todo o coração, da forma que o Espírito de Deus o guiar.

Finalmente, pode a oração centrante ser relacionada à oração litúrgica?

De acordo com a antiga tradição, a noite era dividida em quatro vigílias, ou noturnos, e os monges velavam em oração durante toda a noite. Entretanto, não havia mais do que dois ou três noturnos no Ofício Litúrgico. O quarto noturno sempre era dedicado à oração contemplativa. O Ofício, com seus Salmos e lições, é uma escola de oração.

Oração Centrante

O Senhor fala à alma e a instrui, e aquele que participa do Ofício começa a corresponder a essa palavra, a essa instrução, nas orações dos Salmos e nas coletas. Mas essa resposta aflui naturalmente no momento em que o Ofício termina e a igreja cai no silêncio. É o momento da contemplação. A oração centrante pode muito bem ser usada para prolongar essa resposta de oração.

O Ofício alimenta a oração contemplativa, evoca o desejo profundo desse tipo de resposta e comunhão com o Senhor. E essa profunda experiência do Senhor pode provocar um grande desejo de irromper em louvor. *Benedictus Dominus Deus!* Laudes, cânticos matinais de louvor seguem-se aos noturnos. As Vésperas são com freqüência a conclusão apropriada para a oração centrante vespertina. *Magnificat!*

A oração centrante pode muito bem ser integrada à Liturgia da Eucaristia. Somos convidados a iniciar essa celebração litúrgica entrando em contato com nossos próprios pecados, para arrependernos e merecer perdão, e purificar-nos para a meritória oferenda do Sacrifício sagrado. Talvez não haja melhor maneira de entrar em contato com nossos pecados do que ficar por um momento no centro, na presença imediata do Sacratíssimo. De modo espontâneo, suplicamos: "Senhor, tem piedade; Cristo, tem piedade; Senhor, tem piedade".

Em outra ocasião, podemos achar mais adequado esperar até sermos purificados pela absolvição do celebrante. Podemos, então, achar mais proveitoso centrar-nos no mistério de nosso Deus de misericórdia e manifestar-nos no alegre e deleitoso hino de louvor: "Glória a Deus nas alturas...". A oração centrante também pode ser adequada antes das leituras, para preparar uma mente e um coração tranqüilos e receptivos à Palavra, ou depois delas, como uma resposta.

Perguntas e respostas

※

Algumas pessoas gostam de usar a pausa após a Sagrada Comunhão para centrar-se. Eu mesmo, nessa ocasião, sou levado a centrar-me mais na presença física de Nosso Senhor na Eucaristia do que na presença espiritual na base de meu ser. Talvez seja para ali que o Senhor da Eucaristia tenda a nos guiar.

A Liturgia nutre a oração centrante e evoca um desejo ainda maior desta experiência. A experiência da oração centrante, por sua vez, nos enche de desejo de receber mais esclarecimentos e instruções da Liturgia, e praticar seus atos de arrependimento, oração, agradecimento e louvor. Ambos são parte de uma vida cristã integral, que deve ser sempre uma vida de oração.

XIV
Maria, no coração das coisas

Não é fácil captar uma imagem dessa virgem simples e simplesmente adorável, que os céus chamaram para a tarefa mais elevada que um ser humano poderia cumprir: a de ser a mãe do próprio Deus. Nós, da América, temos a sorte de ser os beneficiários da imagem milagrosa, que se ocultou debaixo das rosas do manto de Frei Juan[41], e hoje se encontra num relicário na basílica de Guadalupe, perto da Cidade do México. Essa imagem encerra, talvez mais exatamente que qualquer outra pintura conhecida, alguma coisa da beleza da virgem de Nazaré. Contudo, ela só pode sugerir de modo muito aproximado a beleza daquele ser, daquela linda jovem, se é que podemos ousar chamá-la assim: é assim que ela aparece a nossos olhos, mesmo tendo se tornado mãe. E que poderoso mistério foi depositado em seu coração!

Uma e outra vez, o escritor divinamente inspirado repete o refrão: "E ela meditou todas essas coisas em seu coração"[42].

---

41. Nossa Senhora de Guadalupe, padroeira dos países da América de língua espanhola, apareceu ao índio Juan Diego, em cujo manto ficou gravada sua imagem. (NR)
42. Neste parágrafo, e nos seguintes, o autor refere-se ao nascimento de Jesus, narrado no Evangelho Segundo São Lucas, capítulos 1 e 2. (NR)

Os pastores vieram e falaram de hostes de coros celestiais, de um rei da casa de Davi, de um salvador que salvaria seu povo. E havia aquele santo ancião, Simeão... Todo o anseio de Israel, o anseio de que ela começou a fazer parte, estava representado na pessoa dele. E agora ele falava de realização, salvador, sinal, reconhecimento e rejeição e – o que era aquilo? Uma espada para o coração dela! E Ana – a palavra de uma mulher parecia ainda mais tocante.

E o mistério daqueles três dias, prenunciando outros três dias, quando ela iria conhecer bem a espada. O quinto mistério do rosário segue-se ao quarto. Uma mulher, maravilhada como todas as mães judias antes dela, mas com uma plenitude e significado sem precedentes, levou seu Filho primogênito ao templo e ofereceu-o de volta ao Doador da vida, Iahweh seu Deus e – oh, tão misteriosamente – Seu Pai! Ele foi resgatado com o resgate dos pobres, nem mesmo trinta moedas de prata.[43]

O acontecimento ficou esquecido. A vida continuou, rotineira, depois do estranho interlúdio egípcio, que na verdade talvez não fosse assim estranho a um povo tão próximo de seus ancestrais nômades, um povo que tão bem conheceu o exílio. Teria havido dias em Nazaré em que a virgem se esqueceu de quem era seu Filho, de quem ela era, e de quão completamente Ele pertencia a seu Pai? O certo é que, quando Ele de repente ficou "cuidando das coisas de seu Pai", foi um choque. E a declaração que Ele fez desse fato não tornou as coisas mais inteligíveis.

---

43. O resgate dos pobres – segundo Lucas 2, 24, na apresentação de Jesus no Templo, Maria ofereceu em sacrifício "um par de rolas ou dois pombinhos".

Nós também, em tempos de graça, oferecemos tudo ao Pai. E depois continuamos com nossos afazeres do dia-a-dia, esquecendo-nos do que fizemos. Então, chega o dia em que o Pai reclama o que é dele. E nós também ficamos chocados, procurando e protestando: por que nos fizeste isto?

E Maria meditou tudo isso em seu coração.

Uma tradução moderna desta fase diz: "e ela meditou tudo isso em sua mente". É uma frase que reflete bem nosso modo de ver as coisas. Achamos que meditar é pensar muito bem nas coisas. Mas não foi isso que Maria fez, segundo a Escritura. Ela meditou no coração. Essa era a forma de seu povo meditar. E é a forma como os monges têm meditado tradicionalmente. Porque meditação não significava pensar muito bem em alguma coisa, dissecando-a, analisando-a, sintetizando-a e tentando tirar conclusões. Tampouco significava um grande exercício de imaginação. Ao contrário, significava apenas deixar que o fato da revelação passasse com calma para a mente e se imprimisse no coração. Era sopesado no coração até que desse instruções ao coração. E o coração respondia à realidade.

A oração centrante é uma oração do coração. Resumindo uma resposta a uma revelação de amor pessoal, expressa mais plenamente no movimento inicial da oração, a "palavra significativa" orienta o coração a fluir, de acordo com sua verdadeira natureza, na corrente do pleno Amor Divino. Quando conhecermos esta oração, a realidade que é oração, então reconhecemos intimamente como nosso o magnífico hino de nossa virgem Mãe. Todo o nosso ser o proclama:

> Minha alma proclama a grandeza do Senhor
> e meu espírito exulta em Deus, meu Salvador,
> porque olhou para a sua humilde serva.

Porque o Todo-Poderoso fez grandes coisas em meu favor.
Seu nome é santo
e sua misericórdia perdura de geração em geração
para aqueles que o temem.

Desde o início, essa virgem eleita não se encantou com sua dignidade, nem se deixou levar por seus temores. Ela era uma mulher de serviço amoroso, de amor diligente. Foi-lhe comunicada uma necessidade e ela correspondeu, a um alto custo. A emoção, os temores, o assombro de uma primeira gravidez, as ansiedades de um noivo envolto em mistério, os perigos, o cansaço de uma longa jornada à região das colinas não a detiveram. Ela não via o fato como uma grande missão espiritual para si mesma; apenas ofereceu a forma mais humilde de serviço. Mas sabia quem nela habitava. Estava plena de Deus porque estava totalmente aberta a Ele, em total concordância com seu amor exigente. E assim trouxe o Cristo Deus, trouxe graça e alegria, trouxe o Espírito Santo.

E em servindo aos outros, ela própria era servida. Toda vez que Deus nos chama a servir ao próximo, seu desígnio mais sublime e piedoso é que nós que servimos sejamos os maiores beneficiários de nossos serviços. Cristo morreu por nós e por nossa salvação, mas ninguém recebe tamanha glória de sua morte heróica como Ele. Maria veio para servir e assistir, mas ela própria foi também assistida. Ela recebeu a confirmação de sua própria graça. Deus respondeu à necessidade humana de Maria. Deu-lhe uma mulher mais velha que, com a maior intensidade que uma mulher poderia experimentar, estava vivendo a mesma experiência de Maria – não apenas a maternidade, mas uma misteriosa maternidade espiritual que acontecia pela intervenção dos céus. Como foi bom ter outra pessoa que sabia e entendia!

Maria, no coração das coisas

❋

Maria recebeu confirmação e louvor: louvor não só pela maravilhosa dádiva recebida do Senhor, fazendo-a mãe do próprio Senhor, mas pela resposta que deu, pela sua crença. A mulher idosa que havia vivido meses com um marido mudo podia apreciar muito bem a fé dessa jovem. Sua própria fé deve ter conhecido esse desafio. E Maria aceitou o louvor. Aceitou a realidade. Ela aceitou o louvor e o remeteu à realidade. "Ele, que é Todo-Poderoso, fez grandes coisas em meu favor." Não apenas sua gravidez era um presente, mas também sua fé.

Um confrade contou-me a seguinte história: sua sobrinha costumava ir à missa todos os domingos com a mãe, o pai, os irmãos e irmãs. Estava naquela idade cheia de perguntas, e a mãe procurava respostas que satisfizessem a pequena inquiridora e a ajudassem a crescer em sua fé. A menina apontou para um vitral com figuras santas e perguntou: "Quem são eles?" "São os santos", respondeu a mãe. Algum tempo depois, na escola maternal, a irmã perguntou: "Quem são os santos?" Uma pequenina mão se levantou. "Muito bem", disse a irmã, "quem são os santos?" Com muito orgulho, a pequena respondeu: "São os que deixam passar o brilho da luz de Deus".

Maria deixou o brilho da luz de Deus passar por ela: "Ele que é Todo-Poderoso fez grandes coisas em meu favor, e seu nome é santo".

E Maria profetizou em verdade: "Doravante as gerações todas me chamarão de bem-aventurada". Desde que uma voz se fez ouvir na multidão e declarou: "Abençoado seja o ventre que vos deu vida e os seios que vos alimentaram", muitos lábios nunca cessaram de repetir:

Ave, Maria, cheia de graça,
o Senhor é convosco.
Bendita sois vós entre as mulheres...

Também é verdadeira sua profecia: "Sua misericórdia perdura de geração em geração para aqueles que o temem". Qualquer de nós que se abra a Deus e lhe dê espaço e tempo para manifestar-se com sua presença fortalecedora e criativa será portador de Deus, da graça, do Espírito para cada um a quem servir. E, servindo, nós mesmos seremos servidos, afirmados, confirmados, chamados a uma plenitude e um senso de vida e amor ainda maiores.

Hoje (19 de março) é dia de São José. Em sua homilia na missa esta manhã, o abade falou da "perda de Maria". Acho que isto pode nos mostrar muitas coisas.

Com freqüência, quem nutriu uma devoção terna e especial por Maria, talvez desde criança, sofre sua perda ao renovar sua vida cristã. Aquela figura central de Maria presente em todos os momentos, cuidando-nos com amor maternal e incentivando a uma deliciosa devoção – nossa Vida, nossa Ternura e nossa Esperança – parece sair de cena. Agora, a Mãe nos guia para seu Filho, centro e pleno significado de sua própria vida.

Este padrão não é incomum. Primeiro, Maria cuida do pequeno cristão até que esteja maduro o suficiente para iniciar uma verdadeira relação de amizade com seu Filho. O Filho, por sua vez, guia seu amigo e irmão, ou irmã, ao Pai. O Pai e o Filho inspiram com seu Espírito a vida daquele que os ama. O amado descobre-se na Trindade, e ali encontra Maria outra vez, no coração do amor da Trindade, uma presença impregnante em sua mediação maternal. Então, temos mais certeza de que ela é vida, doçura, esperança. Deveríamos contar com essa perda, esse corte de cordões espirituais, quando nos libertamos da casa que nos dá apoio e delicado consolo e saímos para a noite da fé. Mas, quando voltamos de verdade para casa, é certo que Maria estará lá.

Há ainda outra lição nesta "perda de Maria". José, o justo, o fiel, o amante de Maria, teve que desistir dela para possuí-la de verdade como esposa e amada no Senhor. Como deve ter sido difícil! De quem, em toda a criação de Deus, teria sido mais difícil desistir do que da mais imaculada filha de Deus? Contudo, a pergunta desafiadora foi imposta a esse homem justo, José: "Tu me amas mais do que a ela?" José talvez tenha se debatido dura e longamente para chegar a sua decisão, ou até para discernir se a pergunta lhe era dirigida. Quando a pergunta ficou clara, a resposta foi heróica. Mereceu uma visita angélica.

Na missa de hoje, a primeira leitura foi a do profético prenúncio desse acontecimento. Abraão também foi inquirido, mas, em seu caso, tratava-se de um filho: "Abraão, tu me amas mais do que a ele?" E Abraão tomou o penoso caminho de Horeb, fogo e espada nas mãos. E sua profissão existencial de amor também mereceu a visita de um anjo.

Maria é um modelo maravilhoso de mãe, de apoio e presença carinhosos. Contudo, quando nos centramos, até a ela devemos deixar para trás. Há quem goste de recitar uma Ave-Maria antes da oração centrante, reconhecendo sua mediação universal e sua presença constante. Mas, quando nos centramos e passamos para além do véu pela fé, devemos deixar todos os pensamentos da Virgem para trás, postar-nos e ficar, por assim dizer, sós e despidos ante nosso Deus. Devemos deixar para trás nossa Vida, nossa Ternura e nossa Esperança. Devemos deixar tudo para trás. Maria teve de deixar até Cristo, pelo menos em sua presença física e palpável, e tê-lo somente pela fé. E nós também devemos dizer como São Paulo: "Nós o conhecemos um dia na carne, mas agora não mais". Mas, se pudermos mesmo imitar a Senhora da Fé sem vacilar em nossos corações quando o aparentemente longo Sábado Santo desta vida de fé afinal terminar, as experiências deveras passageiras da Luz do Tabor darão lugar à visão da Fonte. E ali, no coração da Trindade, ao lado direito dele, que está sentado no trono de seu Pai, e prometeu que dividiríamos seu trono, encontraremos de novo, em toda a sua glória, nossa Vida, nossa Ternura, nossa Esperança. Guilherme de Saint-Thierry escreveu:

> E tal é a surpreendente generosidade do Criador com sua criatura: a enorme graça, a bondade incognoscível, a devotada confiança da criatura no Criador, o terno contato, a ternura da boa consciência, que o homem de alguma forma se encontra no meio deles, no abraço e no beijo do Pai e do Filho, ou seja, no Espírito Santo. E ele se une a Deus por essa benevolência, pela qual Pai e Filho são um só. Ele é santificado naquele que é a santidade de ambos. A sensação deste bem e a ternura desta experiência, tão grande quanto o pode ser nesta vida infeliz e ilusória, ainda que agora não seja plena, é, no entanto, uma vida verdadeira e verdadeiramente abençoada! (*Mirror of Faith – Espelho de fé*).

Se agora é assim, como será depois?! Se é assim para nós, como será para Aquele que é cheio de fé, totalmente amoroso, sem pecado?!

Maria, nosso modelo, com seu amor e cuidados maternais infinitos, nos mostra o caminho para uma vida no centro, uma vida de amor e serviço, fruto da oração centrante. Maria, nosso modelo por sua glória no coração da Trindade, é sinal e promessa da consumação de nossa fidelidade à Oração.

Não conseguimos louvar esta santa e gloriosa Virgem tanto quanto ela merece. No entanto, não há melhor forma de louvá-la e agradá-la do que viver vidas centradas e deixar os frutos da oração centrante vingar em nossas vidas, para a glória de seu Filho, com quem somos um, e em cujo Espírito somos um com Ele, em concordância total com o Pai.

Que tudo seja em honra e glória à mais sagrada e bendita, gloriosa e sublime Trindade, agora e por todo o sempre!

EPÍLOGO
Sonho ou visão?

Eu tenho um sonho. Vejo toda a terra em paz, toda a família humana vivendo junta, dividindo os frutos da criação e a alegria que vem das boas coisas de nosso planeta e de além dele. E essa paz e alegria, uma compaixão universal, flui para dentro e para fora da família cristã do mundo inteiro. Nossos irmãos e irmãs de outras fés e todas as pessoas de boa vontade exclamam: "Abençoados os que trazem a paz, porque eles são os filhos de Deus". E cada um de nós, cristãos, sabe por experiência própria que é um filho muito amado de Deus. Nossas vidas são plenas de amor e segurança, alegria e paz. Cada um está em contato com sua dimensão contemplativa. Dias de trabalho fluem de um centro profundo. Encontra-se espaço, reserva-se tempo para usufruir da presença íntima e amorosa do Pai, e para que Ele se regozije em nós.

Tudo começa nos seminários e nas casas de formação de religiosos. Verdadeiros pais e mães espirituais evocam uma visão, mostram um caminho. E os que saem para ensinar o povo de Deus são homens e mulheres que vivem no centro, sempre em contato com a amorosa e alimentadora Presença de Deus em tudo. Eles conhecem bem o Pai, e estão aptos a mostrá-lo aos outros, com e em Cristo.

Em cada universidade há sacerdotes, pais e mães espirituais que irradiam alegria e entusiasmo, que refletem e compartilham uma grande visão, uma visão digna do presente da vida que cada um recebeu. Sabem abrir o caminho para os estudantes, ensinando-lhes os caminhos da meditação cristã, para que os jovens também experimentem o amor do Pai e sejam formados por seu Espírito, de acordo com a mente e o coração de Cristo. Nos campus universitários há salas de meditação onde os estudantes atarefados podem se refugiar por alguns momentos, e em um ambiente acolhedor, junto com outros, estar em contato profundo com a base de seu ser, de modo que suas vidas vigorosamente ativas fluam da verdadeira Fonte. E cada cristão percebe sua unção em Cristo, seu chamado, sua missão entre o povo de Deus e toda a família humana.

Na paróquia a situação não é diferente. O pároco tem a alegria de contar com assistentes apostólicos em cujas vidas reconhece o fruto de sua paternidade espiritual. E, juntos, abrem a todos os membros da comunidade paroquiana os caminhos da oração profunda, da experiência pessoal do amor sempre presente, criativo e acolhedor do Pai. Há grupos de meditação na paróquia nos quais especialmente os solteiros, os separados, todos os solitários, podem vivenciar o verdadeiro pertencer, o verdadeiro cuidado, a verdadeira comunidade. Cada casa tem seu próprio programa, seu ritmo de meditação. E quando cada família se senta junta para meditar – junta no Senhor – mesmo os pequenos, num colo carinhoso ou num berço, são envolvidos por correntes de amor, e desejarão que elas nunca faltem em suas vidas.

As escolas começam o dia com uma experiência em comum da Fonte de todo conhecimento. Onde quer que cristãos se reúnam, em primeiro lugar buscam vivenciar sua profunda unicidade meditando juntos. Não há serviço de oração comunitário, celebração ou liturgia sem esses significativos momentos de silêncio quando

Sonho ou visão?

todos, experientes em encontrar Deus no centro, rapidamente entram nas profundezas que lhes são familiares.

Como não haveria paz em tais comunidades? Como essas comunidades poderiam deixar de irradiar paz?

Vejo sobretudo asilos, casas de repouso, comunidades de anciãos, enfermarias onde padres aposentados e religiosos entram na última fase de suas vocações. Para todos eles, a vida adquiriu um novo e rico significado. Eles sentiram o chamado para entrar cada vez mais fundo no coração contemplativo de Cristo e ser parte dessa fonte, da qual fluem correntes de graça, amor e vida sobre suas famílias: filhos, netos e bisnetos, suas famílias religiosas, as famílias paroquianas que eles tão generosamente serviram. Quão felizes e plenos de sentido são os anos de declínio desses homens e mulheres que crescem na sabedoria mais verdadeira, conforme se aprofundam ainda mais nas novas correntes vitais que fluem entre os filhos de Deus e sempre aninham neles a vida de Cristo!

Sonho ou visão? Ou será realidade? Se cada um que já tenha aprendido o caminho para o contato diário com o Senhor, para basear sua vida na Fonte, ensinar a mais uma pessoa, e a instar a ensinar por sua vez a outra, não se multiplicarão os caminhos para a paz? E por que não fazer esse fruto se multiplicar, trinta, sessenta, cem vezes?

Em nossa sociedade frenética é difícil enxergar como não nos perdermos, como não nos dispersarmos e nos fragmentarmos por completo, a não ser que entremos em contato com nosso ser mais profundo, que estejamos em contato com as bases de nosso ser e encontremos nossa verdadeira identidade na Fonte unificadora do Ser.

Recebemos a ordem, que é de fato uma lei de nosso próprio ser, de amar os outros como a nós mesmos. Se sentimos a necessidade, o valor e a alegria de estar em contato com a dimensão contemplativa de nossa vida, não é nossa incumbência tornar isso possível também aos outros? "Graciosamente recebeste, graciosamente doarás."

Um sonho pode tornar-se uma visão quando compartilhado na prática. Vamos então começar a fazer do sonho uma visão. Parece-me que, em última instância, é uma centelha do sonho de um Deus que, em sua bondade além da compreensão, nos honrou com a responsabilidade de tornar seu sonho uma realidade viva. Não devemos deixar que a magnitude da tarefa nos impeça de fazer nossa pequena parte. Nossa leve ondulação pode tornar-se uma onda. Ele, que é nosso Mestre, o Mestre do Caminho, começou com uns poucos à sua volta – e não os mais brilhantes. Ele lhes deu aquilo que possuía, da melhor maneira que pôde. Foi uma experiência desalentadora, que provocou lágrimas amargas de desapontamento. E então apelou ao Pai para que enviasse o Espírito. E assim tudo começou.

Iniciamos este livro considerando o papel do Espírito em nos ajudar a penetrar no sonho de Deus – aquilo que olhos não viram, nem ouvidos ouviram, e está além da concepção da mente humana – para que se torne a visão de nossa própria vida. Deus nos revelou isto pelo Espírito. Agora é hora de buscar que, por nosso intermédio, pelo trabalho do mesmo Espírito de Amor que habita em nós, essa visão seja transmitida aos outros.

Não há maior presente a oferecer aos outros do que abrir-lhes o caminho pelo qual poderão experimentar, de maneira mais íntima e constante, o quanto são amados por Deus.

BIBLIOGRAFIA

Livros

ANÔNIMO. *A nuvem do não-saber*. São Paulo: Paulinas/Paulus, 1987.

ANÔNIMO. Relatos de um peregrino russo. São Paulo: Paulinas, 1985.

ANÔNIMO. *The Book of Privy Counseling*. Garden City, NY: Doubleday, W. Johnston (Org.), 1973.

ABHISHIKTANANDA (Fr. Henri Le Saux, O.S.B.). *Prayer*. Philadelphia: Westminster Press, 1973.

BENSON, Herbert. *A resposta do relaxamento*. Rio de Janeiro: Record, 1995.

BLOOM, Anthony. *Beginning to Pray*. Nova York: Paulist Press, 1971.

_____. *Oração viva*. São Paulo: Paulinas/Paulus, 1992.

CHARITON of VALAMO. *The Art of Prayer*. Londres: Faber & Faber, 1966.

EVAGRIUS PONTICUS. *Praktikos. Chapters on Prayer*. Spencer, MA: Cistercian Publications, 1970.

GOUILLARD, Jean. *Pequena Filocalia – O livro clássico da Igreja Oriental*. São Paulo: Paulus, 1985.

GRIFFITHS, Bede. *Retorno ao centro - O conhecimento da verdade*. São Paulo: Ibrasa, 1992.

HAUSHERR, Ireneé. *The Name of Jesus*. Kalamazoo, MI: Cistercian Publications, 1978.

HIGGINS, John S. *Thomas Merton on Prayer.* Garden City, NY: Doubleday, 1972.

HODGSON, Phyllis (Org.). *Deonise Hid Divinite and other Treatises on Contemplative Prayer Related to The Cloud of Unknowing.* Londres: Oxford University Press, 1958.

JOHNSTON, William. *The Inner Eye of Love.* São Francisco: Harper & Row, 1978.

_____. *The Mysticism of The Cloud of Unknowing.* St. Meinrad, IN: Abbey Press, 1975.

_____. *Música silenciosa – A ciência da meditação.* São Paulo: Loyola, 1979.

_____. *The Stillpoint.* Nova York: Fordham University Press, 1970.

KADLOUBOVSKY, E. e PALMER, G.E.H. *Writings from the Philokalia on Prayer of the Heart.* Londres: Faber & Faber, 1951.

KEATING, Thomas, et al. *Finding Grace at the Center.* Still River, MA: St. Bede Press, 1978.

LOUF, André. *Teach Us to Pray.* Nova York: Paulist Press, 1978.

MALONEY, George. *Paz interior.* São Paulo: Loyola, 1990.

MERTON, Thomas. *O homem novo.* Rio de Janeiro: Agir, 1966.

_____. *Novas sementes de contemplação.* Rio de Janeiro: Fissus, 1999.

_____. *Contemplative Prayer.* Garden City, NY: Doubleday, 1971.

_____. *The Climate of Monastic Prayer.* Kalamazoo, MI: Cistercian Publications, 1969.

NARANJO, C.; e ORNSTEIN, R. E. *Psicologia da meditação.* São Paulo: Instituto Thame, 1991.

PENNINGTON, M. Basil. *Deus ao alcance das mãos.* São Paulo: Paulinas, 1982.

_____. *In Search of True Wisdom.* Garden City, NY: Doubleday, 1979.

Bibliografia

RICHARDS, M. C. *Centering in Pottery, Poetry and the Person*. Middletown, CT: Wesleyan University Press, 1964.

ROCHA, Alexandre Sergio da. *A experiência mística de Lourenço da Ressurreição – A prática da presença de Deus*. Rio de Janeiro: Lótus do Saber, 2000.

SANTA TERESA DE ÁVILA. *Castelo interior ou moradas*. São Paulo: Paulus, 2002.

SANTA TERESA DE JESUS. *Caminho de perfeição*. São Paulo: Paulus, 7ª edição.

SÃO JOÃO DA CRUZ. *Obras Completas*. Rio de Janeiro: Vozes, 2000.

_____. *The Way of Perfection* (Garden City, NY: Doubleday, 1964).

WILLIAM OF SAINT THIERRY. *On Contemplating God, Prayer, Meditations*. Kalamazoo, MI: Cistercian Publications, 1977.

Artigos

BERNIER, Paul. "Conversation with Basil Pennington", *Emmanuel* 85 (1979): págs. 69-86.

CLARK, Thomas. "Finding Grace at the Center", *The Way* 17 (1977): págs. 12-22.

GILLES, Anthony E. "Three Modes of Meditation", *America* 139 (1978): págs. 52-54.

KEATING, Thomas. "Contemplative Prayer in the Christian Tradition", America 138 (1978): págs. 278-281.

_____. Cultivating the Centering Prayer", *Review for Religious* 37 (1978): págs. 10-15.

_____. "Meditative, Prayer", *Today's Catholic Teacher* 12, n° 5 (Feb. 1979): págs. 32, 33.

LLEWELYN, Robert "The Positive Role of Distractions in Prayer", *Fairacres Chronicle* 8, n° 2 (Summmer 1975): págs. 22-29.

MAIN, John. "Prayer in the Tradition of John Cassian", *Cistercian Studies* 12 (1977). págs.184-190, 272-281; 13 (1978): págs. 75-83.

NOUWEN, Henri. "Unceasing Prayer", *America* 139 (1978): págs. 46-51.

PENNINGTON, M. Basil. "Centering Prayer: the Christian Privilège", *Emmanuel* 85 (1979). págs. 61-68.

_____ . "Centering Prayer-Prayer of Quiet", *Review for Religious* 35 (1976): págs. 651-662.

_____ . "Listening to the Fathers", *Spiritual Life* 24 (1978): págs. 12-17.

_____ . "T M and Christian Prayer", *Pastoral Life* 25 (1976): págs. 9-16.

Cassettes

KEATING, Thomas. "Contemplative Prayer in the Christian Tradition. Estorical Insights". Spencer, MA: St. Joseph's Abbey.

MAIN, John. "Christian Meditation: Our Oldest and Newest Form of Prayer" Kansas City, MO: NCR Cassettes.

MENINGER, William. "Contemplative Prayer". Spencer, MA: St. Joseph's Abbey.

PENNINGTON, M. Basil. "A Centered Life: A Practical Course on Centering Prayer and Its Place in Our Lives". Kansas City, MO: NCR Cassettes.

Prezado leitor da obra
Oração centrante

Para que possamos mantê-lo informado sobre as novidades editoriais e as atividades culturais da Associação Palas Athena, solicitamos o preenchimento dos campos abaixo, remetendo o cupom para a Editora Palas Athena, Rua Serra de Paracaina, 240 - São Paulo, SP - CEP 01522-020 ou pelo FAX (11) 3277.8137.

Nome ....

Profissão ....

Endereço ....

Cidade.......................... Estado ....

CEP .... Fone ( ) ....

Fax ( ).............. Celular ....

E-Mail ....

Áreas de interesse:

❏ Mitologia   ❏ Filosofia   ❏ Religiões

❏ Antropologia   ❏ Educação   ❏ Psicologia

❏ Outras áreas:

Acabou-se de imprimir
em dezembro do ano de 2002,
nas oficinas da Gráfica Palas Athena.